Simon auf großer Fahrt

Wie ein tapferer, streunender Kater ein weltberühmter Held wurde

Jacky Donovan
Übersetzt von Nina Waitz

Vierte Auflage, veröffentlicht von KIM Publishing, 2021

Simons eigenwillig humorvolle und zugleich emotionale Erzählung aus Katerperspektive basiert auf einer wahren Geschichte. Mit Ausnahme aller unten erwähnten Namen – in der Reihenfolge ihres Erscheinens im Buch aufgelistet – sind alle Namen der Charaktere in diesem Werk frei erfunden und jede Ähnlichkeit mit realen Personen, ob lebend oder tot, ist rein zufällig.

Ordinary Seaman George Hickinbottom
Petty Officer George Griffiths
Lieutenant Commander Ian Griffiths
First Lieutenant Geoffrey L. Weston
Lieutenant Commander K. Stewart Hett
Lieutenant Commander Bernard Skinner
Telegraphist Jack French
Lieutenant Commander Jock Strain
Flight Lieutenant Michael Fearnley RAF
Lieutenant Commander John S. Kerans
Telegraphist Robert 'Bob' Ernest Stone

Simon auf großer Fahrt: Wie ein tapferer, streunender Kater ein weltberühmter Held wurde ist auf Grundlage der verfügbaren Berichte so originalgetreu wie möglich geschrieben worden.

Auf Englisch ist das Buch auch in einer gekürzten Fassung für Kinder und in einer bunten Bilderbuchversion für Kleinkinder unter dem Titel *Seacat Simon: The Little Cat Who Became a Big Hero* erhältlich.

Die Fußnoten stammen von Jacky Donovan.
BITTE BEACHTEN SIE: Fußnoten sind in der Vollversion des Buches verfügbar, nicht jedoch im Vorschau-Modus.

INHALT

Prolog

Ich liege zusammengerollt neben JoJo und sage ihm, dass ich neun hätte. Er lacht und sagt: „Ich hab' nur eins." Ich kann spüren, wie sein Herz klopft und klopft. Ich kann es sogar hören, richtig hören! Das Klopfen wird immer lauter, sein Herz muss bald explodieren, bis... PENG! Ich werde aus dem Bett und zu Boden geschleudert.

Alle anderen müssen es auch gehört haben, denn sie springen plötzlich von ihren Betten auf. Was war das? Ich springe hinauf aufs Deck und laufe vor zum Bug. Riesige, furchterregende Fliegen schwirren über meinem Kopf und prallen auf das Schiff. Ich hüpfe auf die Brücke und versuche, ihnen zu entkommen. Der Kapitän ist auch hier, Conway und Welburn sind am Steuer.

„Ich glaube, jemand schießt auf uns." Der Kapitän schaut und klingt überrascht. Er brüllt: „Gefechtsstationen, hisst die Kampfflagge!" Ein paar Männer springen über mich hinweg und laufen schnell davon. Ein grauenvolles Geräusch dröhnt durch das ganze Schiff. Das schlimmste und traurigste Wehklagen, das ich je gehört habe. Mein ganzer Körper zittert, meine Ohren und mein Kopf tun weh. Ich will, dass es aufhört!

Ein weiterer riesiger Knall, ein Stoß, und ich werde quer durch die Brücke geschleudert. Ich versuche aufzustehen, aber es geht nicht. Ich kann zwar meine Vorderpfoten auf den Boden stellen, aber meine Hinterbeine lassen sich nicht bewegen. Alles unter mir ist schief und von draußen kommt dicker, schwarzer Rauch herein. Er steigt mir in die Nase und lässt meine Augen brennen. In meinen Ohren pfeift es unerträglich. Ich schüttle meinen Kopf und versuche, noch einmal aufzustehen. Es wird immer dunkler und heißer. Hinzu kommt ein übler, beißender Gestank. Ich kann nichts sehen und nichts hören. Es fällt mir sogar schwer zu atmen. Ich sitze zusammengekauert. Meine Schnurrhaare, meine Ohren, mein Fell, alles steht mir zu Berge. Der Kapitän liegt am Boden. Welburn ist über das Steuerrad gefallen. Was passiert hier?

Unter Schmerzen richte ich mich auf und schaffe es langsam, durch die Türe nach draußen zu krabbeln. Hier fällt mir das Atmen etwas leichter, aber ich hechle immer noch. Im Rauch kann ich ein paar Gestalten erkennen. Ich sehe Conway am Boden liegen. Es schaut aus, als würde er schlafen. Wie komisch. Ich beschnuppere ihn kurz, schleiche um ihn herum und tapse weiter aufs Deck. Es ist sehr nass und rutschig, und obwohl mir meine Hinterbeine immer noch weh tun, schaffe ich es, mich langsam vorwärts zu schleppen. Wieder höre ich einen gewaltigen Knall und sehe, wie einige Männer zu Boden fallen. Andere rennen quer über das Deck durch den schrecklichen dichten Rauch. Meine Augen brennen immer noch mehr und meine Kehle tut mir weh.

Ich schleiche von der Brücke und versuche, dem Lärm zu entkommen. Aber hier ist es nur noch lauter. Es ertönt ein lautes Heulen und dann ein weiterer riesiger Knall. RUMS, und das Schiff kippt erneut. Ich schaue hinauf in den Himmel, um zu sehen, ob die Flugzeuge mit den leuchtenden Streifen über uns fliegen. Vielleicht ist das alles nur Show, wie zu Hause? Während ich zusehe, wie Männer ein großes Tuch ausbreiten, gibt es wieder einen Knall und zwei der Männer fallen um. Ich glaube nicht, dass das alles gespielt ist, und wenn, macht es keinen Spaß. Es muss wohl alles echt sein. Das Tuch, das die Männer ausbreiten, ist eine Flagge. Sie hängen sie über die Bordwand des Schiffes. Ich weiß zwar, was eine Flagge ist, aber ich habe keine Ahnung, warum sie sie gerade jetzt aufhängen. Es erscheint mir etwas seltsam, ausgerechnet jetzt die Flagge zu hissen, nur um zu zeigen, woher man kommt.

Vielleicht sollte ich mich einfach verstecken, bis der Lärm und die Knallerei aufgehört haben und der Rauch verschwunden ist. Aber wo soll ich mich verstecken? Wie kann ich diesem fürchterlichen Krach, der meinen Ohren weh tut und dem schrecklichen Rauch, der stinkt und ebenfalls schmerzt, entkommen? Nein, wenn das alles wirklich kein Spiel ist, dann will ich tapfer sein, dann muss ich tapfer sein. Woher kommt diese ganze Knallerei? Und warum? Langsam schleiche ich auf den Bug und schaue hinaus. Dicker, schmutziger Rauch hängt über dem Wasser. Ich starre darauf und versuche, hindurchzusehen.

Über dem Wasser lichtet sich der Rauch ein bisschen und mir kommt vor, dass ich einen dunklen Umriss erkennen kann. Ich starre und versuche weiter herauszufinden, was es ist. Es ist ein Schiff! Kleiner als unseres, mit vielen Männern an Bord. Warum tun sie so etwas, wenn sie gleich sind wie wir? In diesem Moment entdecke ich inmitten der Männer die unscharfen Umrisse von etwas Kleinem, das zwischen ihren Beinen herumflitzt. Plötzlich schaut es auf und ich erkenne ein grün funkelndes Auge, das mich direkt anstarrt. Oh nein! Das kann nicht sein, oder?

Wieder knallt es fürchterlich laut und in meinen Ohren pfeift es unerträglich. Meine Beine tun weh, meine Ohren tun weh, es tut einfach alles weh. Mir kommt vor, ich sehe Peggy und ich versuche, irgendein Geräusch von mir zu geben, aber ich schaffe es nicht. Der schrille Lärm erdrückt mich. Mir kommt vor, dass ich immer kleiner werde, dass ich in mir zusammenfalle. Ich kann nicht sagen, ob die Schreie in meinem Kopf sind oder von Außen kommen. Der Schmerz in meinen Hinterbeinen kriecht meinen Rücken hinauf und hinunter in meine Vorderpfoten. Mein Kopf ist schwer. Ich kann ihn nicht mehr oben halten, und ich falle seitlich auf das Deck. Mir wird schwarz vor Augen, und das Schreien wird abgelöst ....

....von vollkommener Stille.

1/ Himmel und Land

Ein Jahr vorher

Die Vögel fliegen höher, höher, höher, bis sie wieder im Sturzflug auf den Hafen hinuntersausen. Schau – da ist ein Weißbauchtölpel, und dort ein Seetaucher, der sich gerade ins Wasser stürzt. Ein Rotfußtölpel kreist über mir und landet schließlich auf einer Reling. Wenn sie hier sind, soll es noch heißer werden und dann werden viele Vögel den Hafen verlassen.

Ich wünschte, ich könnte auch wegfliegen.

Das Hupen eines Schiffshorns lässt mich zusammenzucken und das Bild, wie ich in den Himmel fliege, verschwindet vor meinen Augen. Wie lustig. Wahrscheinlich würde ich nur eine kurze Weile fliegen wollen, nur um zu sehen, wie es sich anfühlt. Nicht für immer. Ich mag meine Pfoten. Und ich würde auf keinen Fall für immer von hier weg wollen. Auch wenn ich die vielen Vögel dort oben am hellen Himmel sehe, die fliegen können, wohin sie wollen, bin ich mir doch sicher, dass ich dieses eine Leben habe und dass ich nur dieses eine Leben haben möchte. Das ist *mein* Leben und ich weiß, hier möchte ich sein. Ich möchte nirgendwo anders sein. Wozu auch?

Da ist einmal der Hafen. Hier tummeln sich immer unzählige riesige Schiffe, große und ganz große. Sie kommen von hoher See und fahren wieder dorthin hinaus. Sie haben verschiedene Farben, leuchtend weiß oder grau wie die dunkle Zeit, die Nacht. Manche haben Schornsteine, und viele haben Tücher an ihren Mast gebunden. Ich kann die verschiedenen Farben zwar nicht erkennen, aber ich weiß, dass die Tücher eigentlich Flaggen genannt werden. Die Flaggen an den Schiffen bedeuten, dass die Schiffe von verschiedenen Plätzen aus der ganzen Welt herkommen. Sie kommen über das große Meer, das alle Orte miteinander verbindet. Zwischen den riesigen Schiffen fahren auch immer wieder kleinere herum. Wie die Vögel haben auch sie verschiedenen Namen: Sampans und Dschunken, Schlepper und Fregatten.

Und dann gibt es da natürlich JoJo. Er brachte mir alle Namen, die ich kenne, bei. Die Namen der Vögel und Boote und alles andere auch. JoJo ist mein großer Bruder. Er hat mir erzählt, dass die Vögel hierherkommen, weil es ein guter Platz zum Schwimmen, Tauchen und Spielen ist. Aber hauptsächlich kommen sie, weil es hier ganz ganz ganz viele Fische gibt. Und das heißt für sie ganz viel leckeres Essen. JoJo meint, ich solle mich an einen Vogel heranschleichen, wenn er auf dem Steg gelandet ist. Dann sollte ich mich auf ihn stürzen und hätte auch ein gutes Mahl. Aber ich will das eigentlich nicht machen. Oder ich sollte meine Pfote ins Wasser tauchen und versuchen, mit meinen Tatzen einen Fisch zu fangen. Aber das will ich genauso wenig. Und außerdem habe ich es gar nicht gerne, wenn meine Pfoten oder meine Ohren oder mein Schwanz nass werden. Nicht, wenn ich es verhindern kann. Nein, danke!

JoJo lacht mich aus, wenn ich ihm das sage. Aber ich möchte nicht, dass die Vögel aufhören zu fliegen, oder die Fische zu schwimmen. Ich mag es, hier auf meinem Steg zu sitzen und ihnen allen zuzusehen. Den Fischen, wie sie unter mir herumflitzen, den Vögeln, wie sie über mir kreischen und krächzen, alle glücklich, frei zu sein. Vielleicht singen sie, ich weiß es nicht. Manchmal, wenn JoJo und ich in der Nacht singen, schreit eine Frau, wir sollen aufhören. Das bringt uns immer zum Lachen. Einmal hat sie sogar einen Eimer mit Wasser über uns geschüttet. Ich wurde total nass, JoJo blieb trocken. Das brachte ihn noch mehr zum Lachen, mich nicht.

Es geschieht auch oft, dass Männer und Frauen in ihren Booten zum Fischen hinausfahren. Wenn sie zurückkommen, lassen sie immer in paar Fische in ihren Netzen oder Eimern. Manche lächeln mich an, wenn ich am Steg sitze und werfen mir sogar einen Leckerbissen zu. Ich glaube, nicht einmal JoJo weiß das. Er ist immer so rastlos und ständig auf Erkundungstouren. Ich gehe gerne mit ihm mit, aber ich mag auch einfach gerne hier sitzen. Oder liegen. In der Sonne meine Beine ausstrecken, spüren, wie mein Fell erwärmt wird. Oder noch besser auf dem Rücken liegen und einfach nur .... streeeecken.

Nachdem mir lächelnde Menschen Fische zugeworfen haben oder bevor JoJo und ich uns zum Singen niederlassen, nimmt er mich manchmal mit, um mir etwas Neues zu zeigen, was er entdeckt hat. So trotten wir dann den Hafen entlang, hüpfen die Stufen hinauf – zwei, vier, fünf – biegen in die Gasse ein und verlassen den Hafen. Wir gehen an Gemüseständen und an Hühnern auf Bambusstangen vorbei, laufen zwischen den Beinen der Menschen hin und her. Verschiedenste Gerüche strömen von allen Richtungen auf uns ein und kitzeln meine Nase. Erst riecht es nach Fisch, dann nach Fleisch, dann nach Geräuchertem. Ich würde gerne stehenbleiben und den Düften nachgehen, aber stattdessen laufe ich weiter und weiter und weiter. Vorbei an Männern und Frauen, an Rädern von Karren, an schwarzen

Autos. Alles und jeder hat es eilig, schreit herum ... dalli, dalli, schnell, schnell.

Dann kommen wir zu der Stelle, wo er hinwollte, und er zeigt mir seine neue Entdeckung. Ein unbekannter, ruhiger Platz zum Spielen oder Verstecken. Oder ein Ort, an dem viele braune Beine und weiße Beine sitzen und Essen. Dieser Geruch lässt mich sehr hungrig werden. Manchmal sieht uns der Besitzer und wirft uns etwas Essen zu. Es ist auch schon ein- oder zweimal passiert, dass wir von solchen Plätzen einfach verjagt wurden. Mein Schwanz wurde schon unter einem Besen eingeklemmt, und dann fauchte ich laut und musste noch schneller laufen.

Ab und zu fliegen riesige, schwerfällige Vögel über dem Hafen. Sie sehen zwar aus wie Vögel, aber man nennt sie Flugzeuge, hab' ich gelernt. Sie fliegen immer wieder die Runde und haben so etwas wie Schwänze, die an ihrem Ende herauswachsen und fast so lang wie meiner sein müssen. Immer, wenn die Flugzeuge auftauchen, lege ich gleich meine Ohren an, weil ich weiß, was jetzt passieren wird. Ein gewaltiger Knall von der anderen Seite des Hafens und noch einer und noch einer. BUMM! BUMM! Die Flugzeuge drehen dann um und fliegen noch tiefer, oder sie stürzen hinunter und steigen wieder hinauf, gleich wie die Vögel hoch über mir.

Manchmal wird der Schwanz eines Flugzeugs durchlöchert und das Knallen hört auf, nur um dann wieder von vorne zu beginnen. Die Flieger selbst werden dabei nie getroffen, nur die langen Schwänze, die im Wind flattern. JoJo hat mir erzählt, dass sie das machen, damit das alles nicht wieder geschieht. Es ist alles nur gespielt, nicht echt wie damals, als er noch klein war. Wenn es nur vorgetäuscht ist, gibt es dieses laute Geknalle, das war es aber dann auch. Damals, als es echt war, hatte JoJo so große Angst wie noch nie in seinem Leben. Obwohl es also sehr laut und ein bisschen unheimlich ist, habe ich keine Angst, weil ich weiß, dass alles nur gespielt ist. Und das Allerbeste daran ist, dass viele viele Fische an die Wasseroberfläche kommen.[1] JoJo hat mir erzählt, dass die Fische dann betäubt sind. Ich weiß nicht genau, was er damit meint, aber ich glaube, es ist etwas zwischen schlafen und aufhören.

---

[1] Nach dem Zweiten Weltkrieg ließen die in Hongkong stationierten britischen Einhciten unbemannte Luftfahrzeuge für Zielübungen über den Hafen fliegen. Es ist dokumentiert, dass dabei Fische im Hafen durch den Schall betäubt worden sind und auf der Wasseroberfläche trieben.

Ja, ich wünsche mir zwar, fliegen zu können, aber hier habe ich so viel, ich glaube nicht, dass ich wegfliegen wollte. Da sind die Schiffe und Boote, das Meer und der Himmel, die Vögel und die Fische, die Menschen ... und natürlich JoJo. Ich liebe es, einen großen Bruder zu haben. Er hat ein schwarzes Fell wie ich, aber ich habe weiße Pfoten und mein Schwanz ist etwas länger. Wir hatten auch einmal eine Mutter. Aus ihr sind wir gekommen. Manchmal sehe ich ihr Bild in meinem Kopf, aber ich kann mich nicht mehr an sie erinnern. JoJo erwähnt sie manchmal, aber nicht sehr oft.

Stattdessen erzählt er mir lieber Geschichten. Wie diese, als er etwa so klein war wie ich, und es plötzlich anfing, zu knallen. Bum, Bum, die ganze Zeit. Er sagt, dass Männer über das große Meer kamen, und alle Menschen, die hier leben, sehr große Angst hatten. Sie versteckten sich oder knallten zurück - bum, bum – aber es nützte nichts. Es kamen immer mehr Männer und auch JoJo musste sich verstecken. Damals hat er erstmals die Mäuse und Ratten beim Spielen gestoppt, er hat sie aufhören lassen, sich zu bewegen. So konnte er überleben. Die Menschen nannten diese Zeit „Schwarze Weihnachten."[2] Das klingt nicht sehr schön für mich, ganz und gar nicht.

Ich bin froh, dass ich jetzt hier bin und nicht zu jener Zeit. Damals hatte JoJo mich noch nicht, aber nun haben wir uns gegenseitig. Ich weiß nicht, was ich getan hätte. Ich glaube nicht, dass ich in der Lage gewesen wäre, Mäuse und Ratten aufhören zu lassen, so wie er es gemacht hatte. Und schon gar nicht mit den Schlangen. Sogar JoJo läuft weg, wenn sie auftauchen. Wir sehen sie manchmal, wie sie sich langsam dahinschlängeln, wenn wir außerhalb des Hafens spielen. Oder wenn wir durch das Gras auf der Böschung laufen, sehen wir manchmal eine lange dunkle Gestalt und wenn wir ihr zu nahe kommen, schnellt sie hoch und zischt. Sie haben schreckliche kleine Zungen und man muss ganz schnell wegrennen.

Immer wieder tauchen auf dem Gras nahe der Böschung Männer auf, die herumrennen und mit einem Ball spielen. Sie müssen aneinander vorbeilaufen und den Ball irgendwo hineinschießen. Ich mag das eigentlich

---

[2] Die Japaner haben Pearl Harbour und Hongkong am 8. Dezember 1941 angegriffen. Die Schlacht um Hongkong und die anschließende Kapitulation gingen als „Black Christmas" in die Geschichte ein.

nicht besonders gern. Die ganzen Menschen, die da herumlaufen, machen mir Angst, aber JoJo gefällt es sehr. Manchmal springt er hinüber, wo sie gerade spielen und versucht, ihnen den Ball abzujagen. Und wenn wir dann einen Ball zum Spielen haben, findet er meist eine Schachtel, kippt sie auf die Seite und ich muss verhindern, dass er den Ball hineinbekommt. Er ist so schlau. Aber oft will ich nur in der Schachtel liegen, dann stülpt er sie über mich, sodass ich nicht mehr herauskomme. Manchmal ist er auch nicht sehr nett zu mir.

Immer, wenn wir im Dunkeln den Hügel herunterkommen, laufen wir an einem Gebäude vorbei, in das viele Männer und Frauen hineingehen. Der Duft der Damen ist noch angenehmer als der Geruch des Grases oben auf der Böschung. Ihr Duft lässt meine Nase zucken und manchmal muss ich sogar niesen. Sie schauen sehr rosa und hübsch aus und oft lächeln sie mich sogar an.

Sie sind immer mit Männern zusammen, die sehr streng in ihren Uniformen aussehen, aber ihre Knöpfe glitzern und glänzen und manchmal lächeln auch sie mich an. Immer, wenn drinnen schöne Geräusche ertönen, sind die Männer und Frauen ganz nah beieinander und bewegen sich langsam. Auch ich möchte dann ein klein wenig mit dem Hintern dazu wackeln.[3]

Wir spielen allerdings nicht sehr oft dort. Es gibt dort einen wie ich es bin, aber einen gemeinen mit einem grünen Auge. Immer, wenn wir dieses Ich sehen, faucht er und jagt uns weg. Er heißt Chairman und er ist schrecklich. Sogar JoJo hat Angst vor ihm. Das letzte Mal, als wir ihn gesehen haben, kam er ganz nah an uns heran und schnauzte: „Das ist mein Platz, ich lebe hier. Wenn ich euch jemals wieder hier sehe, wird euch etwas sehr Schlimmes zustoßen....“ Ich weiß nicht, warum er uns nicht mag. Wir könnten doch alle zusammen spielen. Aber JoJo meint, er ist einfach fies, was bedeutet, er ist sehr böse und gemein.

---

[3] Die HMS Tamar war von 1897 bis 1997 der Landstützpunkt der Royal Navy. Auf Stonecutters Island gab es auch ein NAAFI (Navy, Army and Air Force Institute), eine Organisation, die 1921 von der britischen Regierung gegründet wurde, um Freizeiteinrichtungen, wie Waschsalons, Geschäfte, Cafés, Bars und Clubs auf britischen Militärstützpunkten und Kantinen auf britischen Schiffen bereitzustellen. Simon sah das Personal der Armee, Marine und der NAAFI tanzen und wollte auch mitmachen.

Aber nicht jedes Ich, das hier lebt, ist böse. Manchmal sehe ich ein sehr hübsches Ich - sie heißt Lilette - herumlaufen und spielen. Sie ist ganz weiß, hat ein großes blaues und ein großes goldenes Auge, und ich mag sie wirklich sehr. Mir gefällt ihr Gesicht, ihr Fell und am meisten mag ich ihren Geruch. Wir spielen aber nicht zusammen. Wenn ich sie sehe, dann lächle ich sie nur an, und sie lächelt zurück. JoJo meint, ich sollte nicht so schüchtern sein und einfach mal Hallo sagen. Das hab' ich auch einmal gemacht, aber sie hat nichts darauf gesagt. Ich kam mir dann sehr klein und dumm vor, also habe ich aufgegeben.

Noch etwas: Es sind auch viele Kleine hier, die immer lachen und mit uns spielen. Wenn sie JoJo und mich fangen, streicheln sie uns nur und schütten kein Wasser oder so etwas auf uns. Es kann hier sehr hektisch, laut und stinkend sein, aber schon seit ich ein sehr kleines Ich war, macht es mir Spaß, herauszufinden, welche Gerüche und Laute gut sind und welche schlecht. Es ist hektisch, weil so viele Menschen hier sind. Sie haben alle unterschiedliche Formen und Gerüche, manchmal sogar andere Farben. Manche reden schnell und einige verwenden verschiedene Worte für dieselben Dinge. Aber beim Beobachten, Zuhören und Nachdenken – und natürlich mit JoJos Hilfe – ergeben immer mehr Dinge einen Sinn für mich und ich wachse und wachse. Also ja, wegen all dieser Dinge bin ich gerne hier. Außer Chairman und ein paar Menschen, die mich manchmal wegjagen, gibt es hier viel mehr Gutes als Schlechtes.

2/ Kommen und Gehen

Ich spüre, wie ein paar Krallen meinen Rücken streifen und drehe mich um. Aber es ist nicht JoJo. Es ist Uboat, mein Freund. Uboat taucht manchmal auf, dann verschwindet er und dann kommt er wieder. Er springt gerne an Bord der Schiffe, die im Hafen sind und fährt mit ihnen weg. Er erzählte einmal, dass er auf einem Schiff namens HMS Snowflake gelebt hatte, aber dort in Schwierigkeiten geraten war. Als sie an einem fernen Ort, den man Neufundland nennt, angehalten hatten, war er deshalb auf ein anderes Schiff gesprungen und kam damit hierher, wo er mich kennenlernte.[4]

Als ich ihn sehe, lächle ich und meine Schnurrhaare zucken. Das machen sie immer, wenn ich mich freue. Wir reiben unsere Nasen aneinander. Er riecht nach Salzwasser und sein Fell ist klebrig.

„Wo bist du gewesen?“

„Wo bin ich nicht gewesen?“ Er kichert und schnurrt gleichzeitig und hüpft auf meinen Rücken. „Ich habe die Möwen auf dem Meer beobachtet und bin auf einem großen Boot rauf und runter gelaufen. Es machte so viel Spaß, Spaß, Spaß!“

„Und sonst, was hast du sonst noch gesehen?“ Ich mag Uboats Abenteuer fast so sehr wie JoJos Geschichten. Er hat mir von Orten erzählt, wo jeder und alles einem König gehört. Von Kapitänen auf Schiffen, Walen im Meer und Hunden an Land. Von Tigern, die wie große Ichs sind und von Kreaturen, die Affen genannt werden.

„Ich muss dir so viel erzählen. Diesmal habe ich grüne Vögel gesehen, die sprechen können. Ich habe auf ganz viel Sand neben dem Meer gespielt und mir meine Pfoten verbrannt. Als das Schiff einmal irgendwo angelegt hat, bin ich von Bord gesprungen und wurde von vielen kleinen

---

[4] HMS Snowflake war eine Korvette der „Flower“-Klasse der Royal Navy, dic im Zweiten Weltkrieg für Konvois im Atlantik eingesetzt wurde. Im Jahre 1943 nahm sie 62 Überlebende des Tankers British Ardour an Bord, der von einem deutschen U-Boot torpediert und versenkt worden war. An Bord der HMS Snowflake gab es eine Katze namens Uboat. Es ist überliefert, dass der Kater normalerweise sehr stubenrein war, aber eines Tages, nachdem er sein Geschäft auf dem Stuhl des Kapitäns verrichtet hatte, beorderte dieser ihn in Neufundland von Bord. In dieser Geschichte schaffte es Uboat, auf einem oder mehreren Schiffen nach Hongkong zu gelangen.

Menschen verfolgt. Sie sagten, sie hätten noch nie zuvor so etwas wie mich gesehen. Sie wollten nur mit mir spielen und gaben mir viel leckeres Essen. Es machte so viel Spaß, Spaß, Spaß!“

Uboat rollt sich auf den Rücken, strampelt mit den Beinen in der Luft und springt wieder auf die Füße. „Und du, was hast du gemacht?“

„Ich habe in der Gasse gespielt, bin zwischen Beinen herumgerannt und habe den Vögeln zugeschaut“, erkläre ich, setze mich auf und putze mir eine Pfote.

„Immer zuschauen, nicht wahr? Zuschauen, zuschauen. Bist du jemals vorne auf einem Schiff gewesen und hast Salzwasserspritzer in deinem Gesicht gespürt?“

„Nein, du weißt, dass ich das nicht getan habe.“

„Hast du jemals etwas Lustiges gerochen, daran geschnüffelt, es abgeleckt und es war einfach nur gut, gut, gut?“

„Manchmal.“

„Bist du jemals aufgewacht und wusstest nicht, wo du bist?“

„Nein, ich weiß immer, wo ich bin.“

„Das glaube ich dir.“ Uboat lacht. „Aber weißt du eigentlich noch, wie dieser Platz hier heißt?“

„Natürlich weiß ich das“, sage ich und versuche, mich daran zu erinnern. Uboat hat es mir einmal erzählt. „Es heißt Dingdong.“

Uboat lacht wieder schallend. „Ha, ha. Es heißt Hongkong, nicht Dingdong. Und dieser Teil heißt Stonecutters Island.“

Ich komme mir sehr dumm vor, tue aber so, als wäre ich es nicht.

„Naja, was macht es schon, wenn man nicht weiß, wie der Ort heißt, solange man gerne dort lebt?

„Ich weiß es nicht, aber anscheinend ist es für Menschen wichtig.“

„Warum?“

„Weil, wenn du weißt, wo du herkommst, dann weißt du auch, wo du nicht herkommst. Sie wollen diese Dinge einfach wissen“, erklärt er und deutet auf drei menschliche Beinpaare, die schnell an uns vorbeihuschen.

„Aber warum?“

„Weil du dann den Platz, von dem du herkommst, beschützen kannst.“

„Beschützen wovor?“, frage ich verwirrt.

„Vor anderen, die nicht von dort sind, denke ich mal“, antwortet Uboat.

Von dort, nicht von dort. Jetzt dreht sich mir der Kopf. Was ist denn falsch daran, an einen Ort zu gehen und dort zu spielen, wenn es schön ist? Uboat ist nicht von hier, aber ich mag es trotzdem, wenn er von seinem Schiff springt und zu mir kommt. Aber Chairman mag ich nicht, der ist richtig gemein. Wenn JoJo und ich nur nahe der Böschung spielen wollen, lässt er uns nicht.

Ich sehe Uboat an.

„So, wie lange bleibst du denn hier?“, frage ich ihn, „Auf Stormcutters Island?“

„Stonecutters, nicht Stormcutters“. Uboat lacht wieder. „Ich habe die Männer sagen gehört, dass wir nur angelegt haben, um ein paar Vorräte zu bunkern, und dann fahren wir wieder los.“

„Wohin fährst du dieses Mal?“, möchte ich wissen.

„Wer weiß, wer weiß?“ Uboat springt plötzlich auf meinen Schwanz. „Irgendwohin, wo es viele aufregende neue Gerüche und Orte zu entdecken gibt.“

„Hast du nie Angst, dass du nass wirst, wenn du auf einem Schiff bist?“ Mein linkes Ohr zuckt.

„Manchmal werde ich nass“, lacht er. „Aber das gehört zum Abenteuer. Man gewöhnt sich daran.“

Beim Gedanken daran läuft mir ein Schauder über den Rücken bis hinunter in meinen Schwanz, an dem Uboat jetzt zum Spaß mit den Zähnen zieht.

„Was ist, wenn du an einen Ort gehst und die Menschen dich dort nicht wollen?“

„Oh, das weiß ich nicht“, antwortet Uboat. „Das müssen die Menschen herausfinden, nicht ich. Komm schon!“ Er jauchzt und springt weg von mir. „Lass uns rennen!“

„Wohin denn?“, frage ich ihn. Mein Fell ist immer noch wohlig warm und ich möchte eigentlich hier liegen bleiben und die Boote und Schiffe beobachten, die Vögel und all die herumeilenden Menschen. Vielleicht geben sie mir sogar etwas zu essen.

„Wohin uns unsere Pfoten auch tragen.“ Er kichert und flitzt los, quer über den Hafen und einige Stufen hinauf. „Komm schon, komm schon, komm schon!“

Schlussendlich folge ich ihm. Er zeigt auf sein Schiff, blau und weiß und riesig. Wir laufen die Treppe hinauf, vorbei an einigen Körben, über eine aus dem Wasser geholte und verrottende Dschunke hinweg, zwischen vielen Beinpaaren hindurch in die Gasse hinein. Hier ist es kühler und etwas dunkler. Die hohen, hohen Gebäude auf jeder Seite kommen mir bedrohlich vor. Ich schaue hinauf und erblicke eine Frau, die aus dem Fenster sieht und ein weißes Laken ausschüttelt. Einige Wassertropfen fallen auf meinen Kopf und einer landet auf meiner Nase. Ich versuche, ihn abzulecken und schaue wieder auf. Dabei sehe ich Uboats Beine zwischen den Tischen hin und her huschen. Sie hüpfen auf ein großes grünes Gemüse, das am Boden herumliegt. Uboat dreht sich um und schaut zu mir zurück.

Ich schließe zu ihm auf.

„Ich habe gesehen, wie die aus dem Boden gezogen werden.“

„Wo?“, möchte ich wissen.

„Ich glaube, es hieß Amerika“, antwortet er und springt wieder davon. „Ich mag Amerika.“

Wir kommen an eine Ecke. Körbe mit Hühnern sind dort aufgestapelt. Einige von ihnen gackern, einige sitzen nur, andere haben dem Türchen des Korbs den Rücken zugekehrt. Alle sehen unglücklich aus.

„Arme Hühner“, sage ich zu Uboat.

„Ja.“ Seine Nase zuckt. „Sie werden niemals wissen, wie es ist, frei, frei, frei auf offener See, See, See zu sein.“ Er schaut traurig. „Aber schmecken tun sie gut“ Und dann lacht er.

„Uboat!“ Mir gefällt der Gedanke nicht, dass etwas herumläuft und dann plötzlich aufhört. Auch wenn es gut schmeckt.

Wir huschen um die Ecke und gehen durch enge Gassen, die sich biegen und wenden. Ich habe Mühe, mit Uboat Schritt zu halten. Er ist viel stärker als ich. Er kann rennen, rennen, rennen. Ich muss auch mal stehenbleiben und ausruhen. In den Gassen sehen wir viele Frauen und ihre Kleinen, wie sie durch Türen ins Innere der Häuser gehen. Manche Frauen sitzen gebückt am Hauseingang und waschen Gemüse oder schneiden es. Manche kochen draußen, in großen Töpfen auf Öfen. Überall riecht es lecker und es dampft aus den Töpfen und von den Hauseingängen her.

„Uboat!“, rufe ich und er macht halt und dreht sich um.

„Ja?“ Er läuft zu mir zurück.

„Ich habe Hunger.“

„Gut, und was sollen wir machen? Wohin sollen wir gehen?“ Er schnüffelt ein bisschen herum.

„Wenn wir einfach hierbleiben, wirft uns vielleicht jemand etwas zum Essen zu“, antworte ich und schaue zu einer Frau hinüber, die auf ihrer Türschwelle sitzt.

Sie schaut zu uns herüber und zischt: „Tsch, Tsch!“ Dann schnappt sie sich einen Besen.

„Die da glaube ich eher nicht“, antwortet Uboat. „Sie hat ein großes, rotes, wütendes Gesicht. Schau!“

Ich sehe sie an und er hat eindeutig recht. Ich weiß, wenn Menschen so dreinschauen, dann mögen sie uns nicht. Sie steht auf und will uns verscheuchen. Also läuft Uboat um ihre Beine herum und zischt ab, ich stürme direkt an ihr vorbei. Wir biegen um eine Ecke und rennen im Slalom zwischen ein paar Kisten herum, bis die Gasse in eine staubige Straße mündet.

Uboat streckt die Nase hoch und schnüffelt. Ein schwarzes Auto fährt auf der Straße an uns vorbei.

„Lass uns rübergehen!“, ruft er.

Wir gelangen auf die andere Seite, laufen durch einen stachligen Busch und über hübsche Blumen, die mich wieder zum Niesen bringen. Schließlich kommen wir zu einem Fleck mit verdorrtem Gras.

Uboat schnüffelt.

„Was ist das für ein Geruch?“, fragt er.

„Manchmal riecht es so, wenn es da oben geknallt hat.“ Ich deute mit dem Kopf auf die ansteigende Böschung. Ich weiß, in welcher Richtung von hier aus der Hafen liegt, also heißt das.... Plötzlich kommt ein graues Ich auf uns zu gerannt. Es wird immer größer und größer. Die Sonne fällt auf ein grünes Auge, das jetzt gefährlich glitzert. Es ist der große, böse, furchteinflößende Chairman. Meine Hinterbeine werden weich, ich lege meine Ohren an und muss mich hinsetzen.

Chairman kommt direkt auf uns beide zu und faucht und spuckt. „Was habe ich gesagt? Was habe ich gesagt?“ Er faucht uns wieder an. „*Ich* lebe hier! Das ist *mein* Platz! Haut ab!“ Uboat stellt sich ihm entgegen. Sein Rücken ist nach oben gewölbt und sein Schwanz steht gerade nach hinten hinaus.

„Und was passiert, wenn wir nicht weggehen?“ Uboat macht ein sehr böses Gesicht, und er klingt auch anders. „Weißt du überhaupt wer ich bin?“

Chairman sieht ihn an. „Nein, ich habe dich noch nie zuvor gesehen."

Sie beginnen, einander zu umkreisen, langsam, sehr langsam.

„Da wo ich herkomme, bin ich der König. Ich suche einen neuen Ort zum Leben. Und wenn ich mich entschließe, mich hier niederzulassen, werde ich Hunderte und Aberhunderte meiner Art mitbringen, und du wirst unser erster Gefangener sein. Unser erster Feind."

Ich verstehe nicht ganz, was Uboat sagt, aber es klingt alles recht beängstigend.

Chairman faucht noch einmal kurz, aber dann dreht er sich um und schleicht davon.

Wir trotten über die Straße, erblicken ein paar Kisten und verstecken uns hinter einer von ihnen. Wir zittern zwar, aber jetzt müssen wir auch lachen.

„Das war sehr mutig von dir", sage ich zu ihm, „So zu tun, als wärst du ein König."

Plötzlich schießt ein anderes kleines graues Ich von einer Kiste hinter uns hervor, läuft über die Straße und rast die grüne Böschung hinauf.

„Oh nein", miaue ich, „Lass uns von hier verschwinden!"

Wir machen uns schnell auf den Weg Richtung Hafen, huschen durch enge Gassen, springen rund um Kisten herum und über sie hinweg. Eine nette Frau wirft uns etwas zum Essen zu, aber wir bleiben nicht einmal stehen, um es zu verspeisen. Endlich erreichen wir eines meiner besten Verstecke direkt am Ende des Hafens. Die Vögel sind weggeflogen, sie wurden von Wolken abgelöst. Nach und nach erscheinen glitzernde Lichter von den umliegenden Gebäuden, den großen Schiffen und anderen Booten, die sanft auf dem dunklen Wasser schaukeln.

Uboat und ich kuscheln uns aneinander.

„Ich muss bald wieder gehen", Uboat stößt mich mit seiner Nase an.

Ich miaue traurig.

„Warum kommst du nicht mit mir mit?“, fragt er.

Ich schüttle den Kopf. „Mir gefällt es hier. Hier ist JoJo und ...“

„Essen?“ Uboat lacht. „Essen gibt es auch anderswo, ganz viel.“

„Nein, ich höre gerne deinen Geschichten zu, aber ich glaube, ich bin noch nicht bereit, selbst Abenteuer zu erleben, ich bin noch nicht groß genug dafür.“

„Wann ist man groß genug?“ Uboat lächelt, seine Schnurrhaare zucken. Wir schließen beide unsere Augen. Ich sehe Vögel am Himmel fliegen, sehe, wie JoJo mit einem blauen Fisch spielt, und ich sehe meine Mama. Nicht, dass ich mich wirklich an sie erinnere. Ich bilde es mir nur ein. Aber hier und jetzt ist sie groß und schwarzweiß und warm. Das gibt mir ein wohliges Gefühl und ich glaube, ich schnurre.

Das tiefe Hupen eines Schiffshorns weckt uns aus unserem kleinen Nickerchen. Wir liegen immer noch aneinander gekuschelt.

„Ich kenne dieses Geräusch.“ Uboat schaut mich an. „Ich muss gehen.“

Er steht auf, stellt seine Vorderbeine nach vorne und streckt sich. Sein Schwanz saust an meiner Nase vorbei und kitzelt mich.

„Bis zum nächsten Mal. Genieß die ganzen Fische!“

Und schon huscht er in die Dunkelheit hinaus. Ich kann sehen, wie er kleiner und kleiner wird. Sogar besser, als wenn es hell wäre. Ich weiß, dass ich ihn wiedersehen werde. Das geschieht immer.

Ich weiß nicht, ob ich weggehen soll oder einfach hierbleiben. Ich denke, ich werde mal weiterziehen und mir etwas zu Essen suchen. Einen Augenblick bleibe ich noch zusammengerollt hier unten. Uboat soll seine Abenteuer erleben. Den Menschen beim Kommen und Gehen zusehen ist für mich Abenteuer genug. Ich schließe meine Augen und meine Mama erscheint wieder. Sie lächelt, lächelt mich an. Sie schleckt meine Nase ab, ihre großen Augen sind ganz nah an meinen. Ich bin umgeben von ihrem schwarzweißen Fell. Aber dann scheint sich alles zu verändern. Das Fell verwandelt sich in Stacheln, ähnlich denen an dem Strauch nahe der Böschung, wo Chairman uns nicht spielen lässt. Jetzt ist kein weiß mehr da, alles wird dunkler und dunkler und dunkler.

Ich nehme einen starken Geruch wahr. Er wechselt von einem, den ich zu kennen glaube in einen, den ich noch nie gerochen habe. Ich rümpfe die Nase und öffne meine Augen. Ich sehe eine Gestalt ganz langsam auf mich zukommen. Ihr Rücken ist gekrümmt und sie schleppt sich näher, irgendwie vertraut, aber doch auch fremd. Der Geruch umgibt mich nun völlig. Ich mag ihn nicht. Ich höre ein Wimmern, es klingt, als käme es von weit weit her. Ich erkenne es sofort.

„JoJo!", rufe ich und setze mich auf. Die Gestalt zuckt zusammen und wird langsamer. Ich laufe zu ihr hinüber. Er ist es tatsächlich.

„JoJo, JoJo!", schreie ich und stupse sein Gesicht, sein Ohr. Sein anderes Ohr ist zerfleddert und verklebt. Sein ganzes Fell ist verklebt. „Was ist geschehen? Was ist passiert?"

JoJo schaut zu mir auf. Er kann sich kaum bewegen. Eines seiner Hinterbeine ist verdreht. Er hustet und eine dunkle, klebrige Flüssigkeit kommt aus seinem Mund. Der Geruch wird immer noch schlimmer. Es riecht, als würde er in sich selbst verschwinden, weg von mir. Ich schlecke sein Gesicht ab, aber er schließt seine Augen.

„Du hast mit Uboat in der Gasse gespielt, stimmt's?" Er hustet wieder.

„Ja."

„Ich habe euch gerochen. Dann bin ich zu dem bösen Platz gegangen, ich habe dich gesucht.". Er öffnet seine Augen. „Chairman."

„Chairman hat dir das angetan?"

„Ja, er kam plötzlich aus dem Nichts. Er sprang auf mich und zerkratzte mich überall. Den ganzen Weg die Böschung hinab attackierte er mich immer wieder. Er hat das getan..." JoJo versucht, auf sein Hinterbein zu schauen und stöhnt wieder.

„Oh JoJo, JoJo", schluchze ich.

„Er sagte, das ist für deinen Freund, den König...."

Ich schließe meine Augen, als JoJo das stammelt.

„Ich bin gekrochen und gekrochen. Ich habe dich dann hier gerochen. Es tut so weh", wimmert er.

„Wo?" Ich stupse wieder an seine Nase.

„Überall. Ich muss... du musst..."

Und dann schließt JoJo wieder seine Augen. Und er hört auf.

Das alles ergibt keinen Sinn. Es ergibt *keinen* Sinn! Ich stupse ihn mit meiner Nase an, ich schlecke sein Gesicht, ohne auf das klebrige Zeug zu achten. Ich springe sogar auf seinen Rücken und bohre meine Krallen hinein. Aber es nützt alles nichts. Er hat aufgehört, hat aufgehört, hat aufgehört.

Ich stehe auf und stoße ein lautes „Yauuuwl" aus. Und noch einmal und noch einmal. Irgendwo schimpft ein Mensch. Ich mache einen Katzenbuckel. Mein Schwanz ist steil nach hinten gerichtet, ganz steif, wie bei den Flugzeugen mit dem Peng, Peng, Peng. Ich springe auf und flitze hinter eine Kiste und wieder hervor. JoJo liegt immer noch da, hat aufgehört.

Ich weiß nicht, was ich tun soll, also laufe ich einfach. Ich laufe und renne und laufe, durch den Hafen, um die Ecke, drehe mich um und renne wieder zurück. Ich rase hinter eine Kiste, strecke meinen Kopf heraus und schaue mich um. Ich sehe das Schiff, auf das Uboat gegangen ist. Es fährt gerade aus dem Hafen hinaus. Uboat ist weg, JoJo hat aufgehört. Überall sind viele leuchtende Lichter. Warum leuchten sie? Was gibt es jetzt zu erhellen? Ich huste und huste und ein kleines Knäuel aus meinem dunklen Fell kommt hoch. Und dann rolle ich mich ganz klein zusammen und schreie. Ich will weg aus dieser Wirklichkeit. Weg von mir selbst. Ich weiß nicht, was ich sonst machen soll. Wenn ich weiter schreie, hört vielleicht alles auf. Vielleicht höre ich dann auch auf.

Und dann beginne ich zu zittern. Obwohl ich mich hinter dieser Kiste verstecke, fühle ich mich nicht sicher. Was geschieht, wenn Chairman kommt und auch mich findet? Ich bin allein. Niemand ist hier, um mich zu beschützen. Meine Beine zittern. Ich zittere am ganzen Körper. Mir ist so kalt. Was soll ich nun machen? Wohin soll ich gehen?

Ich kauere mich hinter der Kiste zusammen und versuche, an ein schönes Bild zu denken, an etwas, das mich aufspringen und laufen lässt, damit es wieder warm wird und ich Trost finde. Aber es kommt nichts. Ich kann nirgendwo hinlaufen, zu niemanden. Ich liege regungslos da, in meinem Kopf kommen und gehen schreckliche Bilder. Ich atme schnell, meine Nase und meine Schnurrhaare zucken. Ich kann nicht entkommen. Ich liege da und warte, aber ich weiß nicht auf was. Alles, was ich sehe, sind furchteinflößende Bilder und alles, was ich fühle, ist Angst. Vor dem Alleinsein. JoJo hat aufgehört. Ich habe niemanden mehr. Ich liege hier, zittere und warte.

Dann spüre ich, wie mein Schwanz ganz gerade hinten raussteht, total starr. Ich versuche, ihn um mich zu wickeln, aber er bewegt sich nicht. Ich strecke meine Vorderpfoten, ich zucke mit den Ohren, aber ich kann meinen Schwanz nicht bewegen. Ich bin erstarrt. Mir ist kalt. Ich kann mich nicht bewegen. Das gefällt mir ganz und gar nicht. Was passiert mit mir? Was wird mit mir geschehen? Ich schließe meine Augen. Vielleicht bin ich nicht mehr hier, wenn ich sie wieder öffne? Vielleicht werde ich JoJo sehen, wenn ich sie wieder öffne? Vielleicht.... Was war das? Ich höre ein Geräusch hinter mir. Vor lauter Angst kann ich mich nicht bewegen. Etwas ist hinter mir. Chairman. Sicher ist er es. Er hat mich gefunden. Er wird mich jetzt auch aufhören lassen. Das wird es sein.

Ich spüre, wie an meinem Schwanz gezogen wird. Ich habe solche Angst, ich bleibe einfach mucksmäuschenstill. Ich strecke meine Krallen nach vorne aus und versuche, mich am Boden festzuhalten, aber es ist zwecklos. Während ich mich nach vorne ziehen möchte, warte ich auf das Fauchen und die Krallen, die sich in meinen Rücken bohren. Das gefällt mir gar nicht. Ich möchte, dass es hell ist, und ich die Vögel sehen kann. Nicht dunkel, ich mag nicht hier sein. Jetzt müssen sie kommen, die Krallen, ich kann sie schon spüren.

Aber es sind keine Krallen. Ich werde zusammengedrückt, aber nur ein bisschen. Ich öffne meine Augen und drehe meinen Kopf. Ein Mensch sieht mich an. Er lächelt und seine Augen sind ein bisschen feucht. Und dann spüre ich, wie warm seine Hände sind.

„Hallo kleiner Kerl“, sagt er zu mir. „Ich dachte mir schon, dass sich etwas hier versteckt. Dein Schwanz hat herausgeschaut. Komm her, du zitterst ja am ganzen Leib.“ Und dann nimmt er mich hoch und legt mich in seine Arme. Wer ist er? Was wird er mit mir machen?

„Meine Güte, dein Herz schlägt ja wie wild“, spricht er weiter. Ich fühle mich recht wohl und warm bei ihm. Das Zittern hört auf und meine Hinterbeine baumeln entspannt hinunter.

„Wenn ich dich wieder hinunterlasse, läufst du dann weg?“, fragt er mich.

Er will mich wieder zurück auf den Boden stellen, aber ich bin gerne in seinen Armen. Offensichtlich merkt er, dass ich nicht runtergelassen werden will, denn er richtet sich wieder auf und drückt mich noch einmal an sich. Ich kuschle mich gerne an sein dickes Fell, das er auf- und zumachen kann, es ist so warm. So muss es sein, wenn man eine Mutter hat.

„So, so“, sagt er. „Möchtest du mit mir mitkommen?“

Vielleicht sollte ich mich wehren? Dann würde er mich runterlassen und ich könnte weglaufen. Aber wohin sollte ich gehen. Zu wem sollte ich jetzt laufen? Ich fühle mich sicher, ich fühle mich beschützt.

„Bist du sicher, dass ich dich nicht besser gehen lassen soll?“

Ich schmiege meinen Kopf noch tiefer an seinen Arm.

„Ok“, sagt er. „Damit ist alles klar.“ Und bevor ich es noch richtig begreife, entfernen wir uns schon von dem Platz, an dem ich lebte und von dem ich herkomme. Weg von der Gasse, um den ganzen Hafen herum. Laufen, laufen, schnell, schnell, in seinen Armen. Er geht so schnell und ich bin so hoch über dem Boden, dass ich glaube, ich fliege, wie die Vögel dort oben am strahlenden, strahlenden Himmel. Ich fliege, fliege, weg, ganz weit weg...

3/ Jetzt ist alles, was wir haben

Ich spähe durch einen Spalt zwischen dem Pelz des Mannes und seinem Arm. Ich kann das dunkle Wasser erkennen, dann den riesigen, riesigen Rumpf eines Schiffes. Wir laufen daran vorbei und erreichen ein anderes Boot. Er hält an und ich sehe, wie er hinaufschaut. Auf dem Pier liegt irgendetwas mit Schienen an den Seiten, das auf das Schiff hinaufführt. Es sieht aus wie eine große Zunge, bereit uns beide aufzulecken. Wir steigen hinauf, wobei es ein wenig wackelt. Oben auf dem Schiff angekommen, bleiben wir stehen.

„Sei jetzt ganz still!“, flüstert er mir zu. „Dafür werde ich wohl eine Vorladung zum Tisch des Kapitäns bekommen“[5] Er braucht mir gar nicht zu sagen, dass ich ruhig sein soll. Ich bin so verwirrt und zittere so sehr, dass ich keinen Laut von mir geben kann. Ich luge unter dem Arm des Mannes hervor. An der Seite des Schiffes sehe ich eine Reling und kleine runde Fenster. Dann entdecke ich ein paar Männer, die am Ende der Zunge stehen und ich schrecke zurück. Er legt seine Hand auf meinen Kopf und drückt mich noch mehr an sich.

„Psst!“, sagt er, jetzt noch leiser. „Das ist Sharpe, der Quartiermeister und Welburn, der Bootsmann. Wenn sie uns erwischen, bin ich erledigt.“

Wir müssen uns an ihnen vorbeischleichen, ich kann spüren, wie er sich langsam bewegt. Dann höre ich ihn „Ok“ sagen und er tätschelt mir den Kopf. Ich spähe hinaus, nur ein bisschen. Es riecht seltsam. Der Geruch des Schiffes ist anders als alles, was ich bisher gerochen habe. Ich bin mir nicht sicher, was es ist. Irgendwie eine Mischung aus Menschen und anderen Gerüchen, und einer ist dem an dem bösen Platz sehr ähnlich. Der Platz, wo... Ich presse meine Augen fest zu, damit die schlimmen Bilder verschwinden.

Wir bewegen uns weiter, vorbei an der Reling auf der einen Seite und den kleinen runden Fenstern auf der anderen. Ich würde gerne über das Geländer schauen, um zu sehen, wie weit unten das Meer ist, aber ich bin

---

[5] Um eine Strafe auszufassen.

eingeklemmt zwischen dem Arm des Mannes und seinem Körper. Ich versuche, nach oben zu schauen, ob es einen Mast oder eine Flagge gibt, wie JoJo es mir erzählt hat, aber es gelingt mir nicht. Ich bin zu sehr unter Pelz und Armen vergraben.

JoJo, JoJo. Was, wenn er nicht wirklich aufgehört hat? Vielleicht hat er sich wieder bewegt, nachdem ich weggelaufen bin? Vielleicht hat er nur geschlafen? Oder er war nur betäubt? Aber ich glaube nicht, dass er seine Augen wieder geöffnet hat. Er war voll mit diesem dunklen, klebrigen Zeugs, hat anders gerochen und er war irgendwie nicht mehr hier. Wenn ich geblieben wäre, wäre ich ganz allein gewesen, aber jetzt bin ich hier mit diesem Mann auf diesem Schiff. Und Uboat sagt, es macht Spaß auf Schiffen. Im Moment fühlt es sich noch nicht ganz so lustig an, aber auch nicht beängstigend. Es sieht so aus, als ob sich dieser Mann um mich kümmern will. Ich blinzle langsam. Ich bin lieber in der Nähe dieses fremden Mannes als auch nur am selben Ort mit dem schrecklichen Chairman.

Wir ducken uns unter einer Kette und unter einer Treppe hindurch. Dann gehen wir durch eine offene Tür und betreten das Innere des Schiffes. Hier ist es noch heißer und es riecht noch mehr nach Mensch. Wir kommen an einen Platz, der aussieht wie eine Art Versteck. Er schnappt sich ein großes Fischernetz, das an einem Haken hängt und befestigt es an einen anderen Haken. Mit großer Mühe gelingt es ihm, hineinzuklettern. Es schwingt hin und her, als er sich hinlegt. Er nimmt sich eine Decke, legt sie über sich und setzt mich darauf.

Ich schaue ihn jetzt direkt an, und auch er sieht mir in die Augen. Er schaut nicht wirklich wie ein Mann aus, eher wie einer der Kleinen, die mich und... die immer mich und .... Ich versuche, die Bilder in meinem Kopf zu vertreiben und betrachte stattdessen die Bilder der hübschen Damen, die in seinem Versteck hängen. Es muss ihnen doch sehr kalt sein, so ganz ohne ihre Kleidung.

Er lächelt wieder. „Ich heiße George.[6] Wie sollen wir denn dich nennen?“. Ich kann seinen Atem riechen. Mir wird ein wenig übel. Seine

---

[6] Es gibt unterschiedliche Berichte darüber, wer Simon im April 1948 an Bord genommen hat – Kapitän Ian Griffiths oder der gewöhnliche Seemann George Hickinbottom. Der Letztere verließ die Amethyst einige Monate später. Simon freundete sich auch mit Unteroffizier George Griffiths an. Aus erzählerischen Gründen wurde ein Matrose namens „George“ geschaffen, aber jede Ähnlichkeit mit realen Personen, ob lebend oder tot, ist rein zufällig.

Augenbrauen ziehen sich zusammen. „Ich glaube, ich werde dich Simon nennen. Gefällt es dir, auf einem Schiff zu sein, Simon?“

Simon?!, denke ich verwundert. Simon?! JoJo nannte mich immer Titch. Ich mauze und meine Schnurrhaare sinken nach unten. Der Gedanke an JoJo macht mich traurig. Vielleicht zucken meine Schnurrhaare wieder, wenn man mich Simon nennt und vielleicht mag ich dann auch wieder herumlaufen? Ich hoffe es.

Ich schaue mich um. Ich versuche mich immer noch an die verschiedenen Gerüche zu gewöhnen. Es riecht muffig und feucht. Und es ist immer noch heiß. Fast so heiß wie damals, als ich den Vögeln zusah, vor mich hinträumte und Uboat plötzlich auftauchte und auf meinen Rücken sprang. Jetzt kann ich auch sehen, dass noch viele andere Männer an diesem Platz sind. Wie George liegen sie auf ihrem Rücken und schaukeln in ihren winzigen hängenden Betten. Manche geben schnaufende, knurrende Geräusche von sich. Es ist recht dunkel, doch dadurch kann ich nur noch besser sehen. Ich erblicke einen Tisch mit einigen Stühlen, Rohre, die quer über die Decke verlaufen und noch viele andere Sachen, die ich nicht kenne. Ich frage mich, ob das Innere der Schiffe, auf denen Uboat gelebt hat, auch so aussieht.

George setzt sich ein bisschen auf und schafft es, seine Stiefel und Hosen auszuziehen. Dann wickelt er die Hose um die Stiefel, platziert alles hinter seinen Kopf und legt sich wieder hin. Ich weiß nicht genau, was ich jetzt tun soll. Die Bilder in meinem Kopf sind ganz durcheinandergewirbelt. Ich bin ein bisschen ängstlich, ein bisschen traurig aber ich spüre auch irgendetwas anderes. Ein Gefühl sagt mir, dass ich am besten hier bei George bleiben sollte. So drehe ich mich um mich selbst und lasse mich schließlich auf ihm nieder. Ich sehe seine Füße. Sie sind sehr schmutzig und stinken. George gibt ein leises Geräusch von sich, nimmt mich hoch und dreht mich um, sodass ich ihn ansehe.

„Entschuldige Simon“, sagt er lächelnd. „Dein Schwanz hat mich an der Nase gekitzelt.“

Und schon wieder werde ich an Uboat erinnert, kurz bevor er weggegangen ist und mich verlassen hat. Ich verspreche mir selbst und JoJo, dass ich von nun an tapfer sein werde. So wie Uboat es ist, und JoJo es war. Uboat sagte, dass es viel Spaß macht, auf Schiffen zu leben und verschiedene Orte zu sehen. Ich glaube zwar, dass er solche Dinge sagen kann, weil er nicht so ein Angsthase ist wie ich, aber von nun an will ich versuchen, wie er zu sein. Versuchen, wie sie beide zu sein.

Ich bemerke, wie Georges Augen langsam zufallen, aber ich möchte lieber wach bleiben. Vielleicht sollte ich einfach hier liegenbleiben. Er hat gesagt, dass ich keinen Laut von mir geben soll. Also werde ich nur hier liegen bleiben, herumschauen und ruhig sein, ein bisschen ängstlich, ein bisschen traurig und ein bisschen irgendetwas anderes....

Ich höre den Geräuschen der anderen Männer zu. George gibt diese jetzt auch von sich. Zwischen dem lauten Schnaufen scheint er zu sprechen. Wie lustig. Mit wem er wohl spricht? Hat er vielleicht auch wie ich Bilder im Kopf?

Als ich meine Augen schließe, höre ich ein anderes Geräusch. Es ist ein „Klack, klack“ und dann höre ich ein Hecheln. Meine Augen blicken herum, ich lege meine Ohren an und meine Schnurrhaare zucken aufgeregt. –irgendein Geruch steigt in meine Nase. Plötzlich taucht ein großer haariger Kopf im Versteck auf und sieht mich direkt an. Oh nein! Es ist der Kopf eines Hundes. Manche Hunde, die im Hafen herumgelaufen sind, wollten mich jagen und aufessen, aber andere waren recht freundlich. Ob das hier wohl ein Freund ist oder .... kein Freund? Ich weiß nicht so recht, was ich tun soll. Ich denke an den tapferen JoJo und den furchtlosen Uboat, und beschließe, wie sie zu sein. Oder es zumindest so zu tun.

Der Hund schaut mich immer noch an. Aber er hat nicht geknurrt oder mir die Zähne gezeigt.

Ich räuspere mich. „Du bist ein Hund“, sage ich schließlich zum haarigen Gesicht.

„Ja, das bin ich“, antwortet der Hund. „Vollmatrosenhündin Peggy zu deinen Diensten.[7]“, stellt sie sich vor und leckt mein Gesicht ab. „Wer bist du?“

„Ich denke, ich heiße Simon“, antworte ich.

---

[7] Peggy war der Bordhund.

„Du denkst nur, dass du Simon heißt? Wie furchtbar komisch!“, erwidert Peggy. „Was machst du hier?“

„Ich weiß nicht genau. Ich war mit .... zusammen und dann habe ich mich versteckt und dann ....“ Ich fange an zu schluchzen.

Peggy hält ihre feuchte Nase direkt an mein Gesicht. Ich schrecke ein bisschen zurück.

„Keine Angst“, murmelt sie. „Ich werde dich nicht beißen. Nicht alle Hunde sind böse, musst du wissen.“

Ich fühle mich jetzt ein bisschen weniger schlecht. Ich möchte nicht, dass jetzt noch mehr Schlimmes passiert. Schon lustig, dieser Hund scheint gut zu sein, und Chairman, ein Ich, ist es nicht.

„Möchtest du, dass ich dich etwas herumführe?“, fragt sie.

„Ich denke, das würde ich furchtbar gerne mögen, aber ich denke, George möchte, dass ich hierbleibe.“

„Du denkst schrecklich viel“, lacht Peggy, „Ich selbst bin mehr der Macher, wie ihr sagen würdet. Ich wette, George hier schläft tief und fest. Sein Schnarchen spricht jedenfalls dafür. Ich finde also, dass wir gehen sollten.“

Schnarchen. Was für ein lustiges Wort.

Ich stehe auf, was das Bett noch mehr wackeln und schwanken lässt, und dann hüpfe ich auf den Boden.

„Hier lang!“, sagt Peggy und ich kann ihren heißen Atem auf mir spüren. Er stinkt sogar noch schlimmer als der von George. Oder der Gestank von muffigen Füßen hier drin. Sie geht los und ich folge ihr. Ihr Kopf ist braun, ihr Körper braun-weiß und ihr Schwanz auch braun. Als sie losläuft, wackelt ihr Hintern. Überhaupt ist ihr ganzer Körper recht schwabbelig. Sie muss ziemlich viel zu essen bekommen auf diesem Schiff. Vielleicht ist es ja wirklich nicht so schlimm hier.

„Ist es immer so heiß hier?“, frage ich ihren Hintern.

„Oh ja“, antwortet sie. „Außer wenn wir auf dem Meer draußen sind. Manchmal ist es sogar noch heißer. Aber man gewöhnt sich daran.“

Als Peggy sich durch den Spalt unter den Treppen gezwängt hat und ich hindurchgeflutscht bin, bemerke ich, dass auch meine Pfoten, wie die von Peggy, dieses „Klack, klack“ Geräusch machen. Wir sind wieder draußen auf dem Deck des Schiffes. Die glitzernden Sterne und die kühle Brise sind angenehm, deshalb lasse ich mich nieder und möchte mich nur kurz putzen. Peggy bellt laut, ich stehe schnell auf und falle fast um.

„Spring nicht über das Dollbord!“, ruft Peggy und lacht ein wenig.

„Was ist das Dollbord?“

„Der oberste Rand der Bordwand. Wenn du über Bord gehst, müsste ich wohl auch runterspringen und dich herausfischen. Und das möchte ich wirklich lieber vermeiden, vielen Dank.“ Peggys Schwanz senkt sich ein bisschen.

„Magst du auch kein Wasser?“, frage ich.

„Meine Güte, ich liebe Wasser. Ich wurde heute Abend aber ganz herrlich gebürstet. Ist dir nicht aufgefallen, wie wunderschön mein Fell glänzt?“

Peggy macht sich wieder auf. „Komm schon. Ich bringe dich zum Bug.“

Sie läuft weiter, ein wenig keuchend, und ich folge ihr. Die kleinen runden Fenster zu meiner Linken und das Meer rechts unter mir. Es gibt viele Dinge, über die man springen und unten durchkriechen kann. Mit meinen Schnurrhaaren kann ich die Abstände gut einschätzen und schaffe es problemlos, überall durchzukommen. Peggy jedoch muss sich oft durchzwängen. Die Spalten sind eigentlich nicht sehr klein, ich nehme aber an, dass es schwieriger ist, wenn man groß ist. Obwohl Peggy nun angefangen hat, vor mir zu rennen, kann ich ihr leicht folgen. Doch ich kann sie nicht überholen, so ist mein Kopf immer ganz nah an ihrem Schwanz und ihrem Po. Als sie sich mühsam durch einen Spalt zwängt, hebt sie den Schwanz und lässt einen fahren. Der Gestank ist noch schlimmer als der von den Füßen all der schlafenden Männer in jenem Raum.

Peggy dreht sich um. „Ich entschuldige mich vielmals“, flüstert sie. „Das passiert mir manchmal.“

Ich rümpfe die Nase.

Peggy beruhigt sich wieder. „Diese Seite des Schiffes nennt man Steuerbord“, erklärt sie, „und diese Boote da oben sind die Lifeboats, sie werden auch Rettungsboote genannt.“

Life heißt doch Leben, leben Boote denn? Das kann ich gar nicht glauben.

„Und diese Ringe hier“, sagt sie zur Seite nickend. „Tja, wenn die Männer sie ins Wasser werfen, oder auch wenn sie die Boote hinunterlassen,... naja, dann heißt das, dass wahrscheinlich etwas ganz Schlimmes passiert ist.“

„Was machen die Ringe?“, frage ich verwirrt.

„Sie beschützen Menschen“, antwortet sie. „Das heißt, sie retten Leben“

So wie George meines gerettet hat, denke ich mir.

Wir erreichen eine weitere Treppe und steigen hinauf. „Und die andere Seite des Schiffes heißt Backbord“, fährt Peggy fort.

Sie keucht und schnauft, während wir die steile Treppe nach oben steigen. Ich hüpfe von Stufe zu Stufe und bin viel schneller oben als sie. Schließlich erreicht sie mich. „Und das hier nennt man das Geschützdeck.“

Steuerbord. Geschützdeck. Backbord. So viele neue Wörter. Uboat hat nie solche Sachen erwähnt, wenn er mir seine Geschichten erzählt hat. Ich schaue mich um.

„Was sind diese zwei langen Nasen da?“, frage ich Peggy.

„Die nennt man Geschütztürme“. Sie geht hinüber zu ihnen und schnuppert ein wenig daran. „Man verwendet sie, um Sachen herumzuschießen. Sie machen ein furchtbar lautes Geräusch.“

Ich schnüffle auch ein wenig daran. „Was heißt ‚schießen'?“, frage ich sie. Ich schieße an Dingen vorbei, wenn ich schnell renne, aber ich mache kein lautes Geräusch dabei, das weiß ich ganz genau.

„So viele Fragen, Simon. Hoffentlich musst du nie erfahren, was schießen bedeutet. Komm, gehen wir weiter.“

Wir laufen über das Geschützdeck und erreichen den vordersten Teil des Schiffes. Ich bin wieder in der Nähe der Zunge, kann aber weder den Quartiermeister noch den Bootsmann sehen oder riechen.

„Das ist der Bug“, sagt Peggy stolz und keuchend. Wir stehen neben weiteren Geschütztürmen. Ich schaue hinaus. Ich kann ein weiteres großes Schiff vor uns sehen und erblicke den Hafen, der sich bis zum großen Meer hin erstreckt. Alles wird von den Sternen und den Lichtern der umliegenden Gebäude erhellt. Ich versuche mir vorzustellen, wie ich hinaus aufs Meer fahre, der kühle Wind drückt meine Ohren nach hinten und über meinem Kopf fliegen alle möglichen Vögel.

Ich drehe mich um. „Was ist das?“

„Dort oben ist das Flaggendeck und das ist die Brücke“, erklärt Peggy und schaut jetzt ganz ernst drein. So wie JoJo wenn er mir sagt – mir sagte -, dass ich nicht so viel Essen in mich hineinstopfen sollte.

„Das ist keine Brücke“, sage ich kichernd, „ich kenne Brücken. Man geht über sie und drunter ist Wasser oder eine Straße.“

„Das ist die Brücke auf einem Schiff, lieber Simon“, antwortet Peggy und klingt dabei etwas hochnäsig. Hochnäsig. Das war einer von JoJos besten Ausdrücken. „Dort sitzt der Kapitän. Einige Männer arbeiten auch dort und sorgen dafür, dass sich das Schiff dreht. Ich schwöre bei Gott...“

Ach, das ist so, wie verschiedene Menschen verschiedene Namen für dasselbe Ding haben, denke ich mir. Manchmal gibt es also einen Namen für verschiedene Dinge. In meinem Kopf dreht sich alles ein bisschen mehr.

„Ich darf da nicht sehr oft hinein“, fährt Peggy fort, „deshalb wette ich mal, dass du da auch nicht reindarfst. Und genau hinter der Brücke ist die Kabine, in der der Kapitän schläft. Also denk nicht einmal daran, dorthin zu gehen!“ Kapitän. Das Wort hab' ich doch schon mal gehört.

Während sie das sagt, taucht hinter der Brücke ein Mann auf und kommt auf uns zu. Er ist ganz in weiß gekleidet, hat ein Getränk in der Hand und Nebel kommt aus seinem Mund. Unheimlich. Peggy und ich pressen uns gegen den Geschützturm.

„Schnell“, murmelt Peggy. „Das ist er. Es würde kein gutes Bild machen, wenn er uns ... naja dich... hier sehen würde.“

Ich schrecke hoch und renne zur Treppe. Das ist also der Kapitän, dem auch noch Nebel aus dem Mund kommt. Ich bin erleichtert, als ich Peggy hinter mir höre. Schnell, schnell, schnell laufe ich und finde ein Versteck. Keuchend und schwer atmend holt mich Peggy schließlich ein. Ich kann sehen, wie ihr Bauch auf und ab geht, auf und ab.

„Meine Güte, Simon!“, ruft sie mit heraushängender Zunge aus. „Du bist ja schnell wie der Blitz!“

„Meinst du, er hat uns gesehen?“, frage ich und meine Augen sind vor Angst ganz weit geöffnet.

„Ich glaube nicht, er hat nicht hinter uns her geschrien, oder?“ Peggy versucht, sich in mein Versteck zu zwängen, aber es gelingt ihr nicht ganz. Sie kommt wieder zu Atem.

„Oh Gott“, ruft sie plötzlich lachend aus. „Mir ist gerade eingefallen, was du eigentlich bist.“

Ich dachte, sie wüsste, was ich bin... ich sehe sie verwirrt an.

„Du bist ein blinder Passagier.“

„Ein blinder was...?“

„Jemand, der sich an Bord eines Schiffes schmuggelt.“

Hmm, ich bin mir nicht sicher, ob mir das gefällt. Aber ich hab' mich nicht raufgeschmuggelt. Ich wurde an Bord gebracht. Von George. Ich sehe zu Boden. Peggy merkt, dass ich traurig bin.

„Oh, mach dir keine Sorgen!“, versucht sie mich zu trösten. „Alles wird gut, du wirst sehen. Bei Tageslicht ist alles besser.“

Wir sitzen beide still da. Meine Nase legt sich in Falten.

„Warst du das schon wieder?“, frage ich.

Peggy schaut auf den Boden.

„Das müssen die Kekse sein, die ich vorher gegessen habe.“

Sie setzt sich auf.

„Komm, jetzt bringen wir dich zurück zu George.“

Ich springe auf, Peggy stemmt sich hoch.

„Und, kannst du dich noch erinnern, wo er ist?“

Ohne Schwierigkeiten finde ich den Weg zurück. Ich gehe einfach den Gerüchen nach, darin bin ich gut. Weg von einem Geruch, hinein in einen anderen, der genauso schlecht ist.

Wir bleiben vor dem dunklen Raum stehen, in dem die Männer schlafen.

„So, willkommen auf der HMS Amethyst, kleiner, blinder Passagier Simon.[8] Gefällt es dir hier?“

„Ich denke, es stinkt ein bisschen viel. Aber ja, ich denke, es gefällt mir. Ich frage mich, ob ich bleiben darf. Was denkst du?“

„Ich habe dir doch schon gesagt, dummer Simon, ich vergeude meine Zeit nicht mit diesem unsinnigen Denken. Gestern ist vergangen, Morgen ist noch nicht hier, das Jetzt ist alles, was wir haben. Mach dir keine Sorgen!“

---

[8] Die HMS Amethyst war eine modifizierte Schaluppe der Black-Swan-Klasse der Royal Navy. Sie wurde am 25. März 1942 von der Werft Alexander Stephen and Sons of Linthouse in Govan, Schottland auf Kiel gelegt, am 7. Mai 1943 zu Wasser gelassen und am 2. Dezember 1943 in Dienst gestellt. Nach dem Zweiten Weltkrieg wurde sie umgebaut und in eine Fregatte verwandelt. Zum Zeitpunkt dieser Geschichte befindet sie sich in Hongkong.

Und damit trottet Peggy davon, irgendwohin. Ihr Bauch schwingt hin und her, wie die Betten hier in diesem stinkenden Zimmer. Ich husche dorthin, wo George schläft, springe auf einen Stuhl und wieder auf seine Brust. Er macht keinen Mucks. Ich schließe meine Augen und hoffe, dass ich nur schöne Bilder sehen werde und keine bösen, unheimlichen.

„Jetzt ist alles, was wir haben; Jetzt ist alles, was wir haben." Ich spüre das beruhigende Heben und Senken von Georges Brust und schnurre mich in den Schlaf.

4/ Kalt und unsichtbar

Ich öffne meine Augen. Ich bin mir nicht ganz sicher, wo ich bin, aber der Geruch von Menschen erinnert mich gleich wieder daran. Manche sind schon wach und husten und spucken. Einige haben Farben und Formen auf ihren Armen. Was ist das? George schläft immer noch tief und fest, sein Mund ist weit geöffnet. Als sich die anderen Männer strecken und von ihren schaukelnden Betten aufstehen, werde ich entdeckt.

„Hey, hey, was haben wir denn hier?", sagt einer.

„Ob Peggy es wohl schon gesehen hat? Ich wette, sie frisst es zum Frühstück auf", ruft ein anderer lachend. Ich bin froh, dass ich Peggy schon letzte Nacht getroffen habe, sonst hätte ich jetzt richtig Angst.

Einige Männer kommen zu uns herüber. Einer ist ganz lang und dünn und hat feuerrotes Haar. Ein anderer hat braune Haare und wieder ein anderer hat gar keine. Ich schrecke zurück. Meine Krallen müssen sich ausgefahren haben, denn George wacht mit einem „Aua!" auf und schlägt sich dabei den Kopf an.

„Wie ich sehe, hast du dir einen kleinen Kameraden zugelegt", sagt der Unbehaarte lachend und stupst George an. „Hast du dir gedacht, das wäre ein guter Ersatz für ein Mädchen?". Alle Männer brüllen vor Lachen. Erschrocken schrecke ich hoch. George reibt sich den Kopf und dann die Augen.

„Ich glaube, ich hatte gestern an Land zu viel Grog. Ich wollte noch einen klaren Kopf bekommen, bevor ich zurück an Bord gehe und da habe ich diesen kleinen Kerl gehört." Er versucht, sich aufzusetzen, aber er schwankt nur hin und her und wirft sich schlussendlich wieder aufs Bett zurück.

„Ohh, du hast einfach ein zu großes Herz, George", sagt der Rothaarige lachend.

„Ja, und zu wenig Verstand", meint der andere ohne Haare. „Was denkst du denn, was der Kapitän sagen wird?"

„Ich weiß es nicht genau, hab' noch nicht darüber nachgedacht." Georges Augenbrauen ziehen sich zusammen.

Was hat Peggy gestern Nacht über mich gesagt? Dass ich viel denke. Nicht wie sie. Und nun sagt George dasselbe. Wie lustig.

„Nun, du solltest dir besser schnell einen Plan zurechtlegen, Georgie Boy“, fährt Ohnehaar fort, „er wird bald mit uns in der Messe sprechen wollen.“

„Geht mir nun aus dem Weg, Leute!“, antwortet George, der es endlich schafft, aufzustehen. „Ich muss unter die Dusche.“

Ja, das muss er wirklich, denke ich mir.

„Vielleicht wirst’ dabei etwas schlauer“, ruft der Mann mit braunem Haar, während George sich davon schleppt.

Als auch ich meine morgendliche Fellpflege angehe und meine Pfote anhebe, gehen manche Männer weg, andere bleiben sitzen und rollen ein Papier zusammen und stecken es sich in den Mund. Und dann nehmen sie Feuer und halten es vor die Papierrolle – warum machen sie das? Nun blasen sie Nebel aus, genau wie der Kapitän letzte Nacht. Während ich mich putze, beobachte ich sie und frage mich, warum sie sich selbst weh tun wollen. Manche sind recht laut und schreien sich an, aber ich spüre keine Angst. Jedenfalls solange sie nicht versuchen, auch mein Gesicht in Brand zu stecken. Gerade als ich mich fertig geputzt habe, höre ich das schon bekannte „Klack, Klack, Klack“. Ich drehe mich um sehe Peggy, die mich direkt anschaut.

„Guten Morgen.“ Peggys Schwanz wedelt. „Ich sehe, du hast schon einige Matrosen kennengelernt. Haben sie sich über dich lustig gemacht?“

„Hierher, Peggy. Peggy!“, ruft sie Ohnehaar zu sich. Er sitzt an einem Tisch und es sieht so aus, als hätte er einen Keks. Peggy trottet hinüber, wobei ihr Schwanz noch mehr hin und her wedelt. Sie springt hoch und setzt sich neben den Mann.

„Und, was ist mit deinem kleinen Freund?“, sagt der Mann zu Peggy und streichelt ihren Kopf. „Gut, dass du ihn nicht gebissen hast. Hier, Blackie, komm hierher[9]!“

---

[9] Die Crew hat ihn sowohl Simon als auch Blackie genannt.

Blackie? Ich dachte, ich heiße Simon? Vielleicht ist noch ein anderes Ich hier, das ich noch nicht gesehen habe?

Peggy nickt mir zu, damit ich mich zu ihnen setze, also hüpfe ich von dem wackeligen Bett herunter und tapse hinüber. Ohnehaar klopft auf sein Knie, worauf ich hinaufspringe und in seinem Schoß lande

„Pass auf, Gurns", sagt der dunkelhaarige Mann, „stiehl George ja nicht die Freundin!"

Blackie? Freundin? Menschen sind wirklich sehr seltsam.

Gurns streichelt mich und ich schnurre. Mein Schwanz bewegt sich ein wenig hin und her. Der Mann mit den dunklen Haaren steckt sich irgendetwas in den Mund.

„Oh, gib uns eine Zigarette, McCunnell!", bittet Gurns.

„Gib mir ein paar von deinen Kyes[10] und ich werde darüber nachdenken." McCunnell zündet sich ein Papierding in seinem Mund an und Nebel steigt auf. Dann hält er sein Gesicht nahe an meinem und bläst den ganzen Nebel zu mir. Meine Augen brennen. Ich bin mir nicht sicher, ob ich diesen McCunnell-Mann wirklich mag.

„Weg mit dir!", sagt Gurns und schiebt McCunnells Arm von mir weg. Ich schaue hinunter zu Peggy, aber sie ist zu beschäftigt mit Essen, um es zu bemerken.

„Will jemand eine Runde Karten spielen?", fragt der Rothaarige.

„Keine Chance, Ginger", antwortet McCunnell. „Wir müssen klar Schiff gemacht haben bis ... oh null siebenhundert Uhr."

Gurns streckt den Arm über den Tisch und nimmt sich einen großen Glaskrug mit Wasser. Ein anderer Mann ist gekommen und lässt ein paar Dinge in den Krug hineinfallen. Es platscht und ich werde von einigen Tropfen angespritzt. Ich zucke zusammen.

---

[10] Heiße Schokolade

„Oh, bist du jetzt ganz nass geworden, was?“, sagt McCunnell grinsend. „Ich kann mir dann nicht so recht vorstellen, dass es dir hier gefallen wird. Vielleicht sollten wir dich einfach über Bord werfen, dann würdest du dich bald ans Wasser gewöhnen.“

Vielleicht hat er ja recht. Jetzt, da George nicht hier ist, und Peggy sich mehr fürs Essen interessiert als für mich, fühle ich mich nicht mehr so sicher. Was mache ich hier überhaupt? Was hat Peggy gesagt? Was bin ich hier? Ein blinder Passagier. Und dort, wo ich herkomme, Stonecutters Island, war ich nicht blind. Vielleicht sollte ich einfach von Gurns Knie herunterhüpfen, zu den Treppen laufen, durch alle Ritzen und wieder die große Zunge hinunter? Aber was ist, wenn die große Zunge nicht mehr da ist? Wäre ich dann mutig genug, um über das Dollbord und in das weite Meer zu springen und dann zu schwimmen, schwimmen, schwimmen?

Gurns hat einen Teil des Wassers vom Krug in viele Gläser geschüttet. Das Klappern aus dem Inneren des Kruges und ein Lichtstrahl darin lassen mich neugierig werden. Ich schaue mir den Krug und die Dinge, die da drinnen auf und ab hüpfen, genau an. Ich kann durch sie hindurchsehen. Ich frage mich, was das ist. Ich glaube, Ginger bemerkt mein Interesse, denn er schiebt den Krug zu mir hinüber. Gurns schaut zu mir hinunter und ich blicke zu ihm hoch.

„Oh, tut mir leid, Blackie, du bist bestimmt durstig, nicht wahr? Gib mir eine Schale herüber, McCunnell!“

„Hol sie dir doch selbst!“, antwortet dieser.

Gurns seufzt und steht auf. Dabei springe ich von seinem Knie und lande auf dem Tisch.

„Iiih, geh runter!“, schreit McCunnell und versucht, mich hinunterzustoßen.

„Lass ihn ja in Ruhe!“, faucht Gurns McCunnell an und setzt sich wieder hin. Sogar Peggy blickt auf und knurrt ein wenig.

Ich schaue zu den Männern, zu Peggy und wieder zu den Männern. Aber der Wasserkrug und das Klimpern aus seinem Inneren interessiert mich mehr. Ich schleiche mich heran, als ob ich mich auf JoJos Schwanz stürzen wollte. Mein Rücken ist nach unten durchgedrückt und meine Schnurrhaare zucken. Ich erreiche den Krug und schnuppere daran. Es riecht nach Kälte.

Ich stelle mich auf meine Hinterbeine, lege meine Vorderpfoten auf den Krug und schaue hinein. Ich höre etwas, aber sehen kann ich eigentlich nichts. Dann, oh mein Gott, was tue ich da? Ich tauche meine Pfote ins Wasser. Es ist wirklich kalt und es kitzelt irgendwie, aber es ist ungefähr so, wie wenn ich draußen einen betäubten Fisch aus dem Wasser fische.

Ich fahre mit meiner Pfote im Krug herum und spüre etwas. Es macht auch ein Geräusch am Glas. Ich drehe meine Pfote um und fische das kalte Ding, das ich zwar spüren und hören, aber nicht sehen kann, heraus. Es flutscht aus meiner Pfote, landet auf dem Tisch und schlittert dann ein bisschen weiter.

Die Männer brechen in Gelächter aus. Alle, außer McCunnell. Er sitzt einfach nur da, aber Peggy bellt ein wenig und lächelt mir zu.

„Ich glaube, wir haben einen Fischer an Bord“, sagt Gurns, nimmt mich hoch und setzt mich wieder auf sein Knie.

George kommt zurück, frisch umgezogen und gut riechend.

„Habe ich etwas verpasst?“

„Wie man's nimmt“, lacht Ginger. „Glaub, wir haben einen Entertainer aufgenommen. Mach's nochmal!“, sagt er zu mir.

Na gut, hauptsächlich zu Georges Vergnügen stecke ich meine Pfote wieder ins Wasser und fische ein ... was immer es auch ist ... heraus.[11]

Gurns streichelt meinen Kopf. „Gut gemacht, Blackie!“, sagt er lächelnd und seine Augen strahlen.

„Simon, nicht Blackie“, korrigiert George ihn. „Sein Name ist Simon.“

Ich springe vom Tisch hinunter. Ja, das ist richtig. Mein Name ist Simon.

Ich fühle mich jetzt viel viel besser.

---

[11]Es ist überliefert, dass das Herausfischen von Eiswürfeln aus Wasserkrügen einer von Simons beliebtesten Tricks war.

Peggy kommt zu mir herüber. „Mach dir keine Sorgen", sagt sie und leckt mir über das Gesicht. „Ich wäre runtergesprungen, um dich zu retten, wenn dieser fiese McCunnell dich über Bord geworfen hätte."

Und jetzt fühle ich mich noch viel besser.

„Komm!", murmelt sie und klack, klack laufen wir raus.

Wir rennen durch den Schlafraum und zurück zu den Treppen.

„Hier entlang!", sagt Peggy halb trabend, hab watschelnd.

Wir gehen in Deckung und laufen zwischen der dicken, dicken Kette und einem anderen Geschützturm hindurch, bis wir schließlich am hinteren Ende des Bootes ankommen. Wir flitzen - naja, ich flitze, Peggy kämpft sich durch – zwischen vielen Beinpaaren in weiten weißen Hosen herum, die alle schnell durcheinanderlaufen und Stiegen hinaufrennen, schnell, schnell. Einige Matrosen bemerken Peggy und geben ihr einen schnellen Klaps auf den Kopf, aber zu mir sagen sie nichts. Vielleicht sehen sie mich nicht. Peggy ist um einiges größer als ich, womöglich übersehen sie mich einfach. Oder Menschen sehen nur das, was sie sehen wollen.

„Das ist das Heck", erklärt Peggy. „Wenn wir draußen auf hoher See sind, sitze ich manchmal hier und beobachte die weiße, schäumende Spur, die wir im Wasser hinter uns lassen. Das ist unheimlich toll. Hier mache ich auch, du weißt schon was..."

Sie blickt nach unten.

„Was machst du hier?", frage ich sie und lege meinen Kopf schief.

„Du weißt schon, mein ... ähm...". Peggy bringt ihr Gesicht ganz nah an meines. „Mein Geschäft." Dann hockt sie sich kurz hin und steht gleich wieder auf.

„Ich wette, dass du zuhause einfach hingegangen bist, wo du wolltest?", fährt sie fort.

Und sie hat recht, ich ging wirklich dorthin, wo ich ich wollte. Sogar zu diesen Plätzen, von denen ich weggejagt wurde.

„Nun, hier muss man viel besser aufpassen, wo man sein ... äh... Geschäft verrichtet", sagt sie und hüstelt. „Sonst kommt man in schreckliche Schwierigkeiten."

Ich nicke. Aber ich weiß immer noch nicht, was sie mit dem aufpassenden Geschäft meint. Es klingt sehr vornehm. Eben wie Peggy.

Peggy nimmt wieder Haltung an. „Wie auch immer, lass uns mit der Tour weitermachen!"

Wir laufen einige Stufen hinauf, die in die Mitte des Bootes führen.

„Dieser Teil wird das Achterdeck genannt“, erklärt mir Peggy. Hier sind viele Seemänner, die fleißig schrubben und putzen. Sie schauen sehr gut aus ganz in weiß. Die Sonne brennt auf sie herab, während sie ihre Arbeit erledigen. Wir huschen die Treppe hinunter und zurück zum Heck.

„Hier entlang! Ich möchte dir nun einen meiner Lieblingsplätze zeigen.“

Wir kommen zu einem Raum, der voll von Schachteln und anderen Sachen ist. Das macht Lust auf eine Entdeckungstour.

„Das ist der Stauraum“, erklärt Peggy. „Hier lagern die Matrosen ihre Ausrüstung und alles, was sie so brauchen. Manchmal rolle ich mich hier ein und schlafe.“ Sie klettert in eine leicht ramponierte Schachtel. Darin befindet sich ein großer, angeknabberter Stock. „Hier war ich auch, als ich dich letzte Nacht gerochen habe.“

Wir schnüffeln beide noch einmal herum, bevor wir aus dem Stauraum heraus und zurück in den stinkenden Raum gehen, wo all die Männer sind.

„Lass uns da schnell durchlaufen!“, schlägt sie vor.

„Hat dieser Raum auch einen Namen?“, frage ich Peggy.

„Oh ja, ich bitte um Entschuldigung. Das ist das Unterdeck.“

Während wir durchlaufen, rufen uns einige Männer hinterher: „Hierher Peggy, hallo Simon!“ Aber wir halten nicht an. Schließlich kommen wir zu einem Ort, an dem es richtig heiß ist.

„Das ist der Maschinenraum. Wenn das Schiff draußen am Meer ist, bewegen sich alle diese Teile, es wird sehr stickig und furchtbar laut. Mir gefällt es hier nicht besonders gut. Komm, gehen wir weiter!“

Wir laufen durch weitere Türen, bis wir zu einem großen Raum kommen. Ein Raum, in dem viele, viele Tische stehen. Es riecht hier komplett anders als sonst wo auf dem Schiff. Es riecht köstlich. Die intensiv duftende Luft lässt mir das Wasser im Mund zusammenlaufen.

„Das ist die Messe, hier wird gegessen“, erklärt mir Peggy. Einige Seeleute setzen sich gerade hin, als wir durchgehen.

„Was ist das?“, ruft einer von ihnen.

„Georgie-Boys neue Freundin“, höre ich einen anderen sagen.

„Oh, mir ist gerade eingefallen, dass du ja furchtbar hungrig sein musst, nicht wahr?“, fragt mich Peggy. „Wo sind denn meine guten Manieren geblieben? Komm, gehen wir zu meinem absoluten Lieblingsplatz. Eindeutig an erster Stelle.“

Der köstliche Geruch wird immer stärker, während wir durch einen Raum laufen, der Kombüse heißt, wie ich erfahre. Erst als Peggy mich mit der Schnauze anstupst und ermahnt weiterzugehen, bemerke ich, dass ich mit der Nase hoch oben in der Luft stehengeblieben bin und mir den Geschmack, der zu diesen köstlichen Gerüchen gehört, vorstelle. Als Nächstes laufen wir durch einen warmen, feuchten Raum, der Wäscherei heißt, wie ich lerne. Dann kommen wir zu einer geschlossenen Türe.

„Dahinter ist der Kontrollraum“, erklärt sie. „Aber das ist nicht mein Lieblingsplatz. Noch ein bisschen weiter. Das ist er.“

Ich schaue mich gründlich um, kann aber nichts entdecken.

„Schau hoch!“, sagt Peggy und deutet mit einer Pfote nach oben.

Als ich das tue, erblicke ich hinter einer Öffnung ein großes freundliches Gesicht, das uns anstrahlt.

„Hallo Peggy“, sagt das Gesicht. „Du meine Gute, was haben wir denn hier?“

Ich sehe Peggy an. Ihr hängt die Zunge weit auf der rechten Seite heraus. „Hier ist der Vorratsraum“, erklärt sie sabbernd. „Es ist wie ein Geschäft hier.“ Und dann bellt sie laut und wedelt mit dem Schwanz.

Das freundliche Gesicht wirft Peggy irgendetwas zu und sie fängt an, es zu verschlingen. Hat sie nicht gerade gegessen? Der Mensch klopft auf den Sims. Ich nehme an, das gilt mir, ich solle hochspringen. Das tue ich dann auch und lande perfekt auf dem Vorsprung.

„Hallo, Seemann“, sagt das freundliche Gesicht. Bin ich jetzt also auch ein Seemann? „Du bist aber ein ganz hübscher, nicht wahr?“

Ich schnurre und reibe meinen Kopf an seine Hand, mein Schwanz richtet sich steil nach oben auf. Ich mag diesen Mann.

„Ich bin Pauloni. Mit Namen und von Natur aus.“, sagt er und lacht in sich hinein.[12] „Sollen wir mal sehen, was wir hier für dich haben?“

Er verschwindet einen Moment und kommt mit einer kleinen Dose zurück. Er öffnet sie und sie ist voll mit kleinen Fischen, die dicht an dicht aneinandergereiht sind, alle haben schon aufgehört.

„Sardinen“, sagt Pauloni.

Er schöpft sie auf einen Teller, und ich esse sie alle auf, so lecker, lecker, lecker. Ich bin so hungrig, dass ich Peggy ganz vergessen habe. Ich lecke mir über die Lippen und schaue zu ihr hinunter.

Sie sieht traurig aus.

„Keiner für mich?“, bellt sie.

„Oh Peggy. Hey Mädchen, gutes Mädchen!“ Pauloni winkt sie herauf. Sie legt ihre Vorderpfoten auf den Sims, und als er sie streichelt, leckt sie seine Hand und wedelt mit dem Schwanz. Jeder Gedanke an Essen ist gleich vergessen.

Wir hören einen schrillen Pfiff aus der Messe. Peggy springt sofort wieder herunter und rennt los, wobei ihr Schwanz immer noch wedelt. Was soll ich sonst tun, als ihr zu folgen?

„Tschüss Seemänner!“, ruft Pauloni hinter uns her.

Gleichzeitig erreichen wir die Messe. Hier sind viele Männer und einer, der aufrecht vorne steht. Aus seinem Mund kommt kein Nebel mehr, aber ich erkenne ihn trotzdem – es ist der Kapitän. Er dreht sich um, sieht Peggy und dann sieht er mich.

---

[12] Pauloni spricht oft Polari, eine Sprache, die unter anderem in der Marine und unter Homosexuellen verwendet wurde. Omi-paloni bedeutet schwuler Mann und Palone heißt Frau.

Seine Miene verfinstert sich.

HMS Amethyst
Foto mit freundlicher Genehmigung der PDSA[13]

[13] Die People's Dispensary for Sick Animals ist eine tierärztliche Wohltätigkeitsorganisation in Großbritannien. Sie wurde 1917 von Maria Dickin gegründet, um kranke und verletzte Tiere von armen Menschen zu versorgen.

5/ Zwei mal Zwei

Ich sehe auf den Boden. Ich weiß nicht, wohin ich laufen soll oder was ich tun soll. Am liebsten würde ich im Boden versinken. Vielleicht sollte ich wegrennen, aber dann würde ich ins Meer platschen und Peggy würde mich wieder hierher zurückbringen. Peggy. Vielleicht kann sie mir helfen. Ich schaue sie an.

„Was soll ich tun?“, miaue ich, während ich mich nochmal putze.

Sie hat keine Zeit zu antworten, denn nun bellt der Kapitän: „Wer ist dafür verantwortlich?“ Er sieht in die Runde und alle Männer, die noch kurz vorher durcheinandergemurmelt haben, sind jetzt mucksmäuschenstill.

George steht auf.

„Ich, Sir.“

„Er hat getrunken Kapitän“, meldet sich eine Stimme. Es ist McCunnell.

„Getrunken?“, ruft der Kapitän mit lauter, angsteinflößender Stimme aus. „Trinken im Dienst. Nun, das können wir nicht dulden. Wo kämen wir denn da hin?“

George hustet und schaut auf den Boden. „Ich hatte meinen freien Tag, so dachte ich...“

„Was dachten Sie?“, schreit der Kapitän. „Dass Sie einen Illegalen an Bord bringen könnten? Was käme dann als nächstes? Überlassen Sie das Denken mir, Junge!“

Peggy hat nun ihren Schwanz zwischen den Beinen. Ich rieche wieder etwas, was ich mittlerweile kenne.

Der Kapitän steht sehr gerade. Er schaut sehr elegant aus in seiner weißen Uniform. Seine Knöpfe glänzen noch mehr als alle, die ich bisher gesehen habe. Er schreitet zu mir und Peggy. Ich glaube zuerst, er nimmt mich hoch, aber stattdessen beugt er sich zu Peggy herunter.

„Was hältst du von dieser Situation Peggy? Freund oder Feind?“

Peggy leckt seine Hand und wedelt ein wenig mit dem Schwanz. Sie kommt zu mir und legt sich direkt neben mich. Sie stupst meine Nase an und legt eine Pfote auf meinen Rücken. Ich schnurre. Ich schnurre das schönste Schnurren, das ich je geschnurrt habe. Ich schaue auf zum Kapitän. Er sieht uns beide an. Ich schnurre wieder. Der Kapitän lächelt. Ich schnurre wieder und schließe meine Augen. Ich kann spüren, wie es in meiner Brust pocht, pocht, aber Peggy liegt direkt neben mir und ich fühle mich geborgen. Fast erwarte ich, dass ich aufgehoben und – platsch - über Bord geworfen werde. Aber es passiert nichts. Also mache ich meine Augen wieder auf und blinzle.

Der Kapitän steht auf, schaut wieder zu den Seeleuten und zeigt auf mich und Peggy.

„Und ich dachte, die beiden wären von Natur aus Todfeinde. Vielleicht soll das eine Lektion für uns alle sein."

McCunnell atmet geräuschvoll durch die Nase aus.

Der Kapitän dreht sich wieder zu mir um. Ich lasse mein schönstes Miau ertönen.

„Nun", sagt er, „es sieht so aus, als ob wir noch einen Seemann an Bord hätten." Die Männer lachen verhalten.

„Ich weiß nicht so recht, warum Sie lachen", wendet sich der Kapitän an George. „Sie haben für die nächsten dreißig Tage Decksdienst."

„Aye, aye, Sir", antwortet George. Seine Mundwinkel fallen nach unten.

„Jetzt haben wir dich mal an Bord. Was kommt nun?", fährt der Kapitän fort. „Nun machen wir erstmal einen Matrosen aus dir."

Ich bemerke, dass sich meine Ohren ganz flach angelegt haben, also stelle ich sie wieder auf und gehe langsam zum Kapitän hinüber. Er bückt sich herunter und streichelt mich.

„Du erinnerst mich an meinen Monty daheim[14]", sagt er lächelnd. „Ein wunderschönes Tier. Und wie, bitte, heißt du?"

„Ich habe ihn Simon genannt, Sir", meldet sich George.

„Ah, Simon. Nun denn, willkommen an Bord der HMS Amethyst. Ich weiß nicht, ob dir das klar ist, aber jeder hier auf diesem Schiff hat einen Job. Ich bin der Kapitän. Und ein verdammt guter noch dazu."

Alle Männer lachen wieder.

„Dein Freund George hier ist ein hervorragender Deckschrubber." Die Männer lachen noch mehr.

„Und deine Freundin Peggy hier..." Peggy wedelt mit dem Schwanz, als sie ihren Namen hört. „Nun, Peggy kann den Feind aus 100 Metern Entfernung riechen."

Und ich kann sie aus 200 Metern Entfernung riechen, denke ich mir.

„Wenn du also an Bord der Amethyst bleiben willst, diesem Prachtexemplar von einem Schiff, kannst du dich ruhig um sie kümmern, wie alle anderen auch. Nun, welchen Job soll ich dir anvertrauen?"

„Wie wär's, wenn er den Bootsmannsschlag bekommen würde?" ruft einer der Männer.[15]

„Ein paar Männer haben das Fleckfieber bekommen, Kapitän", berichtet ein anderer. „Wir glauben, es kommt von den..."

„Ah, natürlich", unterbricht ihn der Kapitän mit einem breiten Grinsen im Gesicht. „Unsere speziellen Feinde hier. Ab heute ernenne ich

---

[14] Es ist überliefert, dass er, seine Frau und seine Kinder zuhause eine Katze namens Monty besaßen.

[15] Ein alter Seemannswitz handelt davon, dass einem neuen Rekruten gesagt wurde, er solle hingehen und um einen „Bootsmannsschlag" bitten, woraufhin ihm der Bootsmann ins Gesicht schlug.

dich zu unserem Rattenfänger im Range eines Vollmatrosen, Seekater Simon."

Vollmatrose Seekater Simon. Das klingt gut. Aber bin ich wirklich voll? Und Ratten nachzujagen klingt nach großem Spaß. Es würde mir nichts ausmachen, auf dem Schiff herumzulaufen und genau das zu tun.

„Weißt du, wir haben ein riesiges Problem mit Ratten an Bord dieses Schiffes. Es erinnert mich an die Hunnen. Sie fallen einfach immer wieder über uns her. Deshalb ...", sagt er und sieht mich jetzt direkt an, „ist es von nun an deine Aufgabe, so viele von diesen Mistviechern zu fangen, wie du nur kannst. Und sie zu töten."

Ich bin mir nicht so ganz sicher, was er damit meint, aber aus irgendeinem Grund klingt es nach weniger Spaß, als nur mit ihnen zu spielen und ihnen nachzujagen.

„Du musst dafür sorgen, dass sie aufhören herumzulaufen", fährt der Kapitän fort „und dass sie aufhören, unsere verflixten Vorräte aufzufressen."

Aufhören? Ich denke, ich weiß jetzt, was er meint. Mehr als schlafen und mehr als betäuben. Er meint, sie aufhören zu lassen, wie Chairman ....

Ich schlucke heftig, aber ein kleines Stück Sardine kommt hoch. Ich mag den Gedanken, jemanden aufhören zu lassen gar nicht. Überhaupt nicht. Ich mag die Ratten zuhause auch nicht, aber das heißt noch lange nicht, dass ich will, dass sie aufhören.

Peggy muss bemerkt haben, dass ich von traurig zu glücklich und nun wieder zu traurig gewechselt habe, denn sie kommt zu mir. „Mach dir keine Sorgen, lieber Simon", murmelt sie. „Wir werden uns schon etwas einfallen lassen."

Wir legen uns beide hin, während der Kapitän sich wieder zum Rest der Mannschaft gesellt. Er spricht zu ihnen, aber ich höre nicht richtig zu. Ich zittere zu sehr und mein Fell zuckt überall.

„Also Männer", sagt der Kapitän und räuspert sich. „Wie ihr alle wisst, wird der Einsatz morgen um 800 wieder fortgesetzt. Wir haben vollgetankt und unsere Vorräte aufgefüllt. Und, abgesehen von diesen verdammten Ratten...", er sieht zu mir hinüber, „sollten wir bestens für unsere nächste Mission gerüstet sein. Als Belohnung dürfen alle, die bisher Dienst hatten, heute Abend an Land gehen. Cinderella-Ausgang“[16]

Einige der Männer jubeln leise.

„Vorausgesetzt natürlich, dass keiner von euch mit irgendeinem Tier zurückkommt.“

„Nicht einmal mit einem Löwen?“, fragt einer von ihnen.

„Natürlich auch nicht mit einem verdammten Löwen. Was denkt ihr, was das hier ist – Noahs verdammte Arche?“

Was ist Noahs verdammte Arche?

Der Kapitän redet weiter zu den Männern. „Die anderen bleiben hier. Es gibt immer noch eine Menge zu tun.“

„Darf ich sprechen Sir?“, fragt ein Mann, der einen Haarbüschel auf seiner Lippe balanciert und die Hand hebt.

„Sie dürfen“, antwortet er unwirsch.

„Was ist unsere nächste Mission? Oder ist sie geheim?“

„Der Geheimdienst in Malaya hat uns informiert, dass kriminelle Banden in Perak aktiv sind. Deshalb fahren wir morgen in die Meeresenge.“

„Aye, Sir!“ Der Mann, der den Haarbüschel balanciert, setzt sich hin.

„Nur Patrouillendienst“, fährt der Kapitän fort. „Um die britischen Interessen zu schützen und unserem König und Vaterland zu dienen.“

„Unserem König und unserem Vaterland“, wiederholen alle Seemänner zusammen.

---

[16] In der Marinesprache Ausdruck für Rückkehr an Bord bis spätestens um Mitternacht.

„Zurück auf eure Stationen!“, befiehlt der Kapitän.

Gleichzeitig stehen alle Männer auf, heben eine Hand, berühren sich damit seitlich am Kopf, machen dann ein klickendes Geräusch mit ihren Schuhen und gehen nach draußen. Ich habe noch nie zuvor so viele Menschen gesehen, die zur gleichen Zeit dieselben Dinge getan haben.

„Das gilt auch für euch beide“, bemerkt der Kapitän und sieht zu mir und Peggy.

Peggy steht auf und stürmt nach draußen. Ich folge dicht dahinter und kann sehen, wie McCunnell George am Arm packt.

„Dieses Mal bist du ja offensichtlich noch glimpflich davongekommen“, sagt McCunnell mit finsterer Miene.

George lacht McCunnell an. „Ja, ich hatte verdammtes Glück, dass er Tiere mag, muss ich sagen. Gut, nun muss ich rauf aufs Deck.“

Ich rase an Peggy vorbei, aber da ich nicht weiß, wohin wir am besten laufen sollen, werde ich schließlich langsamer und warte auf sie.

„Nun, ich weiß nicht, wie es dir geht, aber ich fürchte, für Peggy ist es nun an der Zeit für ein Nickerchen“, sagt sie und gähnt. „Es war alles schrecklich aufregend, nicht wahr?“

Ich bin zu wach, um auch nur daran zu denken, meine Augen zu schließen. Außerdem hämmert mein Herz immer noch wegen der Aufgabe, die mir der Kapitän zugeteilt hat. Wir trotten durch das Unterdeck und erreichen den Stau..., den Steinraum, den Platz, an dem Peggy gerne schläft. Sie lässt sich auf dem Boden nieder und bettet ihren Kopf auf eine Pfote. Ich drehe mich und drehe mich, aber ich mag mich eigentlich nicht hinlegen.

„Hör auf herumzulaufen!“, schimpft Peggy. „Was ist denn los?“

„Ich glaube nicht, dass ich meinen Job wirklich machen will“, miaue ich traurig.

„Niemand von uns will arbeiten, Simon“, antwortet Peggy. „Aber wir müssen das alle tun, weißt du. Um dem König und dem Vaterland zu dienen und das alles.“

Aber ich habe keinen König. Ich weiß, was sie tun und was sie sind und dass sie an weit entfernten Orten leben, aber ich weiß, dass ich keinen habe. Ich gehöre nicht zu einem König. Ich gehöre eigentlich zu niemanden.

„Nein“, flüstere ich. „Ich meine, ich will nicht ... das mit den Ratten machen.“

„Sie töten, meinst du?“ Peggy lacht. „Oh, mein lieber, lieber Simon. Was bist du? Eine Maus? Das ist doch nicht zu glauben!“

Ich weiß, dass ich keine Maus bin. Ich bin ein Ich. Aber ein Ich, das die Ratten nicht aufhören lassen will.

„Magst du Ratten, Simon?“, sagt Peggy und sieht mich an.

„Ich weiß nicht genau. Da, wo ich lebe – wo ich gelebt habe – habe ich sie gesehen und sie mich, aber wir haben immer weit weg voneinander gespielt.“

„In jedem von uns steckt Gutes und Böses, Simon...“

Ich bin mir nicht sicher, ob in mir Böses steckt. Aber ganz sicher nicht in JoJo. Vielleicht hat ja Chairman alles Böse von uns beiden.

„Überall gibt es Gutes und Böses“, fährt sie fort. „Aber Ratten... Igitt...Sie sind nur böse. Sie fressen einfach alles.“

„Nun, und was ist so böse daran? Ich esse auch alles.“ Fast. Ich schaue auf Peggys Bauch, der unter ihr herausquillt und würde gerne sagen, dass sie auch alles isst, aber ich tue es nicht.

„Ja.“ Peggy hebt ihren Kopf an. „Aber Ratten laufen über alle Töpfe und Säcke und alles Essbare in der Kombüse. Sie machen alle krank damit, und es gefällt ihnen auch noch.“

„Warum?“

„Ich weiß es nicht. Vielleicht glauben sie, dass, wenn es keine Menschen und keine Hunde und gar nichts mehr gibt, sie frei herumlaufen können und tun, was sie wollen. Weißt du, was giftig bedeutet, Simon?“

„Nein, weiß ich nicht.“

„Giftig bedeutet, etwas kaputt werden lassen. Nun, Ratten sind giftig. Und sie sind es gerne."

„Oh." Das gefällt mir gar nicht. Ich mag nicht, wenn jemand etwas gerne kaputt macht. Das ist nicht sehr nett. Vielleicht ist Chairman giftig?

„Du denkst also wirklich, dass ich Ratten aufhören lassen soll?", frage ich Peggy.

„Nicht aufhören lassen, Simon. Töte sie! Lass sie sterben!"

Ich erschaudere wieder.

„Ich weiß nicht, ob ich das kann." Meine Schnurrhaare sinken nach unten und ich schaue auf den Boden.

„Hab' keine Angst, mein kleiner Freund. Ich habe nämlich einen Plan."

Meine Augen leuchten auf, als ich das höre ...

„Hast du? Hast du wirklich?"

„Oh ja. Also, ich kann diese Ratten überhaupt nicht leiden. Ich habe gesehen, wie sie sich über das Essen der Matrosen hermachten und die Männer krank wurden. Die Ratten hinterlassen überall einen üblen Geruch, und wenn sie mich sehen, lachen sie nur und laufen weg."

„Warum rennst du ihnen dann nicht hinterher?", frage ich und meine kleine rosa Nase zuckt. „Warum jagst du sie nicht?"

„Weil ..., weil...", sagt Peggy und rutscht herum. „Das ist doch egal. Aber es sind scheußliche kleine Biester und, nur zwischen uns gesagt, ich glaube, wir können sie ein für allemal tö... – aufhören lassen."

„Wie?" Ich sehe sie gespannt an.

Peggy hüstelt und rutscht wieder herum. „Nun, um ehrlich zu sein, ich hab' das noch nicht ganz fertig gedacht. Wie ich schon gesagt habe, bin ich ein Macher und du bist der Denker. Aber ich bin mir recht sicher, dass wir diese bösen Ratten mit etwas Denken und viel Tun bekämpfen werden. Und wir werden gewinnen.“

Und damit schließt Peggy ihre Augen und schläft sofort ein.

Ich hebe mein Bein hoch und putze mich. Manchmal hilft mir das beim Denken. Ich glaube, dass ich noch viel Putzen vor mir habe.

Simon an Bord der HMS Amethyst
Foto mit freundlicher Genehmigung der PDSA

6/ Pokerface

Peggy schläft in ihrer Kiste in diesem Raum – dem Stauraum, so heißt er... ich werde immer besser im Merken von diesen Dingen. Ihr Schnarchen treibt mich hinaus. Ich klettere über einen Sack und laufe hinauf aufs Deck. Nachdem ich am Heck mein aufpassendes Geschäft erledigt habe – ich weiß nun, was Peggy damit meinte, ich habe sie gesehen und es gerochen – laufe ich unter der riesigen Kette hindurch und husche hinauf zum Achterdeck.

Hier oben sind viele Männer, sogar mehr als in der Messe. Einige pfeifen, andere schrubben das Boot, um es sauber zu machen und wieder andere benutzen Besen wie den, mit dem die Frau mich und Uboat weggejagt hat. Überall ist Seifenschaum, in dem viele verschiedene Farben leuchten. Die Seifenblasen machen „Plopp", wenn ich sie mit meiner Pfote berühre. Ich entdecke George und will zu ihm rennen, doch meine Füße rutschen immer wieder in der Seifenlauge aus.

Als ich dann schlussendlich doch zu ihm gelange, wischt er sich über die Stirn, beugt sich zu mir hinunter und streichelt mich. Ich reibe mich an ihn. Ich will ihm zeigen, dass ich ihn mag, und auch, dass ich gerne an diesem Ort bin. Auf diesem Schiff. Der Amethyst. Was für ein komischer Name.

„Meine Güte, Simon, das war knapp, nicht wahr? Vielleicht sollte ich besser in Zukunft weniger von diesem Teufelsgesöff zu mir nehmen. Es bringt mich nicht selten in Schwierigkeiten."

Ich husche zwischen seine Beine und schnurre, ich freue mich, dass er sich offensichtlich freut.

„Du hast bei Leutnant Griffiths[17] einen erstklassigen Eindruck hinterlassen, gut gemacht! Wenn du jetzt noch deinen Job machst und diese verdammten Ratten tötest, sind wir alle glücklich. Mir war heut Morgen auch schon ein bisschen flau im Magen zumute."

---

[17] Der mehrfach ausgezeichnete Leutnant Commander Ian Griffiths trat mit 17 Jahren in die Handelsmarine ein und wechselte 1939 zur Royal Navy. Er diente im Zweiten Weltkrieg und kam um 1947 auf die HMS Amethyst. Er war ein großer Katzenliebhaber und mochte Simon sehr.

„Hey George", ruft ein Matrose mit einem großen Fleck im Gesicht. „Wie wär's, wenn wir deinen kleinen Freund an das andere Ende von so etwas binden würden?" Er hält einen Besen in die Höhe. „Wir würden dieses Deck im Nu sauber kriegen."

Meine Ohren legen sich flach nach hinten.

„Ah, halt doch den Schnabel, Conway!", ruft George zu ihm hinüber.

„Ich werd' dir gleich eine auf den Schnabel geben", erwidert Conway.

Warum reden sie über Schnäbel? George muss meine Ohren bemerkt haben, denn er sagt jetzt zu mir: „Ach, hab' keine Angst vor ihm. Die Kerle meinen es nicht so. Die meisten sind von Wales, weißt du. Eine verdammt seltsame Sippe. Nicht wie du." Und er streichelt mich wieder am Rücken.

„So, und was hast du jetzt so vor?", fährt er fort. „Willst du dich hier draußen entspannen oder machst du dich an die Arbeit mit den verdammten Ratten?"

Ich erschaudere wieder. Ich denke, ich warte mal so lange wie möglich, bis ich damit beginne. Oder bis Peggy und ich uns einen Plan überlegt haben. Ich bin schon neugierig, was wir machen werden.

Ich lecke meine Pfote und putze mich, während ich dasitze und George und den anderen Matrosen eine Zeit lang weiter zuschaue. Ich kann weder Ginger noch Gurns noch McCunnell sehen. Nicht, dass ich McCunnell unbedingt sehen möchte, nein danke. Etwas an ihm mag ich einfach nicht. Bei ihm fühle ich mich nicht so wohl wie bei George. Und obwohl alle diese Männer etwas anders aussehen – manche haben kurze Haare, manche haben mehr Haare, manche haben schwarze Haare, andere hellere und wieder andere tragen sogar runde weiße Mützen – schauen sie für mich irgendwie gleich aus. Sie schauen gleich aus, weil sie alle so klein wirken wie ich es bin.

Als ich George zum ersten Mal sah, wirkte er irgendwie strahlend frisch und sauber, obwohl seine Socken schmutzig waren und er schlecht gerochen hat. Wenn ich jetzt die anderen Matrosen sehe, schauen die meisten so aus, als ob sie auch noch nicht lange dabei wären. Wie ich. Es würde mich interessieren, ob sie auch größere Brüder haben. Oder kleinere Brüder. Kennt einer von ihnen jemanden, der ..... gegangen ist? Und wann werden auch sie gegangen sein? Ich hoffe, es wird länger dauern als es bei JoJo der Fall war. Ja, JoJo hat viele Dinge gesehen und erlebt, wie die Schwarze Weihnacht, von der er mir erzählt hat, und die Zeit, in der es gar nicht nett war mit dem Bang, Bang, Bangs, als er sich verstecken musste. Aber ich wünschte, er hätte nicht aufgehört und wir hätten noch lange weiter gespielt und gespielt und gespielt. Ich schließe meine Augen.

Ich höre einen wütenden Schrei, öffne meine Augen und sehe McCunnell, wie er gerade mit einem Besen auf mich zustürmt. Ich spüre, wie sich mein Fell aufstellt, während ich auf die Füße springe und vom Achterdeck rase. Ich flitze die Treppen hinunter und höre einen Schrei hinter mir. Als ich mich umdrehe, sehe ich, wie McCunnell ausrutscht und auf seinen Hintern fällt. Die putzenden Matrosen am Achterdeck brüllen vor Lachen, während ich den Fuß der Treppe erreiche. Ich drehe mich um und laufe hinauf – diesmal auf der .... Steuerbord-Seite. Ja, ich werde immer besser mit diesen Namen. Unter einer Leine durch, hier dazwischen, über ein ... Ding ... und nun bin ich vorne – am Bug. Hier sind auch ein paar Seeleute. Einer schaut auf ein riesiges Papier mit allerlei verschlungenen Linien drauf, ein anderer kratzt sich am Kopf.

Ich weiß nicht genau, was ich als Nächstes tun soll, also bleibe ich einfach stehen und starre vor mich hin. Dann entschließe ich mich doch, die Brücke zu erkunden, obwohl Peggy meinte, ich solle dort nicht hinein. Ich trotte durch die Türe und schaue mich um. Hier gibt es ganz viel Papier, überall Papier. Oh, wie gerne würde ich darauf herumhüpfen. Wie gerne würde ich mich darauflegen, es schaut so hmmmm aus. Ich will gerade auf ein Papier springen, als sich die Türe plötzlich öffnet. Es ist der Kapitän. Oh du meine Güte.

Zuerst bemerkt er mich nicht. Stattdessen setzt er sich hin und schaut auf das ganze Papier. Er hat irgendetwas in der Hand, mit dem er auf dem Papier herumfährt und dann erscheinen Linien und Striche darauf.

Ich miaue leise und er schaut auf.

„Ah, Seemann Simon. Schon ein paar von diesen nervenden Ratten gefangen? Gut, gut."

Ich tapse zu ihm hinüber.

„Ich mache nur ein paar Pläne für morgen, wenn wir endlich loslegen. Oh Gott, mir fällt gerade etwas ein. Du bist doch kein Spion, oder? Von den verdammten Kommunisten hergeschickt?“[18]

Wovon in aller Welt redet er da?

„Ich nehme an, du möchtest einen Drink?“

Der Kapitän steht auf und geht durch die Türe. Ich folge ihm und wir betreten einen großen Raum. Hier ist es sehr warm und angenehm, wie in einem großen schönen Versteck. Ich entdecke einen Tisch, viele Dinge in Regalen und bequeme Sachen, auf denen ich mich einrollen kann.

„Fühle dich wie zu Hause!“, sagt der Kapitän und dreht sich just in dem Moment um, als ich auf sein Bett springe. „Ah, wie ich sehe, hast du das schon getan. Sehr schön.“

Auf seinem Bett liegt umgedreht seine weiß-goldene Mütze, in die ich mich sogleich begebe. Er holt ein Glas und einen Krug, ähnlich dem mit Wasser, aber in diesem ist eine dunkle Flüssigkeit. Er sieht zu mir herüber.

„Whiskey? Nein, natürlich nicht.“

Er holt mir etwas Wasser und schüttet es in eine Schale, bevor er sich etwas von der dunklen Flüssigkeit in ein Glas gießt. Er stellt beides auf einen Tisch neben dem Bett. Ich bemerke, dass solche Dinger, die ich vorhin herausgefischt habe, auch in seinem Glas sind. Ich kann sie nun viel besser sehen. Soll ich vielleicht wieder meine Pfote hineintauchen?

---

18 Der chinesische Bürgerkrieg begann 1927 und endete 1950, obwohl sich die beiden Kriegsparteien 1937 zur Bildung einer zweiten Einheitsfront zusammenschlossen, um der japanischen Invasion entgegenzutreten. Der Bürgerkrieg wurde sodann 1946 wiederaufgenommen. Es standen sich zwei verschiedene Ideologien gegenüber. Einmal die linke kommunistische Partei Chinas und auf der anderen Seite die rechten, der Republik China treu ergebenen Nationalisten. Der Konflikt führte schließlich zu zwei De-Facto-Staaten, der Republik China (ROC) in Taiwan und der Volksrepublik China (PCR) auf dem chinesischen Festland, die beide für sich in Anspruch nehmen, die rechtmäßige Regierung Chinas zu sein.

Der Kapitän setzt sich neben mich, greift nach seinem Getränk und kippt es hinunter. Ich erhebe mich von seiner Mütze, gehe zum Tisch, halte meine Nase in die Schale und lecke das Wasser auf.

„Ich muss dich was fragen, hast du so etwas schon einmal gesehen?" Er zieht etwas aus seiner Steuerbordtasche heraus. Es sieht aus wie ein sehr glatter, bemalter Stein, mit Punkten auf jeder Seite. Ich gehe wieder hinüber zu seiner Mütze, die immer noch neben ihm auf dem Bett liegt.

„Das nennt man einen Würfel. Wenn ich anfange damit zu spielen, kann ich fast nicht mehr aufhören."

Ich schlucke. Ich mag den Klang dieses Worts gar nicht.

„Ich verwende ihn manchmal, wenn ich die Wahl zwischen Hölle und Fegefeuer habe."

Hmmm. Ich weiß, was Feuer ist, aber was ist diese Hölle?

„Das ist manchmal verdammt hilfreich, wenn man Entscheidungen treffen muss", erklärt er weiter. „Ich habe damit schon mehr als ein U-Boot versenkt, hab' ich wirklich."

Oh mein Gott, das wird ja immer schlimmer.

Der Kapitän wirft das harte Ding quer durch den Raum. Es rollt und rollt, bevor es zum Stehen kommt. Nicht wirklich zum Stehen, es rollt einfach nicht mehr.

Was will er jetzt von mir? Uboat finden, ihn versenken und dann sterben?

Ich schaue ihn an. Er schaut mich an. Er steht auf und schenkt sich noch einen Schluck von dem dunklen Wasser ein.

„Oh, wie schade. Mein Monty ist dem Würfel immer hinterhergelaufen."

Ich habe schon gehört, dass manche Ichs das tun, aber das bin nicht wirklich, ähm, ich.

Der Kapitän murmelt: „Ich habe immer so getan, als würde ich mit ihm Poker würfeln.“

Was soll das sein? Eine Art Spiel?

Wenn er das Ding wieder herumwirft, werde ich ihm nachrennen, beschließe ich. Wenn ich ein Hund wäre, würde ich wahrscheinlich ohne nachzudenken hinüberlaufen, es aufheben und es ihm vor die Füße legen. Ich habe schon gesehen, wie das welche gemacht haben. Aber ich bin kein Hund. Peggy würde das sicher so machen, wenn sie hier wäre. Naja, ich würde wetten, dass sie es einfach essen würde. Ich denke an JoJo und wie er es liebte, dem Ball nachzulaufen. Er hätte das auch getan.

Der Kapitän hebt dieses Ding – den Würfel - wieder auf, setzt sich wieder aufs Bett und rollt es zwischen seinen Fingern. Ich kann seinen Atem riechen und ich sehe, dass seine Augen recht rot sind.

„Eins für Kummer. Zwei für Freude. Drei für ein Mädchen, vier für einen Jungen. Simon“, gluckst er. „Hat George das überprüft? Ich wusste es sofort, als ich dich gesehen habe, aber O.S. George[19], ich wette, es ist ihm nicht einmal in den Sinn gekommen. Na gut, wo waren wir? Ah ja, Fünf für einen Wunsch. Ich wünschte. Ich wünschte, ich wäre wieder zu Hause im verdammten England, das wünschte ich mir. Sechs für ein ... Ich kann mich nicht mehr erinnern, wofür die Sechs steht.“

Es fällt ihm aus der Hand und ich schlage es mit meiner Pfote auf den Boden.

---

[19] Ordinary Seaman.

„Sechs!“, schreit er. „Gütiger Gott. Ich werde noch einen richtigen Spieler aus dir machen. Und mit solch einem Pokerface und deinem Killerinstinkt wirst du sicherlich ein verdammt guter werden.“

Schluck. Schon wieder so ein Wort.

„Hier. Versuchen wir es noch einmal!“

Er legt den Würfel wieder vor mich hin und ich schlage ihn wieder mit der Pfote auf den Boden.

„Oh mein Gott! Ich kann es kaum glauben. Schon wieder eine Sechs. Das nenne ich Glück.“

Ich betrachte die Punkte auf dem Würfel und schaue dann wieder zum Kapitän. Nun, Zahlen sind nicht so meins, aber ich bin mir sicher, dass gerade irgendetwas passiert ist, aber ich habe keine Ahnung, was.

Der Kapitän sitzt auf seinem Bett und schenkt sich noch einen Drink ein. „Das ist verdammt unglaublich. Ich werde einfach...“ Er kippt das dunkle Getränk hinunter. „Ich werde einfach...“ Er fällt rücklings auf sein Bett. Seine Augen sind geschlossen. Dieses schnarchende Geräusch.

Ich sehe mich um. Mir gefällt es hier recht gut. Eigentlich gefällt es mir hier sehr gut. Es riecht nicht so wie im Unterdeck. Nun, es gibt schon einen Geruch. Einen ganz anderen. Es riecht hier nach dem Atem des Kapitäns und dieser Geruch macht mich recht schläfrig. Vielleicht ist er deshalb ... ja, er macht mich wirklich schrecklich müde. Ich denke, ich werde... ich werde wieder in seine Mütze kriechen und .... ja, das ist es, rundherum und rundherum und nieder und .... aah...

JoJo läuft herum und herum und hoch und herunter auf einem grünen, grünen Hügel. Ich bin auch dort. Der Hügel bewegt sich, er rollt von einer Seite auf die andere, aber es gefällt mir. Ganz viele verschiedenfarbige Fische erscheinen auf der Spitze des Hügels und schwimmen an mir vorbei. Ich tappe mit meinen Pfoten nach ihnen, aber sie drehen, drehen sich einfach weg. Nun taucht ein anderer Fisch auf, aus seinem Fischmaul kommt Feuer und Rauch. Er schwimmt direkt auf mich zu, er wird größer und größer. Viel Nebel und Feuer. Ich sehe nach JoJo, aber er ist weg. Ich bin wieder auf mich allein gestellt. Der Fisch ist nun ganz nah bei mir. Ich bin umgeben von Feuer und Rauch. Er öffnet sein Maul, um mich aufzuessen und ich....

Mit einem Schlag öffne ich meine Augen. Es ist recht dunkel hier, aber ich kann sehr gut sehen, dass der Kapitän gegangen ist. Doch er wird wohl seine Mütze nicht tragen, denn ich liege immer noch darin. Ich frage mich, wo er wohl hingegangen ist. Ich frage mich überhaupt, was Kapitäne so tun, außer herumzulaufen, Leuten zu sagen, was sie machen sollen, Nebel zu machen, dunkles Wasser zu trinken und einen Würfel zu rollen.

Ich stehe auf, strecke mich und springe vom Bett hinunter. Ich denke, ich werde mal runter in den Laden gehen und schauen, ob ich dort etwas zu essen bekommen kann. Ich gehe hinüber zur Tür, aber sie ist geschlossen. Ich setze mich wieder hin. Wenigstens ist der Boden schön warm. Ich könnte mich wieder einrollen. Oder ich könnte nach dem Würfel schauen und mit ihm spielen. Ich suche ihn, aber er ist nicht da. Also ist der Kapitän weg und der Würfel auch. Vielleicht hat er noch mehr von dem dunklen Wasser getrunken und versucht jetzt, Peggy das Spiel beizubringen. Wie hieß es noch mal?

Ich höre draußen Schritte, also schreie ich laut. Manchmal sagen mir Menschen, dass ich ruhig sein soll, wenn ich solche Geräusche mache. Vielleicht machen sie das jetzt auch und wenn sie kommen, kann ich rauslaufen. Ich schreie wieder. Die Schritte bleiben stehen und die Türe öffnet sich. Es ist ein Mann, den ich nicht kenne.

„Guten Abend, Simon", sagt der Mann. „Der Kapitän sagte, dass du hier drin bist. Er meinte, ich solle dir das hier bringen. Er stellt einen Teller mit köstlichem Essen hin. Dann streckt er die Hand zu mir aus. „Ich bin Weston. Oberleutnant.[20] Freut mich, dich kennenzulernen." Was soll ich mit seiner Hand machen? Ich starre ihn an, bis er hinausgeht. Dann wende ich mich dem Teller zu. Ich schnüffle daran und esse einen kleinen Happen. Lecker! Ich esse noch etwas und lasse etwas übrig. Ich mache das oft, selbst wenn es sehr gut schmeckt. So wie jetzt.

Weston hat die Türe offen gelassen, also hüpfe ich hinaus und laufe zurück, zurück, die Treppen hinunter, das ganze Schiff zurück zum Heck. Die Sterne funkeln über meinem Kopf. Ich laufe ins Unterdeck, verziehe die Nase und finde George auf seinem schwingenden Bett. Er sitzt so gut es geht aufrecht in seinem kleinen Versteck. Ganz wie der Kapitän haltet er etwas in seiner Hand und macht Zeichen auf einem Papier.

„Wo bist du gewesen, Simon?", fragt er und krault mich am Kopf. „Ich habe gehört, dass du heute Ärger mit dem alten McCunnell hattest. Der ist ein recht schmieriger Kerl", meint er und lacht in sich hinein. Ich springe auf sein Knie. „Ah, vorsichtig!", sagt er. „Ich schreibe gerade einen Brief nach Hause. Ich vermisse mein Zuhause." Er zeigt auf ein Bild mit einigen Menschen. Sie tragen alle mehr Kleider als die anderen Damen. Ich schaue wieder zu ihm und sehe, dass seine Augen ganz feucht sind.

---

[20] Oberleutnant Geoffrey L. Weston.

7/ Die besten Pläne

Ich und Peggy waren gerade bei Pauloni. Er hat uns ein paar köstliche Leckerbissen gegeben. Dann hat er uns weggescheucht, weil heute ein großer, großer Tag sei und er viel zu tun habe. Ich weiß, was „Tag" bedeutet, nämlich wenn es nicht die dunkle Zeit ist, aber ich weiß nicht, wie ein Tag größer als ein anderer sein kann.

Die Matrosen rennen überall herum und haben alle Hände voll zu tun. Sie putzen, räumen Dinge herum oder reden miteinander oder kratzen sich am Kopf, wie ich es manchmal mit meiner Hinterpfote mache. Sie kraulen weder meinen noch Peggys Kopf und sagen auch nicht Hallo. Nicht einmal George, aber ich habe bemerkt, dass seine Augen jetzt nicht mehr feucht sind. Vielleicht werden sie nicht mehr feucht, wenn er das Deck einseift und schrubbt und sich dann am Kopf kratzt? Vielleicht passiert das aber auch nur, wenn er so schräge Linien auf Papier macht, also wäre es doch besser, wenn er einfach keine schrägen Linien auf Papier mehr machen würde?

Peggy sagt, dass sie alle so beschäftigt sind, weil wir bald in See stechen und dass es besser ist, wenn wir uns einfach verstecken. Sie meint, dass es mir gefallen wird, wenn das Schiff raus aufs Meer fährt. Ich habe gesehen, wie Schiffe in den Hafen gekommen sind und ihn wieder verlassen haben, deshalb weiß ich, wie es ist, wenn man ihnen vom Kai aus zuschaut. Aber ich weiß nicht, wie es ist, wenn ich auf dem Schiff bin und nicht am Kai. Ich werde von dem Ort, wo ich herkomme, zu einem Ort fahren, von dem ich nicht herkomme, nehme ich an. Ich bin schon gespannt, ob ich die blauen und grünen Vögel sehen werden, von denen Uboat mir erzählt hat. Ich spüre ein Flattern in meinem Bauch, aber ich weiß nicht genau, was es ist, da ich gar nicht hungrig bin. Schon gar nicht nach dem leckeren Happen von Pauloni.

Ich sage es Peggy.

„Vielleicht hast du Schmetterlinge in deinem Bauch?", meint sie lachend, als sie aus ihrer Schachtel im Stauraum steigt.

Habe ich nicht, habe ich wirklich nicht. Als ich das letzte Mal so einen gegessen habe, hat es richtig gebrannt und ich konnte kaum atmen. Es war fast so schlimm, wie wenn ich manchmal einen Knäuel aus meinem eigenen schwarzen Fell kotze.

„Oder vielleicht sind es die Ratten“, fährt Peggy fort. „Ich habe sie wieder über die Lebensmittel in der Küche laufen gesehen. Über den Reis und über den Tisch, wo sie das Brot machen. Hast du schon einen Plan, wie du den Biestern den Garaus machen kannst?“

„Nun...“ Ich habe mein Bestes getan, um nicht daran zu denken. Ich habe gehofft, dass ein Bild in meinem Kopf auftaucht, wenn ich die Augen zumache, als ich letzte Nacht zu George ging, um zu schlafen. „Wir können mal versuchen... vielleicht mit ihnen zu reden und sie zu bitten, damit aufzuhören?“

Peggy wirft den Kopf zurück und bellt. „Ha, ha, wuff, ha, Simon. Das ist wirklich die absurdeste Idee, die ich seit langem gehört habe.“ Sie lacht und bellt noch mehr. „Hast du jemals versucht, mit einer Ratte zu reden?“

Nein, habe ich nicht. Dort, wo ich herkomme, haben sie mich immer in Ruhe gelassen und ich habe sie auch in Ruhe gelassen.

„Nein“, sage ich zu Peggy. „Ich und mein.... wir haben einfach immer weit weg von ihnen gespielt.“

„Nun, glaub’ mir, sie sind wirklich furchtbar hinterlistige Biester. Der Kapitän hat gesagt, dass wir sie töten sollen, und das werden wir tun.“

Ich schaue auf den Boden und spüre ein Flattern in meinem Bauch. Diesmal ist es anders als zuvor.

„Oh.“

„Da nützt kein Oh. Und ich habe geglaubt, dass du mit einem genialen Plan daherkommst. Oje, oje.“ Sie schüttelt ein wenig den Kopf und etwas Spucke spritzt aus ihrem Mund auf mein Haupt. Ich muss mich sogleich ablecken und putzen.

Ein lautes Geräusch lässt uns beide sofort aufspringen. Es ist, als ob alle Menschen auf der Welt uns zugleich angeschrien hätten. Außerdem fängt der Stauraum an zu wackeln.

„Das ist der Motor!“, ruft Peggy und wedelt mit dem Schwanz. „Wir fahren los! Wuff, wuff, was für ein Spaß!“

Ich renne nach draußen und Peggy folgt mir mit etwas Abstand. Wir müssen uns beide an der riesigen Kette vorbeiquetschen, denn jetzt bewegt sie sich und rattert laut. Sie schaut aus wie eine ganz riesige, dicke Schlange und der Lärm tut mir in den Ohren weh. Nun scheint das ganze Schiff zu schaukeln. Es ist wirklich sehr laut. Klapper, Klapper, Schaukel, Schaukel. Das ganze Schiff wird auch noch viel wärmer, vor allem unter meinen Pfoten.

„Schnell, lass uns zum Bug rauf laufen!“, bellt Peggy. Wir rennen die Steuerbord-Seite entlang, über .... das .... hier drunter, durch dies und gelangen zur Treppe. Wir flitzen nach oben und landen direkt am Bug. Ich sehe hinunter und mir fällt auf, dass die große Zunge weg ist. Jetzt gibt es nichts mehr zwischen dem Schiff und dem Hafen, meinem Zuhause. Das war's. Mein Herz macht einen Satz und pocht. Jetzt könnte ich nicht mehr nachhause, selbst wenn ich wollte. Könnte ich ins Meer springen und zurückschwimmen?

Nein. Während ich so nachdenke, wird mir klar, dass ich das gar nicht möchte. Das ist der Anfang meines neuen Abenteuers. Jetzt fange ich an, mutig zu sein.

Ich spüre, wie sich das ganze Schiff in Bewegung setzt, aber es fühlt sich so an, als ob jemand oder etwas mich an meinem Hintern zieht. Wir bewegen uns, aber es ist, als ob wir nach unten fahren, nicht nach vorne. Wie lustig. Langsam, langsam bewegen wir uns. Hier oben auf dem Bug ist es nicht so laut wie am Heck. Ich drehe mich um und sehe den Kapitän mit ein paar anderen Männern auf der Brücke. Der Kapitän sieht mich, schüttelt seine Hand und winkt.

Als wir uns in Bewegung setzen, schaue ich hinunter und kann eine Gruppe von Menschen erkennen, die uns zuwinken. Auch ein paar Kleine spielen. Sie spielen mit einem Ball, werfen ihn und versuchen, ihn in eine Kiste zu bekommen. In meinem Kopf taucht ein Bild von mir und JoJo auf, wie wir auch dieses Spiel gespielt haben. Das Bild verwandelt sich von einem Spiel in einen Plan und ich spüre ein plötzliches Glücksgefühl in mir aufsteigen. Nun entfernen wir uns vom Kai. Das Schiff neigt sich ein bisschen. Der Lärm verändert sich. Noch ein Knattern und dann, ja, ich spüre, wie sich das Schiff nach vorne und weg vom Kai bewegt.

Ich blicke auf den Hafen hinaus und denke noch einmal über meinen Plan nach. Ich sehe hinüber zu Peggy. Ihre Augen sind geschlossen und ihre

Zunge hängt heraus. Ich sehe nach oben und sehe einige Vögel, die dem Heck des Schiffes folgen. Sie kreischen, aber ich verstehe nicht, was sie sagen. Ich fliege noch schneller als sie von dort weg, wo ich herkomme.

Das Meer, die Vögel, der Kapitän, Peggy. Tschüss wo ich herkomme, tschüss schrecklicher Chairman. Tschüss JoJo... Ich starre nach vorne und versuche, mir das Wasser aus den Augen zu blinzeln. Es sind nur Spritzer vom Meerwasser. Wir bewegen uns auch noch auf und ab. Es ist, als ob sich das Schiff in ein großes schaukelndes Bett verwandelt hätte. Ich schwanke von einer Seite auf die andere, auf und ab. Es fühlt sich sehr seltsam an. Ich sehe, wie der Kai immer kleiner und kleiner wird. Wie lustig, während wir durch den Hafen fahren, kommen die Mauern auf beiden Seiten immer näher, werden immer größer.

Mein Herz klopft und hämmert. Ich frage mich, ob Peggy sich auch so fühlt und auch ob der Kapitän sich so fühlt. Ich spüre den Wind und höre das Brummen und Knattern des Schiffes. Es riecht ganz frisch. Ich gehe zu einem neuen Ort, aber ich weiß nicht, wohin. Wieder trifft mich ein Spritzer Meerwasser an der Nase. Das ist alles so aufregend und fast nicht beängstigend. Ich wünschte nur – ich versuche, nicht an ihn zu denken, sonst kommen die schlimmen Bilder wieder zurück - ... wäre auch hier. Wir könnten zusammen ein neues Abenteuer erleben. Dieses neue Abenteuer. Dieses neue Leben.

Es spritzt noch mehr Meerwasser hoch, etwas in meine Augen und ganz wenig auf meine Nase. Ich probiere es. Es schmeckt ein bisschen wie aufgehörte Fische. Ich würde nicht viel davon trinken wollen. Es ist etwas windig und ich zittere, ob von der Brise oder weil ich so aufgeregt bin, weiß ich nicht. Nun fahren wir genau zwischen den zwei Mauern auf beiden Seiten des Hafens, durch sie hindurch, bis wir auf dem großen weiten Meer sind. Das strahlend blaue Wasser vor uns, der klare Himmel über uns.

Ich glaube nicht, dass ich mich jemals so schnell bewegt habe, nicht einmal, wenn ich vor etwas Schrecklichem weglaufen musste. Meine Ohren haben sich nach hinten gelegt, aber das ist wegen dem Wind. Es macht Spaß, Spaß, Spaß! Peggy lächelt mich an. „Wie ein Bild, das nur darauf wartet, gemalt zu werden.“ Ich weiß nicht genau, was sie damit meint. Sie dreht sich um und sieht zurück auf den Hafen und auf den Hügel mit dem Steinbruch.

„Stell dir doch diese Landschaft als Gemälde vor!“, schwärmt sie.

Peggy und ich bleiben eine Weile hier stehen. Dann dreht sie sich um und sieht mich an.

„Gefällt es dir?“, fragt sie.

„Oh ja“, antworte ich. „Ich könnte den ganzen großen Tag hierbleiben.“

„Das könnte ich auch. Aber ich befürchte, wir beide müssen noch etwas Arbeit erledigen. Nur spielen und nicht arbeiten bedeutet ... nun ja, ich weiß nicht genau, was es bedeutet, aber komm jetzt!“

Wir laufen zurück zum Heck, aber es ist immer noch sehr laut hier und jetzt stinkt es auch noch. Also rennen wir hinunter zum Achterdeck und verstecken uns.

„Ich glaube, ich habe auch ein Bild gesehen“, sage ich zu Peggy.

Sie sieht mich etwas merkwürdig an. „Du meinst, du hast nachgedacht? Das habe ich auch. Ich habe über Essen nachgedacht.“

„Nein. Ein Plan.“

„Wunderbar! Wie sieht er aus? Sag schon!“

Also erzähle ich es ihr im Lärm der Motoren und unter dem klaren Himmel.

„Mein Gott, ich glaube, du hast es!“, ruft sie aus. „Ich wusste es, wenn wir unsere Köpfe zusammenstecken, finden wir eine Lösung.“

Nun sehe ich sie etwas merkwürdig an. Ich kann mich nicht erinnern, dass ich meinen Kopf auch nur in der Nähe von ihrem hatte, als mir der Plan einfiel.

Wir gehen wieder zum Laden zurück. Ich hüpfe auf den Vorsprung, gehe hin und her, und als Pauloni mich streichelt, drehe ich mich um. Peggy springt hoch und legt ihre Pfoten auf den Vorsprung. Pauloni gibt uns viele Leckerbissen, aber wir essen sie nicht. Jedes Mal, wenn er sich umdreht, um uns noch mehr zu holen, lassen wir sie auf den Boden fallen. Er spricht mit uns beiden.

„Seid ihr nicht goldig, ihr zwei? Ja, das seid ihr! Du mit deiner schnuckligen Zunge und du mit deinem herrlich weichen Fell. Es würde einen flauschigen Mantel abgeben.“ Er lacht und streichelt mich wieder. „Ich wüsste nicht, was ich hier ohne solche *bonaroo* Freunde machen würde, die mir Gesellschaft leisten.[21] Und was würdet ihr ohne mich machen? Ich wette, ihr hättet *yeute munjare,* soviel ist sicher.“[22]

„Was ist *yeute munjare?“,* flüstere ich Peggy zu.

„Er meint „kein Essen“, antwortet sie. „Er redet manchmal so.“

Ich beschließe, zu schnurren, während Pauloni weiter mit mir und Peggy spricht.

„Und ich merke, dass du gerne hier bist“, sagt er zu mir. „Ja, das bist du. Ich erinnere mich noch daran, als ich das erste Mal an Bord eines Schiffes war. Das war die USS Hope. Lucky 7, wie man sie damals nannte.[23] Ich hatte einige Male viel Glück, das ist sicher“, sagt er lachend, dreht sich um und gibt uns beiden noch ein Leckerli.

Peggy wirft mir einen Blick zu und springt vom Vorsprung hinunter. Ich bemerke, wie sie ein paar Kekse und andere Leckereien in ihren Mund nimmt.

„Versuche, nichts davon zu essen!“, flüstere ich ihr zu.

„Ich werde es versuchen“, murmelt sie mit vollem Mund und trottet davon. Ich bemerke, dass sie etwas traurig dreinschaut. Kurz darauf kommt sie wieder zurück, und ich springe ebenfalls vom Vorsprung hinunter. Gemeinsam bringen wir die leckeren Teile weg. Es braucht einige Zeit.

---

[21] *Bonaroo* heißt auf Polari, der Sprache der Seeleute und Homosexuellen, wunderbar.

[22] Wie Peggy erklärt, bedeutet *yeute munjare* „kein Essen“.

[23] Ein Amerikanisches Lazarettschiff mit dem Beinamen „Lucky 7“, das 1943 vom Stapel lief und 1946 außer Dienst gestellt wurde.

„Gut gemacht!“, sage ich und lächle Peggy an.

„Ja“, antwortet sie. „Und ich habe gar nichts davon gegessen. Nun ja, vielleicht einen winzigen Happen ...“

Als die dunkle Zeit hereinbricht, nachdem Peggy und ich ein Schläfchen gemacht haben, treffen wir uns wieder im Stauraum. Hier ist es jetzt schön warm. Sie klettert aus ihrer Schachtel und sieht sie an. „Ich hoffe, das funktioniert“, bemerkt sie.

Mit unseren Pfoten brechen wir die Kekse in kleine Stückchen. Dann versichern wir uns, dass alle Männer schnarchen und tragen die Krümel in unseren Mündern durch das Unterdeck in die Kombüse. Dort lassen wir einige auf den Boden fallen, laufen zurück und holen noch mehr. So schaffen wir eine Spur aus Krümeln den ganzen Weg von der Kombüse über das Unterdeck bis zum Stauraum.

„Wie Hänsel und Gretel“, murmelt Peggy.

„Was ist das?“, frage ich sie.

„Ein Märchen. Ich habe einmal zugehört, als jemand es einem kleinen Menschen erzählt hat“, antwortet sie. „Oder vielleicht habe ich es gesehen.“

Ich weiß nicht genau, was sie meint. Ist auch egal. Im Stauraum zieht Peggy ihre Schlafschachtel in die Nähe der Türe. Gemeinsam kippen wir die Box um, sodass wir von der Seite hineinkommen können, statt von oben hineinklettern zu müssen. Wir lassen weitere Krümel von der Türe bis zur Schachtel fallen. Peggy verkriecht sich dahinter und ich verstecke mich in der Nähe der Türe. Es ist, als ob wir ein Spiel spielen. Ein Spiel, bei dem wir sehr lange warten müssen.

Je länger wir warten und je wärmer es wird, desto schläfriger werde ich. Ich weiß nicht, ob der Lärm weniger geworden ist, weil das Schiff fährt, oder weil sich meine Ohren einfach daran gewöhnt haben. Ich sehe dort hinüber, wo sich Peggy versteckt hat. Ich höre sie schnarchen.
„Peggy, wach auf!“, miaue ich laut.

„Entschuldige“, murmelt sie, „ich war gerade meilenweit entfernt.“

Nein, war sie nicht. Sie ist immer hier bei mir gewesen. Hunde sind schon sehr seltsam.

Wir warten und warten. Ich sage Peggy, sie soll ab und zu ein Geräusch machen, damit ich weiß, dass sie nicht wieder eingeschlafen ist. Nachdem ich die Augen geschlossen und geöffnet, geschlossen und geöffnet habe, höre ich ein Geräusch. Zuerst sehr leise, dann immer lauter werdend. Ein Schnüffeln und ein Piepsen und dann ein Getrappel von Füßchen. Ich weiche zurück und versuche, mich noch besser zu verstecken.

Plötzlich sehe ich nicht eine, sondern sogar zwei Ratten. Rosa Nasen, wie meine. Rosa Füßchen, gar nicht wie meine. Und einen langen dünnen Schwanz, auch gar nicht wie meiner. Sie riechen auch nicht besonders gut. Die erste Ratte ist sehr groß. Richtig groß. Aber ihre Augen sind sehr klein. Die Ratte dahinter ist kleiner. Sie kommen beide näher, knabbern an den Krümeln, bewegen sich vorwärts, vorwärts, bis sie direkt neben der Schachtel stehen.

Peng! Ich springe nach vorne und stelle mich genau vor die Türe, um ihnen den Weg zu versperren. Gleichzeitig steht Peggy auf und stößt die Schachtel um. Sie fällt nach vorne und die Ratten sind darin gefangen

Wir haben es geschafft!

Peggy und die Crew
Foto mit freundlicher Genehmigung von Lieutenant Commander Stewart Hett[24]

[24] Lieutenant Commander K. Stewart Hett trat im Juni 1948 seinen Dienst als Unterleutnant auf der HMS Amethyst an und wurde im März 1949 zum Leutnant befördert. 1956 wurde er zum Lieutenant Commander ernannt und erhielt 1977 den MBE (Britischer Ritterorden).

Peggy und die Crew
Foto mit freundlicher Genehmigung von Lieutenant Commander Stewart Hett

8/ Gefangen

Ich kann hören, wie die zwei Ratten in der Schachtel hin und her rennen.

„Was machen wir jetzt?“, flüstere ich Peggy zu.

„Warum? Wir warten natürlich“, antwortet sie.

„Warten? Darauf, dass sie ...“ Ich schaue sie an.

„Ja“, antwortet sie.

Schluck.

„Und dann machen wir das wieder und fangen noch mehr“, fährt Peggy fort.

Ich kann mir nicht helfen, aber sie tun mir ein bisschen leid.

„Vielleicht sollten wir einfach mit ihnen reden?“, schlage ich vor.

Peggy schüttelt den Kopf. „Ts, ts, ts. Du meine Güte, du meine Güte.“

„Wie lange wird es dauern, bis sie aufgehört haben sich zu bewegen?“, frage ich Peggy.

„Ich habe nicht die geringste Ahnung“, antwortet sie. „Ein paar Tage nehme ich an.“

Ich versuche mir vorzustellen, wie lange das sein könnte. Es klingt nach einer recht langen Zeit. „Und du möchtest wirklich hier schlafen, während sie .... das in der Schachtel machen?“ Ich glaube nicht, dass ich das gerne tun würde, ganz sicher nicht.

„Hmm, Hmm“, antwortet sie. „Ich denke, ich hätte lieber wieder meine Schachtel zurück.“

Ich klopfe auf die Schachtel. Die Ratten im Inneren bleiben stehen und rennen nicht mehr herum.

Mit der angsteinflößendsten Stimme, die ich beherrsche, sage ich: „Hallo, ihr Ratten!“

Peggy sieht mich an. Nach einer kurzen Pause antwortet eine der Ratten mit einem dünnen, näselnden Stimmchen:

„Jaaaa...?“

„Was wollt ihr tun? Möchtet ihr in dieser Schachtel bleiben, bis ihr ..., oder wollt ihr mit uns reden?“

Die Ratten tapsen herum und murmeln.

„Wir wollen mit euch reden, jaaa“, quickt die gleiche Ratte.

Ich gebe Peggy ein Zeichen und sie beißt in eine Ecke der Schachtel und hebt sie etwas an. Als die beiden Ratten darunter hervorkommen, positioniert sie sich vor der Türe, damit sie nicht flüchten können.

„Wer bist du? Sss“, spricht die große Ratte und sieht mich mit ihren schwarzen schielenden Augen an.

„Ich bin der König der Rattenfänger“, antworte ich. „Und wer bist du?“

„Ich bin Mao Tse Tung,[25] Führer der Rattenbefreiungsarmee“, erwidert die große Ratte.[26]

„Wir hätten euch da drinnen lassen können“, sage ich. „Ihr müsst wissen, dass ich eure ganze Brut fangen könnte, wenn ich wollte“, fahre ich fort und strecke meine kleine Brust hervor, um mich etwas größer erscheinen zu lassen.

---

[25] Eine besonders große Ratte, die früher auf der Amethyst ihr Unwesen trieb, erhielt von den Seeleuten an Bord den Spitznamen „Mao Tse Tung“.

[26] Eine Anspielung auf die Volksbefreiungsarmee, einen Teil der chinesischen Kommunisten, die später Teil der Geschichte sein wird.

„Versuch es doch!“, spottet die andere Ratte, aber Mao Tse Tung verpasst ihr einen Hieb mit dem Schwanz.

„Möchtest du wirklich, dass ich euch alle einfange?“, fahre ich fort. „Ich bin sehr gut darin.“

Mao Tse Tung schüttelt den Kopf.

„Ich habe einen Plan. Wenn wir euch versprechen, euch etwas Essen abzugeben, versprecht ihr uns, dass ihr nicht mehr in der Kombüse herumläuft?“

„Und warum sollten wir das tun? Ssss“, zischt Mao Tse Tung.

„Weil wir euch gehen lassen, anstatt euch in der Falle zu lassen. Und weil, wenn ihr alle Männer krankmacht, wird es gar kein Essen mehr geben. Und wenn es kein Essen mehr gibt, dann wird es auch keinen von *euch* mehr geben.“ Ich genieße dieses ganze Schauspiel sehr.

Mao Tse Tung hebt seinen Kopf und schnüffelt ein wenig. „Ok“, antwortet er. „Rattenehrenwort. Ssss.“

„Ist das ein Deal?“, fragt ihn Peggy.

Mao Tse Tung sieht auf den Boden. „Deal!“, antwortet er schließlich.

Ich höre, wie Peggy einen leisen Seufzer ausstößt. Aber ich will sie einfach nicht aufhören lassen. Ich will sie gehen lassen. Chairman hätte JoJo gehen lassen können. Aber er hat es nicht getan. Ich will nicht wie Chairman sein.

Und damit bewegt sich Peggy zur Seite und die Ratten düsen davon, ihre Schwänze zwischen ihren acht kleinen Beinchen.

„Du hast furchtbar lustig geklungen“, sagt Peggy und leckt meine Nase ab.

„Lustig oder angsteinflößend? Ich wollte wie ein König klingen.“ Ich kratze mich ein wenig hinterm Ohr.

„Ich bin mir nicht sicher. Ich weiß nicht, wie ein König klingt.“ Peggy legt sich hin. „Glaubst du wirklich, dass das die Ratten davon abhalten wird, über die Lebensmittel zu laufen und die Männer krank zu machen?“

„Ich weiß es nicht“, antworte ich. „Was meinst du?“

„Ich habe es schon einmal gesagt. Und ich sage es noch einmal. Mit einer Ratte kann man nicht vernünftig reden“, murmelt Peggy.

„Vielleicht kann man, wenn man der König der Rattenfänger ist“, sage ich und schnurre. „Wir werden ja sehen. Aber es bedeutet, dass du und ich jetzt viel herumrennen und Essen einsammeln müssen. Nichts mehr mit alles aufessen.“

„Sieht so aus“, antwortet sie traurig.

„Aber wenigstens hast du deine Schachtel wieder“, meine ich lächelnd.

Sie steckt ihren Kopf hinein. „Obwohl es fürchterlich stinkt.“

Wir liegen am Heck und schauen hinaus. Das Schiff geht auf und ab, aber ich mag das Gefühl. Ich sehe nur den Himmel und das Meer. Ich weiß nicht, ob großklein ein Wort ist, aber so fühle ich mich. Peggy bellt mir zu, um mir die weißen Wellen zu zeigen, die hinter dem Schiff entstehen, wenn es durch das Wasser gleitet. Es sieht aus wie ein langer weißer Schwanz.

Würdest du mir immer noch nachspringen, wenn ich hineinfallen würde?“, frage ich Peggy.

„Aber ja“, antwortet sie.

„Auch, wenn sich das Schiff ganz schnell von uns wegbewegen würde?“

„Ähm, darüber hab’ ich eigentlich noch nicht nachgedacht. Vielleicht würden sie uns hören, wenn ich laut genug belle, und dann würden sie umdrehen.“

Hmm. Da bin ich mir nicht so sicher. Es ist immer noch recht laut. So laut, dass ich nicht einmal die Schritte von McCunnell und einem anderen Seemann höre, die sich an uns heranschleichen.

„Ich dachte, du wolltest Ratten fangen," spottet McCunnell.

Bevor ich auch nur den Funken einer Chance habe, wegzuspringen, stürzt er sich plötzlich auf mich und packt mich. Meine kleinen Beine baumeln zwischen seinen Armen und er hält mich ganz ganz fest. Dann lässt er mich über die Bordwand raushängen.

Peggy bellt und bellt, aber er scheint es nicht zu bemerken. Ich sehe das Wasser direkt unter mir und ich spüre den Wind, während das Schiff durch die See rast.

„Hast du Lust, schwimmen zu gehen?", sagt er lachend. „Ich könnte dich über Bord werfen und niemand würde es je erfahren..."

Ich mag das nicht. Ganz und gar nicht. Mein Herz schlägt ganz ganz schnell. Es wird dunkel, wenn ich meine Augen schließe und hell, wenn ich sie wieder öffne und das Meer unter meinen Pfoten vorbeirauschen sehe. Peggy läuft herüber, knurrt und ich höre, wie sie in McCunnells Bein beißt. Er versucht, sie wegzustoßen, aber sie lässt ihn nicht los.

Der andere Mann steht einfach nur da. „He", sagt er schließlich, „lass die beiden in Ruhe!"

McCunnell tritt zurück und lässt mich aufs Deck fallen. Peggy lässt sein Bein los. „Grrr!", schnauzt er uns an, und wir rasen zusammen die Treppe hinunter, rennen um den Platz mit der riesigen Kette herum und auf die andere Seite des Schiffs. Wir keuchen beide und meine Augen sind voller Wasser.

„Mein Gott, geht es dir gut?", fragt mich Peggy. „Ich habe wirklich so fest ich nur kann zugebissen, musst du wissen. Und geschmeckt hat er auch nicht besonders gut."

„Danke Peggy. Das war ganz und gar nicht nett von ihm. Ich dachte wirklich, dass er mich jetzt hinunter fallenlassen würde."

„Vielleicht sollten wir zu Mao Tse Tung zurückgehen und ihm auftragen, McCunnell im Schlaf zu attackieren. Von mir aus könnte er ihn hundeelend werden lassen", sagt Peggy keuchend.

Ich frage mich, was sie damit meint. Dass es McCunnell so elendig zumute sein soll wie einem Hund, den sie kennt? Wenn man jemandem Bösen etwas Böses wünscht, ist das gut oder schlecht? Und hat Peggy nicht gesagt, dass es überall und in jedem von uns etwas Gutes und etwas Böses gibt? Also muss auch McCunnell etwas Gutes haben. Aber Chairman hatte das nicht.

Ich stecke zwischen Bildern von Gut und Böse und der offenen See fest. Ich blinzle, zucke mit der Nase und beschließe zum Bug zu gehen. Außerdem nehme ich mir vor, mich ab jetzt so gut es geht von McCunnell fernzuhalten. Während ich so dastehe und mir der Wind um die Ohren pfeift, taucht der Kapitän auf.

„Ah, das offene Meer", sagt er zu mir und streichelt mich ein bisschen. „Ich wünschte nur, mein Monty könnte hier bei mir sein. Du hast jetzt schon mehr gesehen, als er." Ich und der Kapitän stehen für lange Zeit am Bug. Manchmal nimmt er ein Ding in seinen Mund und Nebel kommt heraus, aber das macht mir keine Angst mehr. Er hat auch ein Paar von langen, runden Dingern, die er an sein Gesicht bringt und sich dann umschaut. Nach einer Weile dreht er sich um und geht wieder zurück zur Brücke, ich folge ihm. Als ich die Tür erreiche, bleibe ich stehen.

„Oh, komm doch herein!", sagt er. „*Du* darfst. Befehl des Kapitäns."

Ich trotte auf die Brücke. Hier sind einige Männer. Einer steht neben den ganzen Papieren. Es ist derselbe Mann, der mir Essen gegeben hat und mich gehen hat lassen, als ich in der Kabine des Kapitäns gefangen war. Er hat das für mich getan und ich habe das gleiche für die Ratten getan. Wie lustig.

„Wir kommen gut voran, oder Weston?", fragt der Kapitän.

„Aye Sir. Wir werden die Straße von Malakka pünktlich erreichen."

„Gut, gut. Irgendwelche sonstigen Vorkommnisse?"

„Drei Schiffe vor Penang gesichtet, Sir, sie wurden kontrolliert", antwortet ein anderer Mann.

„Gut ich werden ihnen eine Nachricht senden und ihnen unsere Hilfe anbieten, wenn nötig“, fährt der Kapitän fort. „In der Zwischenzeit bin ich in meiner Kabine, falls mich jemand braucht.“

„Sehr gut, Sir.“

Der Kapitän betritt seine Kabine, nimmt seine Mütze ab und legt sie an das Ende des Betts. Ich springe hinein, während er sich einen Schluck von dem dunklen Wasser einschenkt. Ich lausche, ob ich das vertraute Klirren höre, aber diesmal kommt nichts. Dann legt er sich neben mich aufs Bett. Es ist sehr gemütlich hier und in dieser Kabine. Viel gemütlicher als auf dem Unterdeck mit all den stinkenden Männern. Und natürlich mit dem gar nicht netten McCunnell. Ich denke, ich bleibe einfach hier für den Rest dieses großen Tages. Und es ist wirklich ein großer Tag. Aber jetzt werde ich mich nur ein bisschen herumdrehen und .... aah. Das ist gut. Vielleicht könnte ich später mal in die Kombüse gehen, mich verstecken und sehen, ob sich die Ratten heranschleichen und sich über das ganze Essen hermachen? Ja, das könnte ich machen, aber momentan werde ich......

Der Kapitän krault meinen Kopf. „Ein Hundeleben, nicht wahr?“, sagt er und lächelt mich an.

Oh je, jetzt bin ich schon wieder ganz verwirrt.

9/ Leckereien mit Sternen

Wenn ich in der Kabine des Kapitäns in seiner runden weiß-goldenen Mütze - in *meiner* Mütze – schlafe und die Augen schließe, dann sind es meistens schöne Bilder, die ich in meinem Kopf sehe. Aber wenn ich auf George im muffigen Unterdeck, in dem es jeden Tag noch mehr stinkt, schlafe, sind die Bilder meistens nicht so schön. Und obwohl ich lieber in der Kabine des Kapitäns schlafe, bin ich trotzdem oft bei George, weil er mich gefunden und mich hierhergebracht hat. Und das ist viel mehr wert als die nicht so schönen Bilder. Und wenn seine Augen feucht werden, streichelt er mich gerne und das tut auch mir gut. Also, ich denke, dass er etwas Böses sehen muss, wenn seine Augen feucht werden, aber ich weiß, dass auch etwas Gutes daran ist, weil er mich streichelt.

Ich liege mit Peggy in der Messe unter einem Tisch, an dem George und Ginger sitzen.

„Ich habe King Rat schon eine Weile nicht mehr in der Kombüse gesehen“, sagt Ginger zu George. „Dein Simon muss ihm wohl ganz schön eine poliert haben.“

Ich kenn mich mit Polieren nicht aus. Aber jede Nacht – ich weiß jetzt, dass es so heißt, wenn es nicht Tag ist – lassen Peggy und ich etwas Essen, manchmal leckeres, manchmal nicht so leckeres, in der Nähe des Hecks liegen. Und wenn es hell wird, und die Männer von ihren schwingenden Betten aufstehen und arbeiten gehen, ist das Essen verschwunden. Wir können riechen, dass Mao Tse Tung auch da war. Peggy sagt, dass er unser Feind ist, aber ich denke, dass er einfach kein Freund ist. Freund und kein Freund. Von dort und nicht von dort. Peggy und George – Freunde. McCunnell – kein Freund.

Nicht, dass ich viel Zeit am Heck verbringe. Peggy sieht dort gerne zu, wie der weiße Schwanz hinten herauskommt, nehme ich an. Ich bin gerne am Bug und schaue hinaus. Kann es wirklich überall und immerzu dieses große große Meer geben?

Ich mag jetzt sogar das Geräusch des Schiffes. Manchmal stelle ich mir vor, es sind viele viele Ichs, soviel ich mir nur vorstellen kann, die alle zur gleichen Zeit schnurren. Aber ich bin immer noch nicht so gut mit Zahlen, so ende ich immer damit, mir stattdessen ein großes Ich vorzustellen. Mein Fell ist immer steif und klebrig, ganz egal wie oft ich meine Pfoten ablecke und mich putze. Manchmal, wenn George sich wäscht, sitze ich da und schaue zu, wie er sich total nass macht. Ich mag es inzwischen etwas lieber, wenn einige Spritzer auf mir landen, aber durchlaufen würde ich immer noch nicht.

Ich werde auch immer besser darin, die Dinger, die ich nicht sehen kann, aus dem Wasserkrug zu fischen. Ich mache es immer, wenn die Männer, wie Ginger und Gurns, nicht glücklich aussehen. Das bringt sie zum Lachen. Aber meine Pfoten werden immer noch sehr kalt davon. Pauloni im Laden ist immer sehr freundlich. Er ist von einem Ort, der Amerika genannt wird. Dort war auch Uboat. Ich frage mich, wo Amerika von hier aus ist. Und ich frage mich, ob Uboat auch hier an diesem Ort war, wo das Meer überall ist.

Wir sind jetzt im Südchinesischen Meer. Ich weiß das, weil George es mir erzählt hat. Ich schaue gerne tagsüber hinaus auf das viele Nichts. Sogar in der Nacht, wenn die See und der Himmel die Farbe wechseln und die Sterne erscheinen, liege ich auf dem Deck, putze mich und lasse die Bilder in meinem Kopf kommen und gehen.

Als ich so unter dem Tisch neben Georges Füßen – sie stinken nicht so sehr, wenn er seine großen schwarzen Stiefel anhat – daliege, kommt der Jimmy rein.[27] Ich weiß, dass sein Name Weston ist, und dass er der Oberleutnant ist, weil er mir das gesagt hat, als er mir Essen in die Kapitänskabine gebracht hat, aber die Matrosen nennen ihn alle „den Jimmy“, manchmal sogar einfach Jimmy. Schon lustig, dass auch Menschen manchmal mehr als einen Namen haben können. Als George mir erzählte, dass Weston der Jimmy genannt wird, dachte ich daran, wie JoJo mich Titch genannt hat, aber hier sagen alle Simon zu mir. Und manchmal Blackie. Jimmy ist immer auf der Brücke und hilft dem Kapitän. Sie reden viel miteinander.

„Der Kapitän sagt, dass es in Malaya rund geht“, erzählt Jimmy George und den anderen, die hier sitzen.

„Warum, was ist passiert?“, fragt jemand.

---

[27] Navy-Slang für Oberleutnant.

„Gent hat den Ausnahmezustand ausgerufen.[28] Drei Fabrikbesitzer in Perak. Ermordet."

Ich schlucke.

„Wer hat sie getötet?", fragt George und sieht Jimmy an.

„Berichten zufolge war es Lau Yew."[29]

Einer der älteren Männer spuckt aus. „Ich erinnere mich an diesen Namen. Anführer der MPAJA. Ein Haufen Banditen waren das."

„Was ist die MPAJA?", fragt George den älteren Mann.

„Die Malayan People's Anti Japanese Army, eine Widerstandsbewegung gegen die Japaner. Ein verdammtes Lumpenpack."

„Nur, dass sie jetzt als die Malayan People's Anti British Army bekannt sind", wirft Jimmy ein. „Die wollen uns alle loswerden, sonst nichts."

„Sind wir also noch auf Patrouille oder schon auf dem Weg nach Malaya?", fragt der ältere Mann.

„Immer noch auf Patrouille, Atkins. Wenn ein Boot verdächtig erscheint, stoppen wir es. Wir wollen verhindern, dass sie die Aufständischen versorgen können", erklärt Jimmy.

---

[28] Sir Edward Gent war der malaiische Gouverneur und Kolonialverwalter. Er rief den Ausnahmezustand aus, nachdem drei britische Plantagenbesitzer am 16. Juni 1949 ermordet wurden, was zum Aufstand von Malaya führte. Dieser Zwischenfall wurde später „malaiischer Notstand" und nicht Krieg genannt, da das Versicherungsunternehmen Lloyds of London, wo viele der britischen Fabriken und Plantagen versichert waren, im Falle eines Krieges nicht gezahlt hätte.

[29] Ein Mitglied der Malaiischen Kommunistischen Partei, Anführer der Malayan People's Anti Japanese Party, einer Guerilla, die sich gegen die japanische Invasion im Zweiten Weltkrieg und später gegen die britische Invasion stellte, daher die Namensänderung in Malayan People's Anti British Army. Der malaysische Aufstand/Notstand wird zum Teil auf Lau Yew zurückgeführt.

Anti Japanese, verdammtes Lumpenpack, Aufständische. Was für seltsame lange Wörter die Menschen manchmal verwenden. Ich hoffe, ich muss mir diese nicht merken.

„Ach, ich hätte gerne einmal etwas Action gesehen", meint Atkins und ballt seine Faust.

„Nur überwachen bei dieser Mission, Atkins. Und das malaiische Regiment unterstützen, wenn sie es brauchen." Jimmy dreht sich um und will gehen. „Simon", sagt er jedoch davor und sieht mich mit einem Lächeln an. „Der Kapitän möchte dich sehen."

Ich laufe neben Jimmy her, bis wir auf der Brücke sind. Er beugt sich zu mir hinunter und krault meinen Kopf, dann tapse ich in die Kabine des Kapitäns. Dieser sitzt in einem Stuhl und spielt mit dem Würfel zwischen seinen Fingern, in der anderen Hand hält er einen Drink.

„Ah, mein lieber Freund. Komm herein! Ich hoffe, alle behandeln dich gut. Gut so."

Wie sehr ich doch wünschte, ihm alles über McCunnell erzählen zu können.

„Ich dachte, du möchtest vielleicht ein kleines Spiel spielen?", sagt der Kapitän fröhlich.

Ich springe auf sein Knie und werfe dabei fast sein Getränk um. Natürlich mag ich ein Spiel spielen. Das mag ich immer. Ich kann mir nicht vorstellen, dass ich einmal nicht herumrennen und spielen möchte.

„Ich werde den noch einmal werfen", sagt er und hält den Würfel vor mein Gesicht. „Ich werde dreimal würfeln und wenn wir eine Sechs haben, bekommst du ein schönes Leckerli."

Oh, gut. Ich weiß was Leckerlis sind, obwohl der nette Mann im Laden sie Bennies nennt.[30] Er sagt ja auch noch viele andere lustige Worte.

---

[30] Navy Slang für eine Leckerei oder eine Belohnung, abgeleitet von „Benefit".

„Glaubst du, ich schaffe das?“ Der Kapitän lacht. „Natürlich schaffe ich das.“

Er beugt sich etwas nach vorne und wirft den Würfel auf den Boden. Dieser rollt und rollt und kommt schließlich zum Stehen.

„Oh, verdammt!“ Er lehnt sich zurück und schlägt sich mit der Hand aufs Knie. Ich richte mich auf und als er aufsteht, um den Würfel zu holen, springe ich auf den Boden und flitze hinüber. Ich beschnuppere den Würfel und stupse ihn mit meiner Pfote an. Daraufhin rollt er auf eine andere Seite.

„Ich glaub’ es nicht!“, ruft der Kapitän aus. „Du hast es wieder getan. Jetzt brauche ich nicht mehr würfeln. Warte einen Moment!“ Mit diesen Worten geht er rasch aus der Kabine.

Ich sitze da und weiß nicht so recht, was ich machen soll. Ich hoffe, ich bin nicht in Schwierigkeiten. Während ich abwarte, lecke ich meine Pfote ab und putze mir mein Gesicht.

Der Kapitän kommt mit einem breiten Lächeln, einer Dose und einer Schale wieder zurück. „Das wirst du mögen“, sagt er strahlend. „Ich habe einen der Männer gebeten, etwas für dich zu besorgen, bevor wir losgefahren sind. Hast du schon einmal von Lane Crawford gehört?“[31]

Ich starre ihn an.

„Das ist ein ausgezeichnetes Geschäft. Der Besitzer importiert Delikatessen aus der ganzen Welt. Englischen Tee, Schokoladenkekse. Mir tun nur alle zuhause leid, wo die Lebensmittel noch rationiert sind.“

Er stellt die Schale neben mir auf den Boden, setzt sich hin und holt etwas aus seiner Tasche. Er nimmt das - was immer es auch ist – und sticht damit in den Deckel der Dose. Langsam dreht er sie dann in seiner Hand herum und herum. Auf einmal macht er sogar ein leises quiekendes Geräusch, steckt seine Hand in den Mund und leckt irgendeine rote Flüssigkeit ab, die dort aufgetaucht ist. Ich muss wieder an Jojo denken und an das klebrige Zeug, das überall an ihm war. Aber als der Kapitän den

---

[31] Ein 1850 in Hongkong gegründetes exklusives Warenhaus, das aus Großbritannien importierte Luxuswaren und andere Spezialitäten wie Teebeutel verkaufte. Heute ist es ein Unternehmen mit Fachgeschäften in Hongkong, China und auch online, das Luxusgüter und Designerwaren vertreibt.

Deckel der Dose herunternimmt, werden die Bilder von JoJo durch einen äußerst leckeren Geruch verdrängt.

„Hier“, sagt er und schöpft einen Teil des braunen Inhalts der Dose in die Schale neben mir. „Ich bin mir sicher, du wirst das mögen. Whiskas“, sagt er.[32]

Ich habe keine Ahnung, warum er das sagt. Sein Drink heißt so ähnlich, der ist zwar auch braun, aber riechen tut er ganz und gar nicht so. Ich stehe auf und starre auf die Schale mit dem braunen Futter. Ich gehe langsam um sie herum, schnuppere daran und lasse den Geruch hoch in meine Nase steigen, hinauf in meinen Kopf. Es riecht so köstlich, dass mir fast schwindlig wird. Ich weiß nicht, was das ist. Was kann es sein? Was auch immer es ist, es ist ganz sicher gut und nicht schlecht. Wenn es schlecht wäre, würde ich natürlich nur meine Nase rümpfen und weggehen. Aber oh nein, das ist es nicht, das ist es ganz und gar nicht. Es ist gut, gut, gut! Ein Teil von mir möchte nur den Kopf hinunterbeugen und alles sofort aufessen, aber ein anderer Teil möchte nur daran schnuppern und warten und hmmm, schnupper...

Wenn ich meinen Kopf senke und es koste, schmeckt es vielleicht nicht so gut, wie es riecht und dann wäre ich enttäuscht. Aber vielleicht sollte ich einfach meinen Kopf hinunterbeugen und nur ein klein wenig davon naschen? Vielleicht würde es sogar noch besser schmecken als es der Geruch verspricht, der in meiner Nase kitzelt? Dieser herrliche Geruch, der von diesem braunen Futter in der Schale vor mir ausgeht, bringt meinen Kopf ganz durcheinander. Noch ein langsamer Tanz um die Schale, ein leichtes Senken meines Kopfs und .... Soll ich? Soll ich es jetzt wirklich tun?

Ich beuge meinen Kopf über die Schale, atme tief ein, spüre, wie sich mein Bäuchlein aufbläht, strecke meine Zunge aus, schlecke ein wenig und .... Ooh, das ist das Allerallerbeste, was ich je in meinem Leben gekostet habe, viel viel besser als der aufgehörte Fisch zu Hause. In meinem Kopf poppen Sterne auf, so wie am Himmel, wenn es Nacht wird. Meine Zunge schmilzt dahin und scheint sich aufzulösen. Ich nehme einen Bissen, schlucke ihn hinunter und spüre, wie das allerköstlichste Essen der Welt

---

32 Vielleicht ist der Kapitän Hellseher, denn zu seiner Zeit hieß dieses Katzenfutter „Kal Kan“, aber „Whiskas“ passt hier so gut, also hat man sich die künstlerische Freiheit genommen.

meine Kehle hinunterrutscht in meinen Bauch und es mir einen Schauer über den Rücken jagt, bis ganz hinunter an mein Schwanzende. Noch ein kleiner Bissen und – oh ja – ich spüre es bis ans Ende jeder meiner Pfoten.

Am liebsten würde ich im Kreis herum- und herumlaufen, hochspringen, ganz hoch in die Luft, in die Schale hüpfen und mich in diesem köstlich leckeren braunen Futter wälzen. Ich schnüffle noch einmal daran und genehmige mir dann noch mehr davon. Hmmm, immer noch gleich gut. Ich könnte einfach essen, essen, essen, bis ich so dick bin wie Peggy. Oder noch dicker. Ich würde gerne wissen, ob sie das jemals probiert hat. Oder ob sie weiß, was es ist. Vielleicht werde ich ihr davon erzählen. Oder vielleicht behalte ich es einfach für mich. Eines ist auf jeden Fall sicher, Mao Tse Tung bekommt definitiv nichts davon ab.

Ich sehe auf zum Kapitän und er lächelt, lächelt mich an. Warum isst er nichts davon? Ich bin mir sicher, dieses braune Futter ist noch besser als das braune Getränk, das er so mag. Noch einmal kosten, kauen und schlucken. Und noch einmal. Soll ich alles schnell aufessen oder besser langsamer? Ich weiß es nicht. Alles, was ich sicher weiß ist, dass ich genau da sein will, wo ich jetzt bin, mehr als alles andere. Auf diesem Schiff. Mit George und mit Peggy und mit dem Kapitän. Und mit diesem herrlich, herrlich köstlichen braunen Futter in der Schale.

„Siehst du", sagt der Kapitän. „Ich wusste, dass es dir schmecken würde."

whiskas

10/ Schatten und Monster

Peggy und ich flitzen vom Stauraum zum Heck. Als es anfing hell zu werden, haben wir unser aufpassendes Geschäft, und als es wärmer wurde, haben wir unsere Arbeit erledigt. Wir haben von hier und da Essensreste eingesammelt, von Pauloni oder von den Männern, die kleine Leckerbissen für uns in der Messe fallen lassen. Corned Beef und Reis, Brot und Kekse, das alles kommt aufs Heck für Mao Tse Tung und seine Freunde, damit sie *meine* Freunde nicht krankmachen.

Jetzt spielen wir, auch wenn es wärmer und wärmer und heißer wird. Wir rennen rund ums Schiff, rund ums Schiff. Auf der Steuerbordseite zum Bug, die Treppen hinunter, auf der Backbordseite zum Heck und das Ganze wieder von vorne. Ich will Peggy nachjagen, aber sie ist zu einfach zu erwischen. Deshalb bringe ich sie dazu, dass sie mich verfolgt. Sie kann aber nie auch nur annähernd an mich herankommen, so laufe ich manchmal langsamer, damit es ihr doch gelingt. Ihre Zunge hängt immer heraus, wenn sie keucht und keucht, und ihr Schwanz wedelt. Dann weiß ich, dass sie glücklich ist. Mein Schwanz wedelt nicht, wenn ich glücklich bin. Ich frage mich, warum ihrer es tut und meiner nicht.

Es fällt mir auch leicht, herum zu hüpfen und über Dinge hinüber zu flitzen. Ich springe gerne ganz hoch und mag es, unter alles, was mir im Weg steht, durchzukriechen. Während wir so rennen und spielen, sehe ich an Steuerbord hinaus aufs Meer. Ganz ganz weit weg, gerade dort, wo die See aufhört, kann ich etwas Dunkles erkennen. Es sieht aus wie eine kleine schwarze Wolke, die sich gerade auf dem Meer niedergelassen hat.

„Schau!“, rufe ich Peggy zu. „Ich sehe etwas.“

Sie kommt auf mich zugelaufen. „Ich auch, ich sehe das Meer.“ Sie schnaubt ein wenig.

„Nein, nein, darüber. Schau!“ Ich versuche, Peggy zu zeigen, wohin ich sehe.

Sie schaut und schnüffelt und schaut. Dann schüttelt sie ihren Kopf. „Ich glaube, du musst dich irren, lieber Simon. Da draußen ist wirklich nichts.“

Als sie das gesagt hat, tauchen Ginger und Gurns auf. Gurns legt eine Hand an die Augenbrauen und blinzelt.

„Land ahoi!“, schreit er strahlend.

„Malaya!“, ruft Ginger. „Wir müssen jetzt in der Meerenge sein.“

Das ist es also. Es ist ein Ort, den ich sehe. Land. Es heißt Malaya. Ich frage mich, wie es dort wohl ist.

„Werden wir dorthin fahren?“, frage ich Peggy.

„Ich glaube nicht“, antwortet sie. „Jimmy hat gesagt, dass wir nur auf Patrouille sind.“

Schade. Es könnte schon interessant sein, andere Orte zu sehen. Einen Ort, von dem ich nicht herkomme. Ich frage mich, wie die Menschen an diesem Ort sind. Und die Vögel. Und das Essen natürlich. Ich stehe da und schaue hinaus auf den dunklen Fleck. Auf Malaya. Was geht dort vor sich? Ist es eher gut oder eher schlecht?

Ich suche mir ein kleines schattiges Plätzchen an Deck und lege mich dorthin, um aus der heißen Sonne zu kommen. Peggy plumpst mit heraushängender Zunge aufs Deck. Sie ist aber immer noch in der Sonne. Ich beobachte, wie ihr immer heißer und heißer wird. Ihre Pfoten schauen aus wie Georges feuchte Augen, so als ob ihre Füße weinen würden. Kleine Wassertropfen laufen hinunter und sammeln sich in einer kleinen Pfütze an Deck. Ihre Zunge hängt heraus, und es sieht aus, als ob sie die Luft trinken wollte. Das Meer ist genauso blau wie der Himmel, schwer zu sagen, wo das eine aufhört und das andere beginnt.

„Wir sind wieder in einem Gemälde“, keucht Peggy und sieht auf das uns umgebende Blau.

„Was ist ein Gemälde?“, frage ich sie.

„So etwas wie ein Bild“, antwortet sie.

Sie muss die Bilder meinen, die ich in meinem Kopf sehe. Wenn ich die Augen schließe, sind die Bilder, die ich sehe manchmal dieselben wie mit offenen Augen. Manchmal werden sie aber ersetzt durch andere Dinge. Dann sehe ich den Ort, von dem ich herkomme und Bilder von Zeiten, an denen ich glücklich war. Und gelegentlich, wenn alle Männer schnarchen, sehe ich auch nicht so schöne Bilder. Furchterregende Augen und große Dinge und Dinge, die versteckt sind. Ich erzähle es Peggy.

„Klingt für mich nach unheimlichen Schatten und Monstern“, bemerkt sie. Dann: „Autsch!“. Sie muss bemerkt haben, wie heiß es unter der Sonne ist, denn sie steht langsam auf und zwängt sich neben mich, um der Sonne zu entkommen.

„Was sind Schatten und Monster?“, frage ich. „Das klingt nicht sehr nett.“

„Das sind sie auch nicht“, antwortet sie. „Schatten sind wie das.“ Sie deutet um ihren Körper herum. „Das Dunkle da, das ist ein Schatten. Von den Treppen da drüben.“

„Oh, und was ist nicht so nett daran?“

„Nun ja, manchmal sind sie gut. Wie jetzt. Aber manchmal ...ähm, hast du jemals gedacht, du könntest etwas sehen, und als du noch einmal hingesehen hast, war es weg?“

„Ich weiß nicht“, antworte ich. „Vielleicht. Manchmal.“

„Nun, das ist ein Schatten. Er kann da sein und im nächsten Moment ist er wieder weg. Wie ein Monster.“

„Aber was ist ein Monster?“, frage ich und sehe sie an. Ich mag diese kleinen Geschichten, aber sie machen mir auch etwas Angst.

„Monster sind große unheimliche Kreaturen, die plötzlich auftauchen und dich anspringen. Sie verstecken sich, lauern dir auf und wenn du es am wenigsten erwartest ... Waaah!“

Meine Haut zittert ein wenig unter meinem Fell. „Woher weißt du das alles?“, möchte ich wissen.

„Weil mein Herrchen es mir erzählt hat“, antwortet sie gähnend.

„Oh, und wer ist dein Herrchen? Ist es Leutnant Griffiths?“

„Um Himmels willen, Nein. Ich habe nicht immer auf diesem Schiff gelebt, wusstest du das nicht?“

„Ach so, und wo hast du gelebt?“, frage ich und spitze meine Ohren.

„Ich hab’ in einem wunderschönen großen Haus gelebt. Da gab es viele Zimmer und gemütliche Betten. Und ich hatte jede Menge Spielzeug. Mein Lieblingsstofftier war ein blauer Sockenaffe.“

Ah. Affen. Uboat sagte, er hätte welche gesehen. „Was ist ein Affe?“, frage ich Peggy.

„Affen sind sehr weiche und kuschelige Geschöpfe“, antwortet Peggy. „Mein Sockenaffe war jedenfalls so, und ich glaube, sie sind auch im richtigen Leben so. Ich weiß es nicht genau. Ich würde aber gerne einmal einen treffen. Ich habe auf meinem Affen so lange herumgekaut, bis er nur mehr ein Ohr hatte. He he he“, kichert sie. „Wir hatten auch einen phantastischen Garten.“ Ich schaue sie an. „Und, bevor du fragst, ein Garten, lieber Simon“ Sie hebt ihren Kopf und blickt auf das Meer hinaus. „Nun, das ist ein bisschen wie das, nur in einer anderen Farbe. Groß. *Mein* Garten war es jedenfalls.“

Ich bin mir immer noch nicht sicher, was das bedeuten soll. Vielleicht meint Peggy, es ist wie Wasser, in dem man spielen kann. Aber wie kann man im Wasser herumrennen?

„Und haben du und dein Herrchen allein in dem großen Haus gelebt?“

„Oh nein. Er hatte eine Frau und einige ... Ich weiß, du nennst sie Kleine. Und wir hatten auch ein nettes Dienstmädchen, die alles gemacht hat. Sie hat gewaschen, gekocht und geputzt. Sie hat mir immer ganz viel leckeres Essen gegeben. Mit meinem Herrchen habe ich immer lange Spaziergänge gemacht. Er hat immer einen Stock für mich geworfen, dem ich hinterhergelaufen bin. Dann habe ich ihn zurückgebracht und er hat ihn wieder geworfen.“ Peggys Hinterbeine zucken, während sie mir das erzählt.

„Werfen. Rennen. Fangen. Zurückrennen. Werfen, rennen, fangen, zurückrennen ...“, fährt sie fort.

Ich schließe meine Augen und sehe das Bild vor mir. Wirklich. Ich habe schon zuvor Hunde gesehen, die das getan haben. Ich habe mich immer gewundert, warum sie das machen, weil *ich* mag das gar nicht. Es kommt mir irgendwie doof vor. Ich weiß, ich mache es manchmal für den Kapitän, aber nur, weil er es anscheinend mag. Vielleicht machen das Hunde mit ihren Herrchen auch nur deswegen, um sie glücklich zu machen?

Peggy schüttelt schnell ihren Kopf, als ob sie sich selbst vom Einschlafen abhalten möchte.

„Wie auch immer", fährt sie fort, „irgendetwas ist mit meinem Herrchen passiert und wir sind nicht mehr raus- und spazieren gegangen. Das Hausmädchen hat mich immer noch gefüttert, aber statt Spaziergänge zu machen, bin ich immer nur im Garten herumgelaufen. Und dann bin ich auch nicht mehr so viel herumgelaufen. Ich weiß auch nicht, warum. Mein Herrchen hat keinen Stock mehr für mich geworfen, sondern er hat stattdessen einen zum Gehen benutzt. Ich habe ihn ihm immer geholt, darauf herumgekaut und ihm vor seine Füße gelegt, aber es hat nichts genützt."

„Und, was habt ihr dann gemacht?"

„Wir sind immer in seinem Auto an einen Platz gefahren, den man Cinema nennt", antwortet sie.

„Was ist ein Sinema?", frage ich und mein Kopf beginnt wehzutun bei diesem schwierigen Wort.

„Ein Cinema ist ein großer, großer Raum mit einem riesigen Bild, das sich bewegt und das jeder dort anschaut. Man kann es hören und sehen, aber nicht riechen oder berühren. Es ist irgendwie, als ob man dort wäre und doch nicht richtig dort."

Dort und nicht dort? Nun bin ich wirklich total verwirrt.

Peggy muss das bemerkt haben, denn sie erklärt weiter.

„Man sieht Bilder und kann sie in seinem Inneren spüren, aber nicht im Äußeren. Wenn die Bilder schön sind, dann ist es wie ein Traum, aber man ist wach dabei. Wenn nicht, ist es wie in einem Alptraum."

„Welche Dinge kann man denn dort sehen?"

„Eigentlich alles. Große Männer und Frauen, Autos und verschiedene Orte. Dinge, die man alle Tage sieht. Aber auch diese Art von Dingen, die man nur sieht, wenn man schläft.“ Peggy schnaubt ein wenig.

„Du meinst..?“

„Ja, Monster und Leute, die aus Verstecken herausspringen und sich gegenseitig schlimme Sachen antun.“

„Und, haben sie dich jemals erwischt?“

„Oh nein. Es gibt sie nur in diesen großen bewegten Bildern. Manchmal habe ich meine Augen geschlossen, aber dann bin ich erschrocken und aufgesprungen, wenn es ein lautes Geräusch gab. Mein Herrchen hat meistens gelacht oder auch geweint, und manchmal ist auch er aufgesprungen oder sogar eingeschlafen.“

„Was ist dann passiert?“

„Eines Tages bin ich aufgewacht und er war nicht mehr da.“ Jetzt sieht sie traurig aus.

„In diesem Cinema?“

„Nein, im großen Haus. Dann gab es nur mehr die Frau und die ... hm, Kleinen. Aber eines Tages waren auch sie nicht mehr da. Da war nur noch ich. Andere Leute sind gekommen und haben mich weggejagt. Ich musste also wegrennen. Nun ja, nicht rennen, recht schnell weggehen. Alles, was ich noch hatte, war mein Affe.“

Jetzt mag ich diese Geschichte nicht mehr, sie macht auch mich traurig.

„Und dann?“

„Nun, ich weiß nicht mehr genau. Irgendjemand hat mich gefunden und dem Kapitän gegeben. Er hat mich und meinen Affen an Bord dieses Schiffes gebracht, und seitdem bin ich hier.“

Ich frage mich, ob es das ist, was Menschen tun. Sie finden uns und kümmern sich um uns? Nun, dann heißt das, dass sie gut sind. Die meisten jedenfalls. Ich muss an McCunnell denken.

„Wo ist dein Affe jetzt?"

„Ich weiß es nicht." Jetzt sieht sie wieder traurig aus. „Ich glaube, der Kapitän hat ihn verloren, oder vielleicht ist er auch über Bord gegangen oder so etwas." Sie hört auf traurig zu schauen und versucht, auf mich zu hüpfen, aber ich springe rechtzeitig weg.

„Ich bin ein Monsterrr!", ruft sie lachend.

„Ha ha ha, du bist kein Monster. Ich weiß, was du bist. Du bist ein Hund."

„Grrrr...", knurrt sie und versucht, mir Angst einzujagen. Aber das funktioniert nicht, weil es ist warm und schön, und ich weiß, wer und was sie ist.

„Gibt es nun diese Monster auch in Wirklichkeit?", frage ich sie, immer noch nicht ganz sicher.

„Tja, mein Lieber, das kommt darauf an, was du mit Wirklichkeit meinst", sagt sie, rollt sich auf die Seite, seufzt und schläft ein.

Ich bin immer noch verwirrt. Wirklichkeit ist, wenn ich etwas sehen, hören, fühlen, berühren, schmecken und riechen kann. Aber in diesem Moment kann ich George nicht sehen, aber ich weiß, es gibt ihn auch in Wirklichkeit. Und ich weiß, dass ich JoJo nicht mehr wiedersehen werde. Heißt das, dass es ihn in Wirklichkeit nicht gibt? Wenn ich meine Augen schließe, einschlafe und Bilder sehe, sehe ich auch ihn, vielleicht gibt es ihn also in Wirklichkeit nur, wenn ich schlafe? Und manchmal sehe ich auch unsere Mutter, obwohl ich mich nicht an ihren Geruch erinnern kann, oder daran, mit ihr gekuschelt zu haben. Heißt das, sie ist in Wirklichkeit nicht da?

Und wie ist das mit den vorgetäuschten Dingen? Jojo hat immer gesagt, dass die Flugzeuge mit dem großen Bang daheim nur vorgetäuscht sind, aber sie waren auch in Wirklichkeit da. Oh je, wenn ich zu viel nachdenke, werde ich immer so schläfrig. Ich stehe auf und trotte ins Unterdeck. Ich weiß, dass die Seemänner an Deck sind, sie werden also nicht hier unten schlafen. Doch dann mache ich einen Satz, als ich eine Stimme höre: „Hey Simon!"

Es ist Gurns, der in seinem schaukelnden Bett liegt. „Du hast mich bei einem kleinen Nickerchen erwischt." Er streckt seinen Arm aus und streichelt meinen Kopf. „Gehst du auch schlafen?" Ich lege mich neben ihn auf den Boden. „Schlafen, vielleicht auch träumen. Ich träume wirklich gerne."

Er erzählt mir, dass er oft von seinem Herzblatt zuhause träumt. Er sagt, dass er sie liebt und für immer mit ihr zusammen sein möchte. Also muss ein Herzblatt wohl der Mensch sein, den man am liebsten mag. Ich schnurre, während ich ihm zuhöre. Liebe. Ich frage mich, was das wohl ist. Aber wenn es damit zu tun hat, dass man mit jemandem für immer zusammen sein will, dann muss es wohl etwas Gutes sein. Wenn Gurns von seinem Herzblatt träumt, dann muss es wohl auch heißen, dass die Menschen Bilder vor sich sehen, wenn sie verliebt sind, so wie ich JoJo vor mir sehe. Und Liebe muss etwas sein, was man für immer haben möchte. Es ist also schön, wenn man seine Augen schließen und mit denjenigen zusammen sein kann, die man liebt.

Während Gurns mir von seinem Herzblatt und Liebe erzählt, fange ich an, Bilder zu sehen. Ich spüre, wie sich meine Schnurrhaare senken und meine Augen zufallen. Ich will das eigentlich gar nicht, aber es ist so warm und ich war heute so fleißig, bin herumgerannt, habe gespielt und geschnurrt. Ich strecke mich aus, gähne und ... ahhh...

Schlafen, vielleicht auch träumen.

11/ Krach in Singapur

Hinter uns ist die weite blaue See, die sich vielleicht unendlich fortsetzt. Über uns fliegen einige Vögel, die uns begleiten. Sie kreischen über dem Schiff, als ob sie Hallo sagen würden. Vor uns kann ich Land und Gebäude erkennen, die immer näher und näherkommen.

Lau Yew, den bösen Menschen, von dem Jimmy gesprochen hat, haben sie aufhören lassen.[33] Er hat richtig aufgehört. Alle haben gejubelt, als Jimmy ihnen davon erzählte. Ich habe mir nur meine Pfote abgeleckt und mich geputzt, weil ich nicht wusste, was die ganze Aufregung sollte. Dann jubelten sie noch mehr, als der Kapitän verkündete, dass einige Männer frei haben könnten, wenn wir schließlich hier angelegt haben.

Und hier heißt Singapur.

Je größer Singapur wird, desto mehr denke ich, es sieht ein bisschen aus wie Stonecutter Island. Es gibt viele Boote und Schiffe im Hafen. Manche Menschen darauf winken uns zu, während wir vorbeifahren. Als wir in den Hafen gelangen und endlich stillstehen, entdecke ich einige Boote mit kleinen, aufgemalten Augen am Bug.[34] Ich weiß nicht, wie sie heißen und ich wünschte, mein Bruder wäre jetzt bei mir und könnte mir ihre Namen sagen. Ich bin mir sicher, dass er sie kennen würde. Überhaupt wünsche ich mir, er wäre hier und könnte mit mir dieses Abenteuer auf hoher See erleben, den Wind und die Gischt spüren. Oder die Vögel Hallo sagen hören, wenn wir an einen neuen Ort kommen.

Ich schaue hinauf zu den weißen Gebäuden, die entlang des Hafens in einer Linie stehen. Einige der Männer auf dem Schiff stehen auch aufrecht in einer Linie, erfreut, bald von Bord gehen zu dürfen. Dann putze ich mich erstmal gründlich. Ich lecke jedes Bein ab und putze mein Gesicht. Auch ich will bereit für diesen neuen Ort sein, auch wenn er mir vielleicht ein bisschen Angst macht. Ich sehe auf und erblicke George mit Peggy an seiner Seite.

---

[33] Lau Yew wurde von britischen Sicherheitskräften am 16. Juli 1948 getötet.

[34] 'Bumboats' oder „Leichter" wurden und werden immer noch im malaiischen Archipel für den Transport von Vorräten, Frachtgütern und neuerdings auch von Menschen verwendet.

„Ich habe ein bisschen Angst vor all dem", sage ich zu Peggy, als sie zu mir kommt. „Ein neuer Ort. Aber es wird alles gut gehen, nicht wahr?"

„Oh, ich werde nicht mitkommen", antwortet Peggy. „Ich werde langsam zu alt für diese ganze Herumlauferei. Nein, nein, ich glaube, ich bleibe einfach hier. Ich werde einfach an Deck ausruhen und, du weißt schon, essen und schlafen."

Meine Schnurrhaare senken sich etwas. Wie schade, ich möchte so gerne, dass meine Tapferkeit größer ist als meine Angst. Aber das funktioniert nur, wenn ich das Schiff verlasse und mit Peggy auf Erkundungstour gehe.

„Hey Simon!", sagt George und nimmt mich hoch. „Einige Jungs wollen ein paar Gizzits[35] kaufen und sich einen Drink genehmigen. Möchtest du auch mitkommen? Wenn du nicht willst, befreie dich einfach aus meinen Armen."

Ich bleibe ruhig liegen. Wenn ich mit George gehe, dann bin ich in Sicherheit.

„Gut", fährt er fort. „Du kannst mit mir mitkommen. Zuerst werden wir mal die da aufgeben." Er hält irgendwelche Dinger vor mein Gesicht. Ich möchte daran schnuppern, aber dann ruft der Kapitän und ich springe hoch.

„Achtung!" Alle Männer stampfen gemeinsam mit den Füßen auf – wie albern, ich frage mich, wie sie diesen Auftritt hingekriegt haben, ohne miteinander zu sprechen – und werden still.

„Männer!", brüllt der Kapitän. „Es ist jetzt fünfzehnhundert Uhr. Genug Zeit, Vorräte zu bunkern und für etwas R&R.[36]. Alle haben sich um einundzwanzig hundert Uhr wieder an Bord zurückzumelden. Es gibt keine Ausnahme! Und keine Frauen!"

---

35 Geschenke.

36 Militärische Abkürzung für „rest and recuperation" – Ruhe und Erholung.

„Und was ist mit einem kurzen Abstecher in die Bugis Street[37], Sir?“, fragt Atkins und alle anderen lachen laut.

„Unter meinem Kommando gibt es keine Matrosen am Mast![38]“, antwortet der Kapitän und jemand gibt Atkins einen Schlag auf den Rücken.

„Wegtreten!“, ruft der Kapitän, und alle Männer verlassen die Reihe und laufen lachend und redend die lange Zunge hinunter. Ich fühle mich umringt von guten und glücklichen Menschen. Als wir am Kai angekommen sind, setzt mich George hinunter auf den Boden. Meine Füßchen sind ganz wackelig, als wäre ich immer noch auf dem Schiff.

„Ich glaube, wir müssen da lang“, sagt er und läuft weg vom Kai. Ich flitze durch viele Menschenfüße hindurch, um mit ihm mitzuhalten, und versuche dabei, mir all die Stände anzuschauen, an denen verschiedene Waren verkauft werden. Hier werden gelbe, krumme Dinge angeboten, dort grüne runde. Alles riecht frisch. Doch als wir in eine Straße einbiegen, ändert sich alles. Hier gibt es viele schöne Bäume, was es etwas kühler macht, aber neben der Straße fließt schmutziges und stinkendes Wasser. Es stinkt wirklich fürchterlich.

„Ah, das muss der Kanal sein“, sagt George und nimmt mich wieder hoch. „Davon habe ich schon gehört.“ Wir bleiben neben einem Mädchen stehen, das einen Mann beobachtet, der dort im Wasser steht. Er ist sehr dünn und braun und hat ein Tuch rund um seinen Kopf gebunden. Wie seltsam. Er schrubbt sich seine Zähne und seinen Mund mit irgendetwas und spült dann mit dem Wasser aus.

„Igitt, schau mal, der putzt sich die Zähne mit diesem dreckigen Wasser“, bemerkt George.

Zähne putzen? Ich bin und halte mich gerne sauber, aber ich denke nie daran, meine Zähne zu putzen. Wie sollte ich das machen? Natürlich würde ich nicht so ein schmutziges Wasser wie dieser Mann dafür verwenden. Während wir so dastehen und zusehen, erscheint plötzlich wie aus dem Nichts zwischen den Füßen des Mannes eine riesen- riesengroße

---

[37] Zu jener Zeit das Rotlichtviertel Singapurs, unter den Seemännern sehr bekannt.

[38] Eine Geschlechtskrankheit.

Schlange, viel größer als die daheim, Sofort lässt er alles, was immer er da auch verwendet hat, fallen und rennt schreiend davon.

George lacht. „Ich wette, damit hat er nicht gerechnet." Ich auch nicht. Ich bin froh, dass George mich trägt. Ich weiß, dass diese Schlange mich im Ganzen verschlungen hätte, wenn sie mich gesehen hätte.

Das Mädchen klopft George auf die Schulter. Sie hat braune Haut wie der Schlangenmann und große braune Augen.

„Entschuldigung bitte. Ich suchen meine Freundin. Hast gesehen sie? Ihr Name Maria Hertogh.[39]" Sie hält ein Bild mit einem Menschen darauf hoch, es ist fast so eines, wie die neben Georges schaukelndem Bett. Er schaut es sich an.

„Nein, haben wir nicht." Er lächelt ein wenig. „Aber wir sind nicht von hier. England." Georges Gesicht verfärbt sich knallrot, als er mit dem Mädchen redet. Fast so, als wäre er gerade in der Sonne gewesen.

Sie nickt, geht einen Schritt zurück und sieht George von oben bis unten an. „Ah, Matrose", sagt sie lachend und dann sieht sie mich. „*Kuching*"[40] Als sie mich unter dem Kinn streicheln will, hustet George, das Gesicht immer noch knallrot.

„Weißt du, wo ich die hier aufgeben kann?", fragt er sie.

Das Mädchen sieht auf die Dinger, schaut einen Moment lang verwirrt, zieht dann ihre Mundwinkel hoch, sodass man ihre strahlend weißen Zähne sehen kann.

„Ah, ja. Komm. Komm!", antwortet sie.

George lacht und sein Gesicht ist nicht mehr ganz so rot.

Wir folgen ihr und biegen in eine Gasse ein.

---

[39] Ein katholisches Mädchen, das von Muslimen aufgezogen wurde und schließlich ihren biologischen Eltern zurückgegeben wurde, was 1950 zu schweren Unruhen führte.

[40] Malaiisch für Katze

„Lebst du hier?“, fragt George das Mädchen und zeigt um uns herum.

„Ja“, antwortet sie. Sie schaut so aus, wie ich manchmal, wenn ich nicht spielen will. Ich habe das Wort vergessen.

„Was ist Name?“, fragt sie George.

„George“, sagt George. Und schaut auch so .... schüchtern, ja das ist es. „Und das ist Simon.“ Er krault mich am Kopf und ich schnurre.

Das Mädchen lächelt. „Mein Name Ah Soo. Gefällt Singapur?“

„Ich weiß es noch nicht genau“, antwortet ihr George. „Ich glaube schon.“

„Singapur ist schön“, sagt sie. „Leute hier sehr freundlich.“

Wir kommen zu einem kleinen Laden.

„Hier!“, sagt uns Ah Soo. „Bitte. Nein.“ Dann zeigt sie auf mich, schüttelt ihren Kopf und tritt ein.

„Oh, ja richtig.“ George setzt mich auf den Boden vor dem Laden ab. „Es schaut so aus, also dürftest du da nicht rein. Keine Schwarzen, keine Haustiere und das alles...“

Was soll denn das heißen? Ich bin nicht schwarz. Ich bin schwarz-weis. Und bin ich ein Haustier? Was ist das überhaupt, ein Haustier?

George und Ah Soo gehen in den Laden hinein. Ich bleibe draußen sitzen und warte in der Hoffnung, dass die Schlange nicht daherkommt. Ich schaue nach oben und sehe viele Kleider, die an Bambusstangen aus den Fenstern hängen. Sie erstrecken sich über die ganze Gasse, ganz hoch oben. Sie sehen aus wie Flaggen. Es schaut aus wie daheim. Ich drücke mich so gut es geht nahe an den Laden, während viele Menschenbeine vorbeirennen, sich Fahrräder dazwischen herumschlängeln und fast in mich hineinfahren.

Als ich wieder nach oben zu den Kleidern schaue, sehe ich einige .... Ich weiß nicht, was sie sind... herumschwingen. Einer von ihnen nimmt ein Wäschestück mit sich, während er die Wand pendelnd und springend herunterklettert. Sie sehen aus wie winzige pelzige Kleine, aber irgendwie nicht richtig wie Menschen. Ich höre Geräusche, nicht wie Sprechen, eher als ob viele Vögel auf einmal kreischen. Sie kommen mir jetzt immer näher. Ich wünschte, George würde herauskommen. Mein Fell steht mir zu Berge und meine Nase zittert. Ich möchte in den Laden rennen, aber Ah Soo hat gesagt, dass ich nicht hineindarf. Nun stehen auch meine Schnurrhaare und mein Schwanz pfeilgerade heraus.

Sie kommen jetzt immer näher. Sie haben sich auf den Boden fallen lassen. Einer von ihnen hat mich gesehen und zeigt mir seine Zähne. Das ist nicht gut. Sie kommen her und umzingeln mich. Sie werden langsamer und ich höre, wie sie schnüffeln und sehe, wie sich ihre Nasen bewegen. Ich mag das gar nicht. Vielleicht sind das die Monster, von denen Peggy mir erzählt hat? Ich beginne zu zittern, mein Herz klopft schnell und ich kann sie nun riechen, riechen, wie sie mir näherkommen.

Eines von ihnen versucht, mich zu packen. Ich springe weg von ihm und versuche, durch sie durchzulaufen, aber ein anderes ergreift mich an meinem Fell. Ich jaule und jaule noch einmal, als seine Krallen sich tief in meinen Rücken bohren. Es schüttelt mich durch und drückt mich fest an seine Brust. Plötzlich machen sich alle auf und rennen schnell durch die Gasse, das Monster presst mich noch fester an sich. Einige Menschen zeigen auf uns und lachen, aber ich finde das gar nicht lustig.

Die Monster und ich biegen scharf ab in eine weite Straße. Fahrräder und Autos fahren an uns vorbei. Ich spüre schmerzhaft die Hand des Monsters, die mich hinunterpresst und deren Krallen sich in meinen Rücken bohren. Mein Herz pocht und pocht und in meinen Ohren dröhnt es. Ich schreie. Wo ist George? Ich will George. Oder JoJo. Ich hätte Stonecutter Island nie verlassen dürfen. Ich hätte das Schiff nie verlassen dürfen. Ich hätte dort bleiben sollen, wo ich sicher war. Was bringt es, mutig zu sein?

Ich kann spüren, wie es nach oben geht, als sie auf einen Baum klettern. Immer weiter hinauf. Die Bäume sind jetzt nicht mehr so schön. Köpfe von Menschen und Autodächer sind unter uns. Ich war noch nie so hoch oben und es gefällt mir überhaupt nicht. Das ist nicht wie fliegen. Die Monster sind alle um mich herum. Ich werde einem anderen zugeworfen. Es fängt mich auf und streichelt mich grob. Zu grob. Das sind keine Freunde.

Vielleicht sollte ich sie beißen? Aber was ist, wenn sie zurückbeißen? Ich fauche so laut ich kann, spüre, wie sich mein Fell aufstellt und mein Schwanz gerade nach hinten heraussteht, aber eines der Monster packt ihn einfach. Was werden sie mit mir machen? Werden sie mich aufessen? Wo ist George?

Einige der Monster reißen das Grün von den Bäumen und essen es. Andere schnappen sich Äste und lassen sie nach unten fallen. Keiner von ihnen lässt mich gehen. Ich bin gefangen. Gefangen wie die Ratten am Schiff, aber ich habe nichts Böses getan. Ich verstehe nicht, was diese Monster sagen. Sie machen nur furchterregende Geräusche. Mir gefällt es hier nicht. Mir gefällt Singapur nicht.

Auf einmal klettert das größte Monster den Baum hinunter und alle anderen folgen ihm. Ich werde auch nach unten gezogen, hinunter, hinunter. Wir kommen unten am Boden an und laufen die Straße zurück. Wohin rennen sie? Was werden sie mit mir machen? Vielleicht kennen sie die Schlange und werden mich ihr übergeben? Oder vielleicht machen sie mit mir dasselbe, was Chairman mit JoJo gemacht hat? Ich hatte noch nie so viel Angst in meinem Leben, niemals.

Als wir über die Straße rennen, höre ich einen Schrei, der den Lärm der Autos übertönt. Ich sehe das große Rad eines Autos, das sich dreht und dreht, sich rasend schnell bewegt, bis ... Bang! Ich spüre es. Wir laufen nicht mehr. Ich und das Monster rollen quer über die Straße. Das Auto muss das Monster erwischt haben, denn ich bemerke, dass es mich losgelassen hat. Schnell, schnell! Ich springe auf die Füße, spähe auf die andere Straßenseite und renne, renne, weiche den Rädern von Autos und Fahrrädern aus. Ich schaue hinüber, aber die Monster folgen mir nicht.

Trotzdem renne ich weiter und weiter, schneller als ich je gerannt bin. Ich flitze um eine Ecke herum, unter einen Zaun hindurch, springe über ein .... ich weiß nicht was... bevor ich wieder um eine Ecke biege und eine Wand finde. Puh. Ich zittere und es pocht in meinem ganzen Körper. Mein Rücken tut sehr weh. Ich krieche hinter die Mauer und verstecke mich dort, keuchend, denkend, keuchend. Ich habe mich verlaufen. Ich habe Durst. Ich habe Angst. Ich weiß nicht, was ich tun soll oder wohin ich gehen soll.

Ich liege da und warte. Versteckt, weg von der Straße und weg von den Monstern. Wenn ich hierbleibe, dann ist das ein neuer Ort, an dem ich sein werde. Ein Ort, den ich nicht mag. Wenn ich weggehe, vielleicht, ich weiß nicht. Aber ich weiß, dass ich viel lieber auf dem Schiff sein möchte als hier. Wenn ich langsam herumlaufe und meiner Nase folge, kann ich vielleicht George wiederfinden? Oder vielleicht hilft mir der Gestank des Kanals?

Ganz langsam stehe ich auf und schnuppere. Ich kann nichts mir Bekanntes riechen, aber ich weiß, ich muss weitergehen und immer weitergehen. Ich laufe die Straße hinunter, sehe immer nach oben und um mich herum, um zu sehen, ob die Monster immer noch da sind. Die Sonne brennt auf meinen Rücken, der dadurch noch mehr weh tut.

Ich laufe und laufe, bis ich zu einem großen weißen Gebäude komme. Viele glänzende schwarze Autos fahren dorthin und bleiben davor stehen. Leute steigen aus den Autos aus. Manche tragen Hüte. Männer steigen vorne aus und gehen um den Wagen herum nach hinten. Sie nehmen Taschen heraus und gehen zum großen Gebäude, die Treppen hinauf und hinein.

Ich flitze hinüber zu der großen Grasfläche vor dem Gebäude. Viele Kleine spielen hier. Ich komme zu einem Baum und schaue nach oben, um zu sehen, ob Monster dort sind. Dann finde ich ein schattiges Plätzchen und lege mich dorthin. Mein Rücken tut weh, aber es fühlt sich gut an, aus der Sonne zu sein, das Gras zu riechen und weg von allen und jedem zu sein. Fast allen.

Ich beobachte die Kleinen, um zu sehen, was sie tun. Einige von ihnen laufen mit irgendwelchen Dingen in ihren Händen. Sie sehen aus wie kleine Flaggen und ab und zu fliegen diese Fähnchen in den Himmel hinauf, bleiben dort ein Weilchen und fallen dann wieder zu Boden.

Ich denke wieder an JoJo. Was würde er jetzt tun? Ich denke an den Ort, von dem ich herkomme. Wäre ich jetzt gern dort? Ich weiß es nicht. Ich weiß nicht, ob ich gerne ohne JoJo dort wäre. Ich glaube, ich wäre am liebsten auf dem Schiff. Mit Peggy und dem Kapitän, mit George und den anderen. Auf dem Schiff habe ich meinen Job und meine Freunde. Ich habe Spiele, die ich mit dem Kapitän und den anderen spiele, den Würfel und die kalten Sachen, die ich nicht sehen kann. Hier habe ich nichts. Hier ist es voll von furchterregenden Monstern und Schlangen. Ich fange an zu weinen.

Dann beginne ich zu kreischen. Dieses Geräusch habe ich noch nie gemacht. Einige der Kleinen hören auf zu spielen und sehen herüber. Das ist eine andere Art von Schrei. Eine, die ich noch nie von mir gegeben habe. Ich spüre, ich weiß nicht genau, ich spüre, dass ich die Monster, wenn ich sie noch einmal sehe würde, einfach nur zerkratzen würde, kratzen und kratzen. Was ist das für ein Gefühl? Ich schließe meine Augen und wünschte, ich wäre nicht hier. Ich versuche mir vorzustellen, dass das Gras unter meinen Füßen die Straße im Hafen daheim wäre, oder der kalte, harte Boden auf dem Schiff, auf dem meine und Peggys Pfoten das „Clack-clack"-Geräusch machen. Aber es funktioniert nicht. Ich weiß, wo ich bin. Ich bin hier, ganz allein, mit niemanden zum Kuscheln oder Spielen.

Ganz langsam öffne ich meine Augen. Die Kleinen spielen immer noch, alle glücklich, alle ganz froh. Ich aber bin überhaupt nicht froh. Ich weiß nicht, wo ich hingehen soll oder was ich tun soll. Wenn ich hier liegenbleibe und nachdenke, wird mir vielleicht ein Bild erscheinen und ich werde wissen, was ich tun soll. Ich denke nach und denke nach, aber es will kein Bild auftauchen. Vielleicht sollte ich in das Gebäude hineingehen? Aber warum? Ich schaue hinüber und zu den Autos, aus denen Menschen aussteigen. Dabei kommt mir vor, eine schwabbelige Gestalt zu sehen, die mir bekannt vorkommt. Sie schnüffelt um die Menschen herum und sieht auf das Gebäude hinauf. Warte einmal, diese Gestalt kenne ich doch! Natürlich kenne ich sie. Das ist Peggy! Die liebe alte, schwabbelnde, reizende, immer hungrige Peggy! Nun kann ich erkennen, dass sie mit Ginger und Atkins hier ist. Ich springe auf und renne, renne, schnell, schnell quer über den Park und hüpfe ihr fast auf den Rücken.

„JoJo! JoJo! Du bist hier!" Ich bin so voller Freude und Glück, dass ich einen Moment sogar vergessen habe, wer sie ist.

„Aber ja." Sie leckt mir das Gesicht ab. Ich quetsche mich unter ihren Bach hindurch und komme auf der anderen Seite wieder heraus. „Als mir die Jungs von diesem Raffles Hotel erzählt haben, dachte ich mir, dass ich mir das mal anschauen müsste.[41] Es ist schrecklich groß, nicht wahr? An genau so einem Ort würde ich gerne leben. Und dieser wunderschöne Garten. Oh mein Gott! Er ist genau so wie meiner zuhause."

Meiner Meinung nach hat dieser Garten gar nichts mit dem Meer gemeinsam, aber das ist ja auch egal, weil ich bin so froh, sie zu sehen. Dann tritt Peggy zurück und sieht mich genau an.

„Meine Güte, du siehst furchtbar aus."

---

[41] Ein Luxushotel im Kolonialstil, welches 1887 in Singapur gebaut wurde.

Ginger streichelt mich. „Ich dachte, du wärst mit George zusammen? Oh Mist, wie sieht denn dein Rücken aus?“

Aber mein Rücken ist mir total egal. Es ist mir auch egal, ob dieser Platz großartig ist oder nicht. Ich weiß nur, dass ich mich jetzt und hier sicher fühle und dass ich kein Abenteuer mehr erleben will. Jedenfalls nicht in nächster Zeit, nein danke. Während wir im Gras liegen, erzähle ich Peggy alles, was passiert ist. Sie weiß nicht, was die Monster gewesen sein könnten und glaubt mir zuerst nicht. Aber als ich ihr die Wunden auf meinem Rücken zeige, glaubt sie mir doch.

„Kampfspuren“, merkt sie an. Ich habe keine Ahnung, was sie meint. Es muss etwas mit meinem Rücken zu tun haben.

Als es dunkler wird, gehen wir zu einem Ort, der Change Alley genannt wird.[42] Ich sorge dafür, dass Ginger mich hochnimmt, und ich bleibe die ganze Zeit in seinen Armen. Nach Georges Armen der zweitbeste Ort. Er erklärt mir und Peggy alles, was wir beim vorbeigehen sehen, bis wir uns auf hölzernen Hockern niederlassen.

Ich beobachte einen Mann, der Essen für Ginger und Atkins zubereitet. Ginger erklärt mir genau, was der Mann macht. Er deutet auf die Kohle, einen Brenner, einen Grill und einige Spieße. Der Mann, der kocht, sticht das Fleisch auf die Spieße und legt sie auf den Grill. Sie zischen und brutzeln, als wären sie nicht glücklich darüber, gekocht zu werden. Bald steigt mir der köstliche Geruch in die Nase und bis in meinen Schwanz hinunter. Es heißt Satay, und sobald es nicht mehr zu heiß ist, koste ich es. Es ist das leckerste Essen, das ich je hatte, abgesehen natürlich von dem, das mir der Kapitän gegeben hat. Vielleicht haben die Monster geglaubt, ich wäre aus Satay gemacht?

Als wir mit dem Essen fertig sind und Change Alley verlassen, wird es dunkel. Die Lichter der Autos leuchten wie Augen und überall sind strahlende Lampen, an den Ständen und in den Geschäften. Ein bisschen kann ich noch den Kanal riechen, aber der Geruch des überall brutzelnden Essens ist stärker. Und ich schaue, ob die Monster irgendwo zu sehen sind. Nein, sind sie nicht. Puh!

---

[42] In den 1940ern war dies eine der vielen belebten Straßen in Singapur, voll mit Cafés, Ständen und Händlern, die ihre Waren verkauften. Jetzt ist sie Teil des Finanzdistrikts.

Wir halten an, um einigen Männern zuzuschauen, die Tücher um ihre Köpfe gebunden haben, genau wie der Mann, den George und ich zuvor gesehen haben. Einer der Männer hat eine riesige Schlange um seinen Hals. Vielleicht ist es dieselbe Schlange wie vorhin? Sie zischt. Ich mag das nicht und klammere mich noch mehr an Ginger. Aber ein anderer Mann schiebt Becher hin und her, das mag ich. Er versteckt etwas unter einem Becher, schiebt sie dann alle herum und wenn er den Becher anhebt, ist das Ding darunter verschwunden. Die brauen Männer mit den Tüchern um den Köpfen heißen Gulli-Gulli-Men und Ginger sagt, sie machen magische Sachen.[43]

„Was ist magisch?", flüstere ich Peggy zu.

„Magisch ist etwas, was man nicht erklären kann", sagt sie strahlend. „Manchmal ist es wunderbar und manchmal kann es auch beängstigend sein."

Ja, denke ich. Das Schiff. Und das hier. Das alles ist magisch.

---

[43] Ägyptische Unterhaltungskünstler

12/ Vollmondfieber

Der Kapitän ist krank. Ich habe nicht gewusst, was das bedeutet, als ich es jemand sagen hörte. Ich dachte, es heißt, dass man traurig ist, oder man nicht viel herumlaufen kann. Dann hat mir Peggy gesagt, dass es dasselbe ist, wie wenn einem unwohl ist, also hatte ich wohl irgendwie recht. Ich hatte schon Angst, bin auch hungrig und durstig gewesen, aber ich glaube, ich bin noch nie krank gewesen oder habe mich unwohl gefühlt. Es klingt so wie sich JoJo fühlte, bevor er aufgehört hat. Der arme Kapitän verbringt die meiste Zeit in seiner Kabine und liegt im Bett. Manchmal nennt er mich Monty statt Simon. Er will nicht mit mir den Würfel rollen oder mich streicheln. Sein Kopf ist immer heiß und er trinkt viel klares Wasser und nichts von dem braunen Zeugs.

Ich schlafe aber immer noch gerne in seiner Mütze. *Meiner* Mütze. Wenn die Matrosen nachts alle schnarchen oder wenn es zu heiß ist oder zu sehr stinkt, hüpfe ich von George herunter, gehe auf das Deck und schleiche mich in die Kapitänskabine. Ich höre, wie er hustet und sehe zu, wie kleine Wassertropfen sein Gesicht herunterrinnen. Manchmal lecke ich sie auf, aber nicht immer, weil sie schmecken sehr salzig. Genauso wie das Meerwasser, das manchmal hochspritzt und mich erwischt.

Manchmal fühle ich mich auch seltsam, aber ich glaube nicht, dass es daran liegt, dass ich krank bin. Ich bin eher glücklich als traurig und ich laufe immer noch gerne herum. Manchmal fühle ich mich wie damals, als ich mich im Garten des Raffles Hotels versteckte, nachdem ich vor den Monstern geflüchtet war. Ich fühle mich, als ob ich, ich weiß nicht genau, als ob ich noch schneller laufen, noch höher springen, noch lauter schnurren wollte. Ich rede mit Peggy darüber, aber sie weiß nicht, was ich meine. Manchmal habe ich das Gefühl, dass wir uns so nahe sind wie Bruder und Mädchen-Bruder, und dann kommt mir wieder vor, dass sie mich überhaupt nicht versteht.

„Wir sind wie Tag und Nacht, ein anderes Paar Schuhe, lieber Simon“, meint sie dann kichernd, wenn ich ihr wieder einmal erzähle, dass ich mich seltsam fühle. Das verwirrt mich dann noch mehr.

Wir sind gerade fertig damit geworden, die kleinen Leckereien am Heck zu verteilen. „Wird dir das nicht furchtbar langweilig mit der Zeit, mein Lieber?“, fragt Peggy, als ich mich hingesetzt habe und mich putze.

„Ich hätte mir niemals vorstellen können, das Ende meiner Tage als Sklave von miesen Ratten zu fristen."

Ein Sklave? Ende der Tage? Aber es ist noch lange nicht das Ende des Tages. Es muss erst noch heißer werden, dann kälter und dann Nacht.

„Was meinst du damit?"

„Der Kapitän hat dir aufgetragen, die Ratten zu töten, diese dreckigen Biester. Und stattdessen laufe ich ihnen nach wie .... wie ein altes Hausmädchen."

Sie sieht ein bisschen böse aus.

„Kannst du sie nicht, du weißt schon...? Hast du das nicht in dir?"

Ich weiß nicht, was sie meint, aber ich erkenne, dass ich etwas tue, was sie unglücklich macht. Oder etwas nicht tue. Sie hat noch nie zuvor so mit mir gesprochen.

„Es tut mir leid", sagt sie schließlich und leckt mich ab. „Ich fühle mich im Moment irgendwie eigenartig. Vielleicht werde ich auch krank, wie der Kapitän. Ich glaube, ich gehe besser zurück in meine Schachtel und genehmige mir ein kleines Nickerchen."

Oh je. Ich will nicht, dass Peggy so traurig ist und nicht herumläuft. Vielleicht sollte ich wirklich etwas tun. Oder es zumindest versuchen. Was ist besser? Den Ratten Futter zu geben, damit sie die Männer in Frieden lassen oder die Ratten ganz verschwinden zu lassen? Ich schlucke. Vielleicht sollte ich es versuchen, wirklich versuchen...

Nachdem ich in dieser Nacht mit JoJo gespielt habe, wir vor den furchterregenden Monstern weggelaufen sind und eine große Schlange ohne Augen uns hinterhergejagt hat, öffne ich meine Augen, gähne, springe von George herunter und flüchte vor dem Gestank. Ich gehe hinauf zum Bug, atme tief ein und schaue hinaus. Ich sehe die Sterne und kann gerade noch eine Wolke ausmachen. Sie scheint ein bisschen zu leuchten, als ob dahinter ein Licht brennen würde. Bis auf ein Licht, das aus der Brücke kommt, ist es hier oben komplett dunkel. Gut, ich mag es, wenn es dunkel ist. Denn ich kann trotzdem sehen, so gut sehen, wie ein, naja, wie ein Ich. Ich atme aus. Kann ich das wirklich tun? Ich will wirklich tapfer sein.

Ich laufe an Steuerbord, über das, unter jenes, die Treppen hinunter, in die Öffnung und ... hier hindurch. Ich stehe nun vor der Kombüse. Ich hebe etwas meinen Kopf an und schnuppere. Meine Schnurrhaare sind angespannt. Ich schnuppere noch einmal. Was war das? Oh, nichts, ich habe nur etwas von dem Essen gerochen, das ich und die Matrosen zuvor gegessen haben. Das war auch ziemlich lecker. Ich verstecke mich hinter einem Sack Mehl. Vielleicht sehe ich eine Ratte, vielleicht auch nicht.

Ich strecke meine Vorderbeine und fahre meine Krallen aus. Bin ich wirklich dazu bereit? Ich warte.

Ich rieche etwas, bevor ich es sehen kann. Ein Geruch, fast wie der Kanal in Singapur, aber nicht ganz so schlimm. Aber auch nicht sehr gut. Es riecht nach .... es riecht wie. Ja! Ich rieche eine Ratte. Eine rosa Nase, lange Schnurrhaare und rosa Beinchen laufen über das Regal genau über meinem Kopf. Sie kommen also immer noch hierher! Diese gierigen Biester.

Die Ratte springt hinunter auf den Boden. Sie hüpft hinüber, bleibt stehen und schnüffelt. Vielleicht kann sie mich auch riechen? Sie kommt direkt auf mich und den Mehlsack zu. Ich mache einen Katzenbuckel und bin bereit, mich auf sie zu stürzen. Meine Hinterbeine zittern ein wenig, aber ich bin bereit, bereit zu springen und die Ratte zu fangen. Bereit, meine Krallen in ihren Rücken zu bohren wie es die Monster bei mir gemacht haben. Ich strecke wieder meine Vorderpfoten, zucke noch einmal mit meiner Nase und den Schnurrhaaren und, und....

Ich kann es nicht tun. Meine Beine scheinen sich nicht bewegen zu wollen. Ich kann nicht springen. Die Ratte huscht davon, fiepend rennt sie durch die Türe, hinaus und weg. Ich sehe nach unten und starre auf meine Pfoten. Ist es das, was Peggy meint? Dass die anderen Ichs etwas haben, was ich nicht habe? Ja, da ist etwas, ein Etwas, das Dinge nicht aufhören lassen will. Wenn ich mein seltsames, neues Gefühl spüre, möchte ich manchmal ganz hoch in die Luft hüpfen oder Monster anspringen, die mich verfolgen, aber ich will nicht Chairman sein. Ich will ich selbst sein.

Ich schleiche wieder nach draußen, die Treppe hinauf und aufs Deck. Ein Stern zwinkert mir zu, blinzelt mich mehr als die andere an. Ich sehe ihn an und sehe ihn an.

„Pass auf, was du dir wünschst“, sagt eine mir wohlbekannte Stimme hinter mir. Es ist George, der sich gerade die Augen reibt. „Ich bin aufgewacht und habe mich gefragt, wo du bist. Dachte, du wärst vielleicht beim Kapitän."

Nein. Ich war ganz woanders. Ich habe meinen Job nicht richtig gemacht. Ich miaue leise.

„Oh, du klingst traurig. Komm her!" Er hebt mich hoch und drückt mich an sich.

Wir setzen uns aufs Deck. Ich schaue zu ihm hoch und dann an ihm vorbei. Die Wolke ist nicht mehr am Himmel, aber das große, runde Ding, das ich vorhin gesehen habe - ich weiß nicht, wie es heißt – ist da.

„Kannst du ihn sehen, Simon?", flüstert George. Warum flüstert er jetzt eigentlich? Es ist niemand außer uns hier. „Ich mag den Mond auch gerne, sehr gerne."

Ach, so heißt das. Der Mond. Was für ein schöner Name für ein schönes Ding. Ich weiß, man sieht ihn nicht immer. Manchmal vergesse ich, nach oben zu schauen, aber manchmal ist er wirklich nicht da. Dann wieder ist er hoch oben und klein oder weiter unten und groß. Manchmal sieht er so aus, als ob er angeknabbert wäre. Ich frage mich, warum das so ist. Aber George kann ihn sehen und kennt seinen Namen, dann sollte das doch bedeuten, dass es ihn wirklich gibt, auch wenn er nicht immer da ist. Vielleicht ist es Magie. Von der schönen Sorte.

„Weißt du, als ich noch sehr klein war", erzählt George, „hat mir jemand gesagt, dass der Mond ganz aus Käse wäre, und ich glaubte es fast bis an den Tag, an dem ich in die Navy eintrat." Er schmunzelt.

Käse. Peggy meinte doch, das wäre sie oder war es ich? Heißt das, dass der Mond voll von Ichs ist? Oder voll von Hunden?

„Woher wissen wir eigentlich, dass er nicht aus Käse ist?", fährt George fort. „Niemand ist je dort gewesen. Und ich vermute, es wird auch niemand je dort sein."

Ich schaue ihn an.

„Weißt du, manchmal kommt es mir so vor, als ob du jedes Wort, das ich sage, verstehen kannst." Er krault mich zwischen den Ohren. „Ich verrate dir ein Geheimnis. Wenn ich einsam bin und mein Zuhause vermisse, komme ich oft hierher aufs Deck und schaue den Mond an. Ich frage mich dann, ob alle daheim ihn genauso sehen können wie ich jetzt. Schauen sie ihn auch gerade an und denken an mich?“

Er blinzelt, streichelt mich wieder und ich schnurre. Für einige Zeit schauen wir beide hinauf zum Mond. Ich frage mich, ob George auch Bilder in seinem Kopf hat, von allen daheim, wie sie gerade ebenfalls zum Mond hinaufsehen. Dann überlege ich, wieviel Hunde oder Ichs wohl dort oben leben könnten.

George steht auf und macht sich auf den Weg Richtung Treppe. Ich wackle ein wenig mit dem Hintern und strecke meine Hinterbeine.

„Magst du nicht wieder mit reinkommen, Simon?“ Er sieht mich an.

Nein, mag ich nicht. Ich will weiter über den Mond und den Käse nachdenken. Ich möchte weiter überlegen, ob ich gut oder böse bin, weil ich mich nicht auf die Ratte gestürzt habe.

„Ok.“ Er setzt mich ab und verschwindet die Treppe hinunter.

Ich laufe ein wenig auf und ab. So, was bin ich eigentlich? Ich weiß, ich sollte eigentlich die Ratten aufhören lassen. Ich sollte, ich sollte. Peggy meint, dass man mit Ratten nicht vernünftig reden kann und sie wird wohl recht damit haben. Mao Tse Tung sagte, dass sie nicht mehr in die Kombüse gehen und sich dort bedienen würden, aber er sagte nicht die Wahrheit. Ich weiß nicht, was ich machen soll. Wenn wir ihnen weiter Fressen geben, dann ist Peggy unglücklich. Aber wenn wir es ihnen nicht mehr geben, dann könnten sie einfach noch öfter in die Kombüse gehen. Und wenn sie das machen, dann könnte es den Männern schlecht gehen. Vielleicht ist der Kapitän deswegen krank? Ich hoffe nicht.

Ich höre ein Geräusch von der Brücke. Es ist ein schreckliches, stöhnendes, wimmerndes Geräusch. Vielleicht wieder die Monster? Aber ich weiß, dass keines an Bord gekommen ist. Ich habe es überprüft. Was soll ich tun? Ich beschließe, die Treppen hinauf auf die Brücke zu laufen und nachzusehen.

Ich renne hinauf und hinein. Auf dem Boden liegt der Kapitän. Er sieht mich nicht, aber er macht wieder dieses fürchterliche Geräusch. Ich umkreise ihn, schnuppere an ihm. Er riecht nicht sehr gut. Ich ziehe ein wenig an seinem Arm, aber er lässt ihn einfach dort liegen. Ich renne wieder hinaus, die Treppen hinunter, die Bordwand entlang und ins Unterdeck. Ich springe geradewegs auf George, bringe mein Gesicht vor seins und schlecke seine Nase ab. Er bewegt sich ein wenig und ich schlecke weiter und weiter. Dann kratze ich ihn sanft und miaue.

Er öffnet seine Augen.

„Was ist los, Simon? Was hast du?"

Ich springe von ihm hinunter, drehe mich um und sehe ihn an.

Er schwingt seine Beine aus dem Bett und folgt mir nach draußen. Ich renne, renne, hinauf, hinauf zur Brücke. Als wir dort ankommen, sieht er den Kapitän offensichtlich zuerst nicht, denn er fragt: „Was, was ist los?"

Dann sieht George ihn.

„Du meine Güte!", ruft er aus und kniet sich neben den Kapitän. Seine Arme und Beine bewegen sich schnell und er tropft, tropft.

„Sir, Sir! Geht es ihnen gut?" George legt eine Hand unter den Kopf des Kapitäns und mit der anderen öffnet er dessen Augen. Der Kapitän macht wieder ein schreckliches, stöhnendes Geräusch.

„Sir, können Sie mich hören?" George gibt dem Kapitän einen leichten Schlag ins Gesicht. Das ist sicherlich nicht sehr nett. Aber der Kapitän öffnet seine Augen und hört auf zu stöhnen.

„Oh, oh. Ist mir schlecht", sagt er. „Wasser."

George eilt davon und ich laufe hinüber und reibe mich an der Hand des Kapitäns. „Ah, hier bist du. Guter Junge. Braver Junge. Ah. Urgh." Er streichelt mich ein wenig zu fest. Ich spüre, dass seine Hand ganz heiß und nass ist.

George kommt mit einem Krug voll Wasser zurück. Will er, dass ich mit den Dingern, die ich nicht sehen kann, spiele?

„So ist's gut, Simon. Lass dich vom Kapitän streicheln und pass auf, dass er nicht einschläft! Ich versuche, ihn etwas abzukühlen." Er tastet herum und findet schließlich etwas, das aussieht wie eine kleine Flagge, in seiner Tasche. Er taucht es in den Krug ein und betupft damit das Gesicht des Kapitäns. Dann verschwindet er wieder und kommt mit einem Glas zurück.

„Das habe ich in seiner Kabine gefunden.“ Er schwenkt es ein wenig und schüttet etwas Wasser aus dem Krug hinein.

„Hier, Sir. Trinken Sie das!“ George hebt den Kopf des Kapitäns etwas an. Dieser schafft es, einen Schluck des Getränks zu trinken, das George ihm an seine Lippen hält.

„Ich denke, Sie haben nur ein Fieber, Sir. Wenn wir zurück in Hongkong sind, werden wir einen Arzt holen, der Sie richtig untersucht.“

Hongkong! Von dort komme ich her. Fahren wir wieder dorthin zurück? Ich frage mich, ob es immer noch gleich aussieht wir früher. Oder ob es sich gleich anfühlt oder gleich riecht wie früher. Ich weiß, dass es nicht mehr dasselbe wie früher *sein* wird, wegen einer Sache natürlich. Will ich überhaupt von Bord gehen, wenn wir dort sind?

George tupft immer noch das Gesicht des Kapitäns ab und gibt ihm zu trinken. Er sieht nun etwas munterer aus und etwas weniger beängstigend.

„Wo bin ich?“, fragt er.

„Sie sind auf der Brücke, Sir. Sie müssen aus Ihrer Kabine gewandelt sein“, erklärt ihm George.

„Gütiger Himmel. Sicher nicht, nein. Diese verdammte Krankheit. Glauben Sie, dass Sie und Monty mich zurück in meine Kabine bringen können?“

„Aye, aye, Sir“, sagt George. Er schafft es, ihn halb hochzuheben, in seine Kabine zu ziehen und ihn in sein Bett zurückzulegen. Der Kapitän schläft noch schneller ein als Peggy.

„Gut, dass wir ihn gehört haben, was Simon?“, wendet sich George an mich. „Er könnte versucht haben, die Segel zu streichen, während wir noch vor Anker lagen.“

Das muss so etwas bedeuten, wie sich zu bewegen, nachdem man aufgehört hat. Ich weiß, dass das nicht wirklich möglich ist.

„Komm jetzt!", sagt George. „Ich denke, es geht ihm wieder gut. Du solltest bei mir bleiben für den Rest der Nacht."

Wir verlassen den kranken Kapitän, gehen aus seiner Kabine hinaus aufs Deck und trotten im Mondschein zurück ins Unterdeck.

Es riecht immer noch. Nach Käse, ein anderes Paar Schuhe wäre vielleicht kein Fehler. Wenn Peggy wieder munter ist, werde ich sie fragen, ob sie das damals so gemeint hat mit den Schuhen. Aber jetzt werde ich mal nur versuchen, mir die Nase mit meiner Pfote zuzuhalten.

13/ Bettelschale

Auf geht's in den Hafen von Hongkong! Damals war es mein Hintern, der auf Wiedersehen sagte, nun sagt mein Kopf Hallo! Ein Kopf, in dem jetzt viel mehr Dinge sind, mehr lange Wörter und viel mehr Bilder als zuvor. Furchterregende Dinge wie Monster und McCunnell und Schlangen, die größer sind als jene, die auf Stonecutters Island leben. Wunderbare Dinge wie Peggy und George und der Mond. Ich folge George rund ums Schiff und der Mond folgt mir. Er hat mich den ganzen Weg hierher begleitet.

Die Ratten sind immer noch auf dem Schiff, die Ratten, die ich .... loswerden muss. Ich habe Peggy erzählt, wie ich in die Kombüse gegangen bin und was dort passiert ist, aber sie hat nur ihren Kopf geschüttelt. „Ich will ja nicht sagen, dass ich es dir gleich gesagt habe, Simon, aber ja, nun, ich habe es dir ja gleich gesagt."

Ich muss mir also einen noch besseren Plan einfallen lassen oder tapferer sein, als ich es je war. Dem Kapitän geht es immer noch nicht besser. Er hat rote Flecken am ganzen Körper und auch viele andere Männer sind krank. Die Ratten müssen wohl irgendetwas mit ihnen machen. Mir geht es aber gut. Ich fühle mich nur manchmal – wie sagt Peggy – „sonderbar", obwohl ihr „Sonderbar" ist anders als meines. Sie möchte nur immer schlafen. Ich dagegen möchte dann immer herumhüpfen, kratzen und springen.

Als wir dorthin zurückfahren, von wo ich gekommen bin, kann ich den Hügel an der Steuerbordseite sehen. Er ist nicht mehr so grün wie damals. Seit ich weg bin, muss wohl der Bruder des Mondes, die Sonne, ihn gegrillt haben. Ich hoffe, sie hat auch andere Dinge, die auf dem Hügel leben gegrillt. Es schüttelt mich am ganzen Körper bei diesem Bild. Ich weiß, das ist sehr böse, aber es ist nicht annähernd so gemein wie eine richtig böse Sache. Diese Sache, die wirklich passiert ist, geht immer noch nicht weg. Meine Krallen bohren sich ins Deck und ich schließe die Augen.

Als ich sie wieder öffne, sehe ich, ja, ich sehe den Platz, an dem ich immer gespielt habe auf meinem Steg. Meine Nase zuckt bei dem Gedanken, wieder dorthin zurückzugehen. Die Stelle, an der ich immer auf die Menschen gewartet habe, die in ihren Booten zurückgekommen sind und mir ein paar Fische zugeworfen haben. Werden sie mich begrüßen, wenn ich wieder zurückgehen? Noch näher, näher! Nun erkenne ich den Ort, wo ich die Kleinen gesehen habe, die einen Ball in eine Schachtel geworfen haben.

Das Bild, das zu einem Plan wurde, der funktionierte. Ich lecke mich, freue mich, dass ich JoJo und die Kleinen gesehen habe, die mir dann geholfen haben, meinen Job zu tun. Dann höre ich auf zu lecken, als ich an die Ratte in der Kombüse denke.

Ich schaue nach oben, aber es sind keine Vögel zu sehen. Sie müssen alle zum Spielen weggeflogen sein. Komisch, dass ich sie auch damals nicht gesehen habe, als ich inmitten des großen blauen Nichts war. Es würde mich interessieren, wohin sie fliegen. Vielleicht nach Malaya? Ich glaube nicht, dass sie nach Singapur fliegen, nicht mit den ganzen Monstern, die dort sind. Es schüttelt mich wieder. Mein Rücken tut nicht mehr weh, aber ich muss meine Augen nicht sehr fest zudrücken, um daran zu denken, wie weh er getan hat.

Ich weiß nicht, warum wir nach Hongkong zurückgekommen sind und auch nicht, wie lange wir hierbleiben werden. Aber ich weiß, dass ich gerne von Bord gehen und ein bisschen herumlaufen würde. An einem Ort, den ich kenne, habe ich keine Angst. Einem Ort, von dem ich herkomme. Herkam. Naja, vielleicht ein bisschen Angst. Solange ich nicht auf den Hügel steige, wird alles in Ordnung sein, glaube ich. Vielleicht bleibe ich auch nur in der Nähe von George oder Peggy, dann kann mir nichts und niemand etwas anhaben. Ja, genau, das werde ich machen. Da kommt auch schon George.

„Du siehst aus, als hättest du dich verlaufen“, meint er lächelnd.

Natürlich hab’ ich mich nicht verlaufen. Ich weiß ganz genau, wo ich bin.

„Jimmy sagt, dass wir nur die Männer versorgen müssen und dann sind wir schon wieder unterwegs Richtung Malaya. Ich wette, du kennst jetzt selbst den Weg dorthin, nicht wahr?“

Es geht da hinaus, ins große Blaue und dann nach Backbord, nicht nach Steuerbord.

„Und ich wette, du kannst es auch gar nicht mehr erwarten, in dein altes Revier zurückzukehren“, sagt er und lächelt leise vor sich hin.

Solange du mit mir mitkommst. Wie sehr wünschte ich, ich könnte es ihm sagen.

Das Schiff hat jetzt angedockt und einige Matrosen sind gerade dabei, die große Zunge zu rauszuschieben. Sofort marschieren einige Männer herauf. Sie schauen nicht wie Seeleute aus. Sobald sie an Bord gekommen sind, legt Jimmy seine Hand an die Stirn.

„Ah, da ist er", bemerkt George und geht zu ihnen hinüber.

Einige Männer tragen dunkle Kleidung und einen Hut. Ein anderer ist ganz in weiß gekleidet. Er sieht sehr sehr schick aus. Sogar noch schicker als der Kapitän. Ein anderer Mann ist sehr groß. Er trägt eine Tasche und nickt heftig mit dem Kopf, während Jimmy mit ihm spricht. Ich frage mich, ob ich hinübergehen soll und Hallo sagen. Ich mache mich schon auf, aber dann bleibe ich doch stehen und sehe nur zu.

Da taucht Peggy auf. Ihr Schwanz ist zwischen die Beine geklemmt und ihre Zunge hängt heraus.

„Oje, oje, so ein scheußliches Wetter. Es ist so heiß, nicht wahr, Simon?" Sie sieht hinüber zu den Männern, die auf das Schiff gekommen sind.

„Ah. Doktor, Doktor, ich habe eine Filmrolle verschluckt", murmelt sie.

Was redet sie da? Ich kratze mich.

„Komm' morgen wieder", fährt sie fort und sieht mich an „Dann werden wir sehen, was sich daraus entwickelt hat."

Sie wälzt sich lachend am Boden und wedelt heftig mit dem Schwanz. „Du liebe Zeit", schnaubt sie. „Du hast aber schon gar keinen Humor."

Ich sehe sie an. „Peggy", flüstere ich. „Geht es dir gut?"

Sie hört auf sich zu wälzen und setzt sich auf. Ihr läuft etwas Spucke aus dem Mund. „Mach dir keine Sorgen, mein lieber. Ich bin nicht verrückt geworden, das war doch nur ein Witz." Sie hustet. „Ähm."

Was ist verrückt? Oder ein Witz?

„Das da ist ein Doktor. Er ist an Bord gekommen, um die Matrosen zu untersuchen und herauszufinden, warum sie alle so schwer krank sind“, erklärt Peggy.

„Sind es nicht die Ratten?“, frage ich und neige meinen Kopf auf eine Seite.

Ihr ganzes Gesicht scheint hinunterzufallen. „Ich weiß es nicht. Ich habe sie schon öfter krank gesehen, aber noch niemals so. Diese scheußlichen roten Flecken haben sie noch nie gehabt. Was immer es auch ist, ich hoffe, wir werden es uns nicht einfangen.“

Nein, ich fange nicht gerne etwas ein. Aber ich dachte, Peggy würde das mögen.

„Möchtest du mit mir mitgehen und sehen, wo ich herkomme?“, frage ich. Peggy ist etwas weiter von mir weggegangen, um sich im Schatten niederzulassen, weit weg vom hellen Licht der grellen Sonne, die auf das Deck brennt.

„Oh nein, es ist viel zu heiß für mich.“

„Bitte Peggy!“, miaue ich. „Ich möchte es dir zeigen.“ Ich möchte nicht gerne zugeben, dass ich auch etwas Angst habe.

„Nuuun, ich nehme an, ich könnte mitkommen. Gibt es dort auch etwas zu essen?“

Ich nicke, obwohl ich mir nicht ganz sicher bin.

„Und zu trinken?“ Ihre Zunge hängt noch mehr heraus.

„Ja, ich bin mir sicher, dass wir auch etwas zu trinken finden werden.“

„Also gut.“ Sie steht auf, ihr Bauch schwabbelt. „Geh du voraus!“

Ich flitze über das Deck, springe die Zunge hinunter an Land und warte auf Peggy. Sie trottet herab und rutscht dabei ein wenig herum. „Uuups, rutschig heute.“

„Komm schon! Hier entlang!", sage ich zu ihr. Es fühlt sich gut an, meine Pfoten wieder auf einen Ort zu setzen, den ich kenne.

Ich renne und renne den Kai hinunter, das Wasser auf meiner Steuerbord-Seite. Dann bemerke ich, dass Peggy mir nicht mehr folgt, und ich werde langsamer. Sie muss beim Vorbeigehen immer an allem schnüffeln. „Komm schon, beeil dich!", denke ich mir. Während ich auf sie warte, eilen viele Menschenbeine an mir vorbei. Ich hatte schon vergessen, wie viel hier immer los ist. Ich habe mich geirrt. Hier ist genau gleich viel los wie in Singapur.

Ich sehe auf das Wasser hinaus. Auf die Sampans und die festgemachten Dschunken. Es scheinen auch mehrere große Schiffe in den Hafen einzulaufen. Viel mehr als ich das letzte Mal hier war, als ich weggegangen bin, oder besser als ich mit George weggeflogen bin. Es ist ein komisches Gefühl, wieder hier zu sein. Ich nehme an, damals hatte ich zu viel Angst, um auch nur an solche Sachen zu denken, zitternd und verschreckt in Georges Arm. Nun zeige ich meinem besten Freund, wo ich herkomme. Einem meiner besten Freunde.

Peggy kommt endlich zu mir, ihre Zunge hängt heraus. „Ich muss etwas trinken. Wo würdest du empfehlen?"

Wir trotten durch eine Gasse. Hier ist es kühler, aber es ist immer noch sehr viel los. Viele Menschen gehen in Geschäfte, aber sie bemerken uns nicht, alle sind mit sich selbst beschäftigt, kaufen ein, reden, lachen und lächeln. Wir sitzen eine Zeit lang vor einem Laden, aber es hat keinen Sinn, niemand bleibt stehen und füttert uns.

„Äh, hm." Peggys Ohren hängen runter. „Wir müssen wirklich etwas tun, Simon. Hier, gehen wir da entlang!"

Was? Was soll das? Nun führt sie *mich* herum. Wir biegen in eine andere Gasse. Ich kenne sie natürlich, aber ich war schon seit ich ein sehr kleines Ich war nicht mehr hier. Ich weiß, dass der nicht mehr so grüne Hügel weit weg ist, also keine Gefahr von Du-weißt-schon-wem.

Wir kommen zu einem großen Geschäft. Ich sehe viele Gläser und Dosen, die im Inneren aufgestapelt sind. Draußen sind grüne, rote und gelbe Sachen in Kisten ausgestellt. Sie riechen sehr frisch und sauber, aber trotzdem würde ich sie nicht gerne kosten wollen. Ein buntes Ding, so ähnlich wie eine Flagge, aber doch keine Flagge, hängt über dem Geschäft, damit alle Dinge draußen im Schatten sind. Um sie kühl zu halten, denke ich. Peggy bleibt stehen und sieht zum Eingang hinauf.

„Ah, das ist der Laden“, sie dreht sich zu mir um und lächelt. „Folge mir, lieber Simon, und mache genau das, was ich tue!“

Peggy trottet in das Geschäft setzt sich gegenüber der Türe hin. Ich setze mich neben sie, direkt neben ihren Hintern. Dann aber besinne ich mich und gehe vorsichtshalber auf die andere Seite. Wir schauen nach oben und sehen, wie die Chefin hinter dem Ladentisch steht und gerade mit einem anderen Menschen redet. Dann blickt sie zu uns beiden hinüber, aber sie macht nicht „Tsch, tsch!“ Stattdessen lächelt sie Peggy an, und diese wedelt sogleich mit dem Schwanz, lässt ihre Zunge heraushängen und gibt ein leises Wimmern von sich. Ich starre sie an und bemerke, dass ihre Augen ganz groß geworden sind. Größer als ich sie je gesehen habe.

Ich miaue ein wenig und versuche, meine Augen auch wie ihre aussehen zu lassen, aber es gelingt mir nicht richtig.

„Gib noch einen Laut von dir!“, flüstert Peggy mir zu, also miaue ich noch einmal, aber es wird von ihrem noch lauteren Winseln übertönt. Nun kratzt sie auch noch mit den Pfoten am Boden.

Der Mensch steigt über uns beide hinüber und hält eine braue Papiertüte in der Hand. Peggy sieht zu, dass sie aus dem Weg geht.

„Guter Hund“, sagt der Mensch und geht weg.

Peggy sieht mich an. „Mach weiter!“

Ich miaue wieder, diesmal so wie damals, als ich JoJo dazu bringen wollte, mit mir zu spielen.

Die Chefin ruft uns. „Ist schon gut, ich kann dich ja sehen. Und du hast auch noch einen Freund mitgebracht.“ Peggy wedelt wieder mit dem Schwanz und schlägt damit auf den Boden. Bumm, bumm, bumm. Die Chefin kommt zu uns herüber und bückt sich.

„Wo bist du gewesen?“ Sie krault Peggys Kopf. „Wann wirst du denn mal hierbleiben? Hast du Durst?“ Peggy wedelt noch schneller mit dem Schwanz und ich schmiege mich an das Bein der Chefin. Rundherum und rundherum reibe ich mich und mein Schwanz ragt dabei in die Höhe. Die

Chefin lacht und krault auch meinen Kopf. Noch ein Miau von mir und ein weiteres Winseln von Peggy folgen.

Die Chefin verschwindet und kommt kurz darauf mit zwei Schalen wieder, eine rote und eine andere. Ich weiß nicht genau, welche Farbe das ist. Sie stellt eine vor mich hin, die andere vor Peggy. Gleichzeitig stecken wir unsere Köpfe hinein. Schlabber, schlabber, schlabber. Peggy sieht mich während des Geschlabbers kurz an und lächelt.

Bald haben wir alles getrunken. Es war nur Wasser, aber ich hatte ganz vergessen, wie gut das schmeckt, wenn man richtig durstig ist. Dann steht Peggy auf, geht weg von der Schale und rollt sich mühsam auf den Rücken. Ihr rosa Bäuchlein plumpst auf eine Seite, während sie versucht, ihre Beine in die Höhe zu strecken. Es sieht nicht gerade sehr schön aus, aber es muss wohl das bewirken, was Peggy wollte, denn die Chefin kommt mit noch zwei Schalen wieder, diesmal mit deftigem Futter darin. Wieder stellt sie eine vor mir hin, die andere vor Peggy. Mir steigt ein vertrauter Geruch in die Nase, ich halte meinen Kopf ganz nah an die Schale, die sie mir gegeben hat, und probiere.

Oh mein Gott, es ist dasselbe Futter, das der Kapitän mir gegeben hat. Whisky. Ich denke immer noch, dass das ein dummer Name ist, aber es ist immer noch das leckerste Essen aller Zeiten. Ich frage mich, ob Peggy wohl das Gleiche wie ich bekommen hat, deshalb versuche ich, ihren großen Kopf aus dem Weg zu drängen, damit ich daran schnüffeln kann. Es riecht nicht gleich. Peggy ist so mit Essen beschäftigt, dass sie mich sogar ein wenig anknurrt. Sie muss wohl vergessen haben, dass ich es bin.

Ich kaue und esse und schlucke. Kauen, essen, schlucken. Peggy hat ihres bereits aufgegessen und steckt ihren Kopf in meinen Napf, um etwas von meinem Futter zu ergattern. Ich haue sie mit meiner Pfote. He! Weg da! Ich esse nun schneller. Mir ist sogar ein wenig schlecht, aber das ist mir egal. So. Alles weg. Dann schlecke ich die ganze Schale aus und schließlich lasse ich meine Hinterbeine ein bisschen ausruhen und setze mich hin. Manchmal lasse ich etwas von dem Futter übrig, aber wenn ich an einem neuen Ort bin, und ich nicht weiß, ob ich noch mal zurückkomme, esse ich lieber alles auf einmal.

Peggy lächelt mich wieder an. „Lecker, lecker. Gut, was gibt es als Nachspeise?“

Die Chefin hebt unsere leeren Schalen vom Boden auf. „Ihr zwei seid ja sehr hungrig. Bekommt ihr dort, wo ihr lebt, nichts zu essen? Oje, oje."

Sie streichelt uns beiden über den Kopf und ich versuche, mein schönstes Lächeln zu zeigen. Peggy leckt ihre Hand ab.

Wir trotten aus dem Laden.

„Dieser Ort heißt ....", beginne ich zu sagen.

„Ja, Lane Crawford. Ich weiß", antwortet Peggy.

„Aber woher weißt du...?" Ist sie magisch?

„Wir Hunde wissen solche Dinge. Außerdem war ich schon mal hier. Schon sehr oft. Ich finde, es ist nun Zeit, sich etwas aufs Ohr zu legen", sagt sie und gähnt. Und dann rülpst sie.

Wir biegen wieder in eine Gasse ein, dann in eine andere und gehen so dahin, bis wir einen Teil des Hafens erreichen, den ich kenne.

„Lass mich dir jetzt zeigen, wo ich gelebt und gespielt habe." Ich knabbere an Peggys Bein. „Hier entlang..."

„Oh nein, ich bin jetzt viel zu müde dafür. Ich denke, ich gehe einfach aufs Schiff zurück und mache ein schönes Nickerchen", antwortet sie.

„Komm schon, Peggy. Bitte!"

„Wirklich Simon, nein. Ich habe mehr als genug von diesem Platz gesehen, danke dir. Und obwohl ich mir sicher bin, dass es dort sehr nett ist, gibt es doch nichts Schöneres als ein feines Nickerchen im Stauraum, wo durch den Motor die perfekte Temperatur herrscht", meint sie

„Na gut." Ich schaue ein bisschen traurig. „Kennst du den Weg?"

„Ja, es geht hier entlang." Sie macht sich auf den Weg, aber ich packe sie wieder an ihrem Hinterbein.

„Nein, es geht da lang. Willst du, dass ich dich zurückbegleite?"

„Natürlich nicht, Simon. Wofür hältst du mich?“ Und sie macht sich wieder auf den Weg, sogar noch langsamer als vorher, als wir das Schiff verlassen haben. Ich beobachte, wie ihr Hintern und ihr Schwanz inmitten all der Menschen verschwinden, und dann biege ich nach Backbord ab und laufe am Rand des Hafens und der See entlang. Wenigstens muss ich nicht darauf warten, dass mir jemand einen Fisch zuwirft. Ich bin viel zu satt.

Ich hüpfe über einige Seile und laufe um einen Karren herum. Ein bisschen hoffe ich, dass jemand „Hey Simon!“ ruft, aber dann fällt mir ein, dass ich noch nicht Simon genannt wurde, als ich hier lebte. Dann denke ich an Chairman. Was, wenn er sich hier herumtreibt? Oder das graue Ich, das mich und Uboat belauscht hat und dann zu Chairman gelaufen ist und ihm alles erzählt hat? Vielleicht ist es das Beste, wenn ich Peggy folge und aufs Schiff zurückgehe, wo es mir gut geht und ich sicher bin?

Soll ich mutig sein oder nicht mutig sein? Ich weiß es nicht. Ich sehe zu den Schiffen, die hereinkommen und zu den Booten, die festgemacht sind. Vielleicht sollte ich es so machen, wie der Kapitän mit dem Würfel. Aber ich habe keinen Würfel. Jetzt sehe ich ein kleines Boot hereinkommen, aber ich kann noch nicht sagen, ob der Mensch darin ein Mann oder eine Frau ist. Wenn es ein Mann ist, werde ich zurück aufs Schiff gehen, bei einer Frau werde ich tapfer sein und zu dem Steg gehen, wo ich immer gespielt habe.

Ich schaue auf die Sonne, die im Wasser glitzert, suche mir einen Platz im Schatten, wo es weniger heiß ist und starre weiterhin auf das Boot. Es schaukelt auf und ab und fährt zwischen zwei anderen Booten hindurch. Der Mensch wirft etwas über die Bordwand. Es kommt näher und näher, bald kann ich erkennen, was für ein Mensch das ist. Noch ein bisschen näher, und ja, es sieht so aus, als ob ich zurück zum Schiff gehe, denn es ist ein .... Oh nein! Es ist eine Frau!

Ich schlucke kurz und stehe auf. Raus aus dem Schatten und ins Licht, dann drehe ich mich nach Backbord und husche hinter eine Kiste. Ich gehe über die Straße und verstecke mich hinter einem Autoreifen. Ich schaue mich immerzu um, aber da ist kein Ich, es gibt hier nur mich. Ich laufe und sehe mich weiter um, bis ich endlich zu meinem Steg komme. Ich finde sogar den Platz, wo mich George hochgenommen hat. Es sieht immer noch gleich aus. Ich komme zu der sonnigen Stelle, wo ich mich immer versteckt habe. Es fühlt sich komisch an, wieder hier zu sein. Wieder an diesem Platz, den ich glaubte, niemals zu verlassen und dann niemals mehr wiederzusehen. Ich bin glücklich, dass ich so tapfer war, hierherzukommen, aber gleichzeitig auch traurig, dass.... jemand nicht hier ist und ich ihn nie wiedersehen werde. Schon komisch, wie man ganz verschiedene Dinge zur selben Zeit fühlen kann.

Wie heißt das gleich? Gegenteil. Oh ja, ich erinnere mich daran, dass Peggy mir das sagte, als ich sie wegen dem Käse und der Kreide fragte. So fühle ich mich jetzt. Ich fühle mich gegenteilig. Und satt. Und ein wenig aufgekratzt.

Wäre ich tapfer genug, für immer hierzubleiben und nicht mehr auf das Schiff zugehen? Vielleicht könnte ich einfach hierbleiben und vorgeben, dass George und Peggy und alle anderen nicht wirklich gewesen sind? Nein, das könnte ich nicht tun. Das würde ich nicht tun wollen. Überhaupt nicht. Hier mag der Ort sein, von dem ich herkomme, aber ich weiß, dass das Schiff der Ort ist, an dem ich sein will.

Ich gähne, strecke mich und lächle. Es ist recht windig. Alles, was ich riechen kann, ist die salzige Luft. Es ist schön, hier zu sein, aber es wird noch schöner sein, wieder auf das Schiff zu gehen.

Hinter mir höre ich plötzlich eine raue Stimme.

„Was machst *du* hier?“

14/ Das Beste, was einer Katze passieren kann

Meine Schnurrhaare stehen gerade heraus. Meine Nase zuckt und sucht nach einem Geruch in der Luft. Langsam drehe ich meinen Kopf, mein ganzer Körper ist angespannt. Bin ich bereit, wegzuspringen oder vorzupreschen und zu kratzen, wenn es nötig ist? Ich drehe mich um, zitternd und bereit, ein großes, böses, graues Ich mit einem grünen Auge zu sehen .... das nicht da ist.

Stattdessen begrüßt mich ein herumspringender-auf-seinen-Schatten-hüpfender-oh mein-Gott-es-tut-so-gut-ihn-zu-sehen ....Uboat!

„Hallo Uboat!" Ich springe auf ihn. „Du wirst nicht glauben, wo ich gewesen bin. Ich war auf einem Schiff, habe einen Hund kennengelernt und bin in Singapur von Monstern gejagt worden. Ich war dort, aber nicht in Malaya. Ich muss Ratten verjagen ...."

„Ist schon gut, mach mal langsam!", sagt er lachend.

Dann schaue ich an ihm vorbei. Ganz oben auf der Treppe entdecke ich ein wunderschönes weißes Pelzchen. Als es die Stufen hinunter- und auf mich und Uboat zukommt, rieche ich einen Duft, der mir geradewegs in die Nase steigt und mir die Augen und den Kopf verdreht. Es ist Lilette, die sogar noch fülliger und schöner aussieht als früher. Lilette, das einzige andere nette Ich an dem Platz, von wo ich herkomme – oder besser herkam – ist hier, ist jetzt hier. In meinem Kopf dreht sich immer noch alles.

Ich warte, bis mein Kopf und die Bilder darin wieder klar sind und atme aus.

„Hi Lilette", sage ich zu ihr, während sie uns beide schnell beschnuppert. „Hallo", antwortet sie. „Ich bin mir nicht sicher, ob ich deinen Namen schon mal gehört habe."

„Ich heiße Simon", entgegne ich. Ich bin immer noch etwas schüchtern, wenn sie da ist, vor allem, wenn ich ihr meinen Namen sage. Sogar Uboat sieht mich komisch an, als ich ihr antworte. Ich bin mir sicher, dass meine Stimme etwas höher klingt als sonst. Das ist das erste Mal, dass ich Hallo zu ihr sage und sie es auch tut. Ich hoffe, ich klinge nicht so dämlich wie ich glaube zu klingen.

„Du musst aber in dieses Ohr reinreden, ich bin am anderen taub. Und bitte sag nicht ‚Entschnurrdigung', das hab ich alles schon mal gehört." Sie fletscht ihre Zähne, aber ich weiß, dass sie das nicht so wie diese Monster meint. Ihre sind sehr schön. „Ich habe dich einige Zeit nicht gesehen. Wo bist du gewesen?"

Ich erzähle Lilette und Uboat die ganze Geschichte, alles über Chairman und JoJo und George. Dabei achte ich immer darauf, dass ich mich auf ihrer Steuerbordseite befinde, damit sie alles gut hören kann, was ich sage.

„Armer JoJo", miaut Uboat und Lilette schaut auch traurig drein.

Ich erzähle ihnen von der Amethyst und Peggy und von den Ratten, von McCunnell und dem Kapitän. Ich gebe mir Mühe, mich in den furchterregenden Stellen etwas mutiger darzustellen, aber ich bin mir sicher, Uboat merkt genau, dass ich ein bisschen übertreibe.

„So, da bist du also gewesen", sagt Uboat und leckt mich ab. „Ich habe dir doch gesagt, dass es auf Schiffen Spaß macht."

„Meistens", antworte ich und stupse ihn mit meiner Pfote an.

„Ich habe hier ein paar Nickerchen und Schläfchen gemacht, während ich auf dich gewartet habe. Lilette sagte, sie hätte dich schon eine Weile nicht mehr gesehen."

Lilette hört für einen Moment auf, sich zu putzen und schaut auf. „Aber jetzt weiß ich ja, wo du gewesen bist", sagt sie lächelnd. „Du hast eine Menge Abenteuer erlebt."

„Und was hast du so gemacht?", frage ich sie. „Wo ist Chairman?"

Lilette erzählt mir von den Orten, an denen sie gerne spielt. Von einem netten Mann und einer netten Frau, die ihr zu essen geben und wohin sie deshalb jeden Tag geht. „Chairman habe ich jedoch schon lange nicht mehr gesehen. Ich denke, er ist wahrscheinlich weg", sagt sie nach einiger Zeit. Ich frage mich, ob sie damit meint, dass er richtig weg ist oder nur nicht mehr hier.

Dann kommt Uboat an die Reihe und erzählt mir, wo er gewesen ist. Von einem großen Sturm und dass sie irgendwohin fahren mussten, um das

Schiff reparieren zu lassen. „Aber ich bin sicher, du wirst mir zustimmen“, sagt er am Ende. „Es ist viel aufregender, die Abenteuer selber zu erleben als nur von ihnen erzählt zu bekommen.“

Er hat recht. Früher habe ich gern seinen Geschichten zugehört, aber jetzt macht es noch viel mehr Spaß, weil ich die Dinge, über die er spricht, besser verstehe und selbst viele Geschichten zu erzählen habe. Ich habe Geschichten und viel zu berichten. Das klingt sehr lustig.

Wir sitzen noch eine lange Zeit zusammen, genießen die warme Sonne und unser Zusammensein im Wissen, dass Chairman nirgendwo zu sehen ist.

„Ich frage mich, wo Chairman abgeblieben ist“, sage ich nochmal zu Lilette.

„Ich weiß es nicht und es interessiert mich auch nicht“, antwortet sie. „Aber es ist schön, auf dem Hügel zu spielen und zu wissen, dass man nicht weggejagt wird.“

„Ich würde ihn wegjagen, wenn ich ihn wiedersehen würde“, sagt Uboat und stupst mich mit seiner Pfote an. Aber ich weiß, dass er das nicht so meint.

„Wollt ihr was essen gehen?“, fragt uns Lilette.

„Nein, danke“, antwortet Uboat. „Mein Schiff wird bald abfahren und ich weiß, dort wird köstlichstes Futter auf mich warten.“

Während wir zusehen, wie der Himmel immer dunkler wird, kommen weitere Schiffe in den Hafen.

„Es wird eine Flottillen Regatta stattfinden“, sagt Lilette stolz, als hätte es etwas mit ihr zu tun.[44]

„Was ist das?“, frage ich sie. Uboat hat auch noch nie davon gehört.

---

[44] Gegen Ende 1948 nahm die Amethyst an einer Regatta in Hongkong teil.

Wir warten darauf, dass sie es uns sagt. Schöne Lilette, die auch sehr schlau sein muss, denn sie kennt Dinge, von denen nicht einmal Uboat je gehört hat.

„Ich weiß es nicht“, sagt sie, und ich und Uboat müssen beide lachen. Ich ein wenig mehr als Uboat.

Das Hupen eines Schiffshorns tönt durch den Hafen. „Das gilt mir“, sagt Uboat lachend. „Naja, es gilt eigentlich nicht mir, aber ich weiß, dass ich gehen muss.“ Er steht auf. „Lilette, es war schön, dir über den Weg zu laufen, und es war so wunderbar, *dich* wiederzusehen.“ Er stupst meine Nase an. „Aber ich wusste es doch, das tun wir doch immer.“

Uboat springt weg. Ich sehe ihm zu, wie er die Treppen hinaufläuft, hinunter, herum und weg ist er. Ja, wir sehen uns immer wieder.

Lilette steht auf und kommt etwas näher zu mir rüber. Ich fühle mich langsam wieder etwas seltsam. Als ob ich geradewegs ins Wasser springen und hinüber zum Schiff schwimmen könnte. Ich spüre, wie mein Herz unter meinem Fell klopft. Sogar mein Mund ist trocken, deshalb lecke ich mir die Lippen. Vielleicht bin ich nur hungrig?

„Was ist mit dem netten Mann und der netten Frau?“, frage ich sie schließlich. „Meinst du, wir könnten sie besuchen gehen?“

„Was für eine tolle Idee“, sagt sie lächelnd. „Komm, gehen wir!“

Und so springen wir gemeinsam die Treppen hoch, laufen über die Straße, eine der Gassen hinunter, rennen hoch hinauf und weg vom Hafen. Wir kommen zu einem staubigen Weg und laufen ihn entlang. Ich bemerke, dass Lilette etwas Staub an ihrem schönen weißen Fell am Bauch hat.

„Du musst dich dann putzen“, sage ich lächelnd zu ihr.

„Oh, mach dir darüber keine Sorgen“, antwortet sie. „Warte nur, bis wir dort sind.“

Wir kommen zu einem Haus, das mit einem Zaun umgeben ist. Lilette zwängt sich durch einen Spalt und ich folge ihr. Ich denke nicht, dass Peggy es geschafft hätte, sich hier durchzuquetschen. Es ist sehr winzig. Sogar ich bin nur knapp durchgekommen. Wir stehen nun auf einer kleinen

Wiese und ich schnuppere erstmal. Es riecht nach Vögeln und Blumen. Ich kann aber keine anderen Ichs oder Hunde oder so etwas erschnüffeln.

„Gefällt dir dieser Garten?", fragt Lilette, als ich hier stehe und alles in mir aufnehmen.

„Ja, aber es sieht immer noch gar nicht aus, wie das Meer." Sie schaut mich etwas verwirrt an, während ich weiterschnuppere. Ein kleines schwarzes Ding erscheint aus dem Nichts und fliegt um meinen Kopf herum. Als es versucht, auf meiner Nase zu landen, schüttle ich den Kopf. Es macht ein lustiges summendes Geräusch und ich versuche, darauf zu springen und es zu fangen.

„Was machst du da?", fragt mich Lilette schnurrend. „Hast du noch nie eine Fliege gesehen?"

So heißen die also. Genauso wie das, was sie tun. Als wir an eine Tür gelangen, miaut sie. Es wird geöffnet und ein Mensch sieht auf uns beide herab.

„Hallo, hallo. Wo bist du denn gewesen?", fragt die Frau. „Und meine Güte, wer ist das?"

Mein Schwanz richtet sich steil nach oben auf und ich lasse mich von ihr streicheln. Sie trägt ein sehr schönes Kleid und sie riecht noch mehr nach Blumen als es die Blumen selbst tun.

Lilette und ich folgen der Frau und wir laufen über einen gefliesten Boden hinein. Die Dame stellt zwei Schalen vor uns hin und füllt sie mit Futter. Es schmeckt gut, aber nicht so gut wie das magische Futter vom Kapitän oder der Chefin im Geschäft. Ich esse es trotzdem. Soll ich nun etwas übriglassen oder alles gleich verspeisen? Auf dem Schiff wüsste ich, dass ich etwas zurücklassen kann, aber hier glaube ich das nicht, also esse ich alles auf. Auch wenn ich mir sicher bin, dass ich gerne auf dem Schiff bin, mag ich doch Orte wie diesen. Orte, an denen ich etwas zu essen bekomme und dann einfach auf Entdeckungsreise gehen kann, wenn ich mich mutig fühle. Peggy sagt, ihr ist es viel lieber, nur von einem Menschen gefüttert zu werden und ihm überall hin zu folgen. Ich bin da anders, ganz das Gegenteil. Schon wieder dieses Wort.

Als wir beide fertig gegessen haben, und uns die Frau etwas Wasser zum Trinken hinstellt, kommt ein Mann herein. Er nimmt Lilette hoch. Ich denke schon, dass sie ihn kratzen wird, aber das tut sie nicht. Sie lässt sich von ihm in einen anderen Raum tragen. Ich folge ihnen und schaue, was passiert. Die Frau ist hinter mir. Der Mann hat einen sehr kleinen Besen bei sich, viel kleiner als jene, die die Matrosen am Schiff verwenden. Wird er uns etwa zum Putzen zwingen wollen? Ich dachte, nur Frauen nehmen diese Dinger her, um draußen sauber zu machen. Oh, und die Männer auf dem Schiff natürlich. Ah, jetzt verstehe ich. Er streicht damit über Lilettes Rücken und bürstet und bürstet und bürstet sie, bis sie wieder ganz sauber ist. Ihr ganzes Fell stellt sich auf, als er den Staub von ihrem Bauch bürstet. Er putzt sogar ihre Pfoten mit einem Tuch. Ich denke, ich würde niesen und sie wegziehen, wenn das jemand mit mir machen würde.

Endlich hört der Mann auf, Lilette zu bürsten.

„So, das hätten wir. Sieh dich nur an!"

Lilette hüpft von seinen Knien hinunter. Sie sieht zauberhaft aus.

„Was ist mit dir?", sagt der Mann zu mir. „Möchtest du auch mal schön durchgebürstet werden?"

Ich stehe da und starre ihn an. Ich mag irgendwie nicht zu ihm hinübergehen.

Lilette blickt mich an. „Geh schon", sagt sie nickend. „Bist du noch nie gebürstet worden?"

Nein, bin ich noch nie. Ich putze mich lieber selbst. Ich weiß nicht, ob ich möchte, dass das ein Mensch für mich tut. Putzen sich die Menschen etwa gegenseitig, frage ich mich.

Die Frau sieht zu mir herunter und lächelt. „Es fühlt sich ganz wunderbar an." Vielleicht bürsten sich die Menschen wirklich gegenseitig ... wie eigenartig.

Und so krieche ich langsam zu dem Mann hinüber. Er klopft auf sein Knie. Ich sehe kurz zu Lilette und hüpfe dann auf ihn. Ich spüre seine Hand auf meinem Rücken und dann fühlt es sich so an, als ob ich unter etwas durchlaufen würde, denn es kratzt von oben nach unten. Mag ich das? Zuerst mal nicht. Es tut weh. Er muss über meine ... Kampfspuren, wie Peggy sie nennt.. gebürstet haben, denn es sticht. Dann muss der Mensch sie gesehen haben, denn er sagt: „Autsch, armes kleines Ding. Wer hat dir das angetan?"

Er hört auf, meinen Rücken zu bürsten und bearbeitet nun meinen Bauch. Dann bürstet er meine Vorder- und Hinterbeine. Manchmal muss er recht fest bürsten und ziehen. „Du hast einige Knoten hier drin“, sagt er. „Bist du ins Meer gefallen?“ Ich sehe einige Haare von mir in der Bürste. Ich hoffe, er bürstet sie mir nicht alle aus.

Er bürstet mir über den Kopf und ich kann spüren, wie sich mein Fell aufstellt. Ich denke, ich putze mich ehrlich gesagt lieber selbst, aber ich möchte vor Lilette mutig dastehen.

„Das war's“, sagt der Mann nach einer Weile und legt die Bürste weg. „Du hast anscheinend ein paar Kriege hinter dir, aber nun bist du wieder fit wie ein Turnschuh.“

Ich weiß zwar nicht, was Kriege sind, aber ich weiß ganz genau, dass ich mit einem Schuh rein gar nichts gemeinsam habe.

Ich fühle mich so leicht. Ganz sauber und flauschig. Ich hoffe, dass ich auch so gut aussehe wie Lilette.

Wir trotten durchs Haus, auf Fliesen und auf etwas, was sich so anfühlt wie Fell. Als wir an die Türe kommen, miaut Lilette. Die Frau ist uns gefolgt und meint: „So, ihr wollt wieder nach draußen gehen? Ok, also dann...“ Sie öffnet die Türe und lässt uns beide hinaus.

Wir laufen quer über den Garten, zwängen uns durch den Spalt hindurch und sind schon wieder auf der Straße. Es ist nun schon dunkler geworden, aber die Sterne leuchten von oben. Wir rennen um eine Ecke und kommen an einen Platz, von dem aus man den Hafen überblicken kann. Ich sehe all die Schiffe. Ich glaube, ich kann sogar die Amethyst entdecken. Ich erkenne die Rettungsboote am Heck und das Flaggendeck. Ich zeige es Lilette.

„Das ist meins“, sage ich zu ihr. „Dort lebe ich.“

„Erzähl mir noch eine Geschichte!“, flüstert sie und kuschelt sich an mich. Ich fühle mich ..., wie sagte Peggy nochmal? Als ob ich Schmetterlinge gegessen hätte? Nein, ich fühle mich sehr viel besser als das.

Und so erzähle ich ihr von dem Spiel mit dem Würfel. Vom braunen Getränk und vom Kapitän, der krank ist. Noch mehr Geschichten über die Ratten und was ich mit ihnen machen muss.

„Du bist so tapfer“, sagt sie zu mir. „Ich war noch nie irgendwo anders als hier.“

„Aber du bist doch gerne hier, oder?“, frage ich sie.

„Oh ja. Ich mag die Menschen, die mich füttern und sich um mich kümmern. Ich weiß nicht, ob ich irgendwo anders sein möchte.“

Das habe ich auch mal gemeint, denke ich mir.

Wir sitzen weiter da und sehen hinunter zu den Schiffen und hinauf zu den Sternen. Es sind nun mehr Sterne da, die auf uns herabfunkeln. Lilettes Augen strahlen. Sie erzählt mir von den besten Plätzen, um Mäuse zu jagen, von einem Laden, wo sie manchmal Futter bekommt und auch davon, dass sie die Knallerei nicht mag, obwohl es dann viele betäubte Fische zu essen gibt.

Mir schwirrt der Kopf, während ich ihr zuhöre. Ihr Geruch ist überall um mich herum. Es scheint so, als ob er immer stärker und stärker wird. Dann springt sie auf und rennt schnell schnell den Weg zurück. Wir lachen und scherzen viel. Ich wünschte, wir hätten viel mehr zusammen gespielt, bevor George mich gefunden hat. Ich wünschte, ich wäre mutiger gewesen.

Dann, als der Himmel ganz ganz dunkel ist, und die Sterne noch heller erscheinen, gehen wir in eine kleine Gasse, die voll mit Kisten und Schachteln ist.

Nun, ich bin mir nicht ganz sicher, welches Spiel wir in dieser Gasse gespielt haben, aber als ich wieder herauskomme, fühle ich mich nicht mehr, als ob ich immer herumflitzen und hochspringen und kratzen müsste. Ich fühle mich immer noch gut, sogar viel besser, als ich mich davor fühlte. Alles, was ich jetzt noch darüber sagen werde, ist, dass als ich schließlich aus dieser Gasse gekommen bin, war ich sagen wir es mal so, eine viel viel glücklichere, ältere und schlauere Katze, als bevor ich hineingegangen bin...

****

Es ist schon fast hell, als ich wieder zurück zur Amethyst komme. Auf dem Nachhauseweg stieß ich auf einen kleinen aufgehörten Vogel, also nahm ich ihn mit, denn ich denke, dass er George gefallen könnte. Welburn, der Bootsmann sieht mich, wie ich den Steg entlangschlendere. Ncttcrweise schiebt er die Zunge herunter, damit ich hochlaufen kann.

„Hier Simon!" Ruft Welburn, als ich auf das Deck hüpfe. „Du siehst so aus, als ob dein Ausflug nicht für die Katz' war", sagt er lächelnd.

Was meint er damit? Oder weiß er es etwa? Wie kann er es wissen? Sehe ich anders aus? Fühlen tue ich mich jedenfalls ganz anders. Ich schleiche davon.

„Was ist los?", ruft er mir nach. „Hast du deine Zunge verschluckt?"

Ich weiß, wo meine Zunge ist. Und auch die Zunge des Schiffes. Warum ergibt das Gerede der Menschen manchmal einen Sinn und dann wieder überhaupt keinen? Wenn wir .... Katzen ... die Welt regieren würden, dann wäre sie sicher viel schöner. Als ich über das Deck laufe, rutsche ich ein bisschen herum. Einige Matrosen sind hier und schrubben und schrubben. Ich hüpfe an Backbord nach vorne, erreiche die große Kette und gehe durch die Türe Richtung Stauraum. Ich gehe hinein und erblicke Peggys Schachtel. Soll ich sie anspringen oder sie einfach nur ablecken? Ich gehe hinüber zur Schachtel und stecke meinen Kopf hinein. Peggy ist nicht da. Das ist seltsam. Ich weiß, dass sie normalerweise hier schläft, speziell wenn es nicht mehr dunkel ist und es wieder hell wird.

Ich drehe mich um und laufe zum Heck. Keine Spur von ihr oder ihrem Geschäft. Einige Krümel liegen herum und es riecht ein bisschen nach den Ratten. Während ich an Steuerbord wieder vorlaufe, wird der Geruch immer stärker, aber zu sehen bekomme ich keine der Ratten. Ich komme zur Brücke und sehe nach, ob Peggy dort ist. Dann laufe ich hinauf zum Bug und schaue mich überall um, sogar rund um die Geschütztürme und dahinter. Ich kann sie nirgends finden. Ich sehe Welburn neben der Schiffszunge stehen. Wie sehr wünsche ich mir, ihn fragen zu können, wo Peggy steckt.

Mir kommt vor, dass ich eine dunkle Gestalt sehe, die schnell vorbeiläuft. Das kann nicht Peggy gewesen sein. Zu klein und viel zu schnell. Ich versuche, der Gestalt zu folgen, um zu sehen, wo sie hinläuft, aber sie ist schon wieder verschwunden. Ich komme zu einer anderen Türe. Soll ich ins Unterdeck gehen, oder hier hinein? Ich beschließe, ins Unterdeck zu gehen. Vielleicht schläft Peggy in der Nähe von George und wartet darauf, dass ich zurückkomme? In der Messe höre ich Schnarchen und sehe Stiefel und Menschen. Ich kann sie auch riechen. Ich laufe hinunter, zu einem Raum, wo nur ich, Peggy und eine Handvoll Matrosen hindürfen. Ich weiß aber nicht, warum nicht alle dort Zugang haben. Als ich dorthin komme, riecht es ganz übel. Die Luft ist dick und heiß, es riecht hier ganz und gar nicht gut. Viele Seemänner sind hier, alle dösen und husten. Was ist hier los?

Ich gehe zum Lager, aber es ist zu, also renne ich durch die Kombüse, aber hier ist gar niemand. Wo ist sie? Ich gehe wieder zur Türe hinaus und springe die Treppen hinunter. Hier kommt man zum Motorraum. Peggy und ich kommen eigentlich nie hierher, weil wir immer von dort weggescheucht werden. Außerdem ist das der heißeste Raum, wenn das Schiff fährt. Die Matrosen, die hier arbeiten, sind immer sehr beschäftigt und schreien immer nur, wir sollen verschwinden.

Aber jetzt sind gar keine Matrosen hier. Es ist nicht so heiß und viel ruhiger. Ich laufe herum und schnüffle. Ich will gerade gehen, als ich ein leises Wimmern höre. Ich renne in den hinteren Teil des Maschinenraums und dort, versteckt hinter einem Rohr, ist Peggy. Ich habe noch nie jemanden gesehen, der so traurig aussieht wie sie jetzt. Sogar trauriger als George, wenn seine Augen nass sind. Ich lasse den Vogel fallen.

„Peggy, Peggy! Ich bins! Was ist passiert?"

Ihr Kopf liegt unter ihren Pfoten und ihre Ohren hängen traurig herab. Sie nimmt eine Pfote von ihrem Kopf weg und blickt zu mir hoch. Große, braue, nasse, traurige Augen.

„Oh, Simon."

„Was? Was ist los?", will ich wissen. Ich quetsche mich neben sie und sie rutscht ein wenig zur Seite. „Viele Seemänner sind krank", sagt sie schniefend. „Manche müssen für einige Zeit getrennt von den anderen schlafen. Andere aber wurden weggebracht. Und der Kapitän ... er ist gegangen."

Gegangen. Nicht schon wieder dieses Wort.

„Der Doktor ist gekommen und hat gesagt, dass der Kapitän mit ihm mitgehen soll.[45] Also sind sie beide weg. Er wird nicht mehr wiederkommen.“ Und nun weint Peggy wieder.

Also nicht richtig gegangen, nur nicht mehr auf diesem Schiff. Und doch ist es sehr traurig. Traurig für mich. Traurig für Peggy. Und auch für die Seeleute, nehme ich an. Wer wird nun der Kapitän sein? Wer wird das Würfelspiel mit mir spielen? In wessen Mütze werde ich schlafen?

„Er hat mich gerettet und er hat sich um mich gekümmert. Wer wird das nun tun?“, wimmert sie.

„Oh Peggy. Du hast ja mich. Wir werden uns gegenseitig um uns kümmern. Und die Matrosen werden uns weiter Essen geben.“

Sie schaut auf. „Ich wünschte, ich hätte ihm Lebewohl sagen können. Ich wünschte, ich hätte seine Hand ablecken können. Es ging alles so schnell.“

Ich glaube, ich wünschte mir das auch. Ich hätte dem Würfel nachjagen können. Ich hätte ihn nehmen können und damit wegrennen. Dann hätte der Kapitän mich suchen müssen, anstatt das Schiff zu verlassen. Ich war so glücklich zuvor, nun bin ich wieder traurig. Schon komisch, wie schnell sich die Dinge verändern können.

„Warum müssen die Menschen weggehen?“, fragt sie. „Ich mag keine Veränderungen.“

„Aber es hat sich auch verändert, als ich hierhergekommen bin, oder?“, miaue ich.

„Ja, aber das war eine gute Veränderung. Diese hier ist schlecht.“

Ich weiß nicht, was ich tun soll. Oder was ich sagen soll. Womit kann ich Peggy eine Freude machen?

---

[45] Kapitän Griffiths war nicht sehr krank – obwohl das viele Matrosen waren. Er verließ das Schiff, um das Kommando auf einem anderen Schiff zu übernehmen. Er erkrankte 1949 an Kinderlähmung und starb daran im Januar desselben Jahres.

„Was möchtest du?“, frage ich sie. „Möchtest du abgeleckt werden?“ Sie nickt mit dem Kopf und lächelt ein wenig. Ich lecke ihre nasse Nase ab. „Möchtest du etwas zu essen?“, frage ich sie weiter. Ihr Lächeln wird breiter, ihr Kopfnicken heftiger. Sie sieht meinen Vogel.

„Den bekommst du nicht“, sage ich ihr. „Der ist für George.“

Ich renne aus dem Maschinenraum, die Treppen hinauf, durch die Türe hinaus aufs Deck. Ich weiß nicht genau, wo ich hinlaufen und etwas Essen besorgen kann, aber ich werde schon was finden. Irgendetwas, damit Peggy wieder zu sich selbst findet. Ich laufe wieder die Backbordseite entlang zum Bug. Als ich gerade zur Brücke hinaufwill, erblicke ich nicht Welburn, sondern Mao Tse Tung. Ratten laufen die Zunge herauf, eine nach der anderen. Er flüstert irgendetwas und sie laufen nach Steuerbord. Noch eine, und noch eine. Sie huschen quer über das Schiff. *Unser* Schiff.

Ich schrecke zurück. Oh nein, das ist zu viel. Das ist allzu böse. Peggy hatte recht und ich hatte unrecht. Wir haben sie gefüttert, haben ihnen geholfen, damit sie meine Freunde nicht krankmachen. Und nun kommen immer mehr und mehr von ihnen an Bord. Mao Tse Tung muss ihnen erzählt haben, wie leicht das Leben auf diesem Schiff ist. Man wird von einer Katze und einem Hund gefüttert, statt von ihnen gejagt zu werden.

Ich fühle... das Gegenteil von dem, was ich fühlte, als ich mit Lilette zusammen war. Ich möchte nicht, dass die Ratten mich sehen. Nicht jetzt. Ich möchte nicht gesehen werden und ich möchte mich nicht so fühlen, wie ich es gerade tue. Ich möchte wieder eine glückliche Katze sein. Ich möchte, dass auch Peggy wieder ein glücklicher Hund ist. Wie kann ich ihr erzählen, was ich gerade gesehen habe? Sie würde noch trauriger werden. Ich gelange ins Unterdeck, quetsche mich durch all die schwingenden Betten und hüpfe auf George. Wir sehen uns an.

„Wo bist du gewesen?“, fragt er. „Ich dachte schon, du würdest gar nicht mehr zurückkommen. Und was hast du denn da?“

Ich miaue und lasse den Vogel auf ihn fallen.

„Oh. Äh, danke!“ George hebt ihn selbst auf – ich kann sehen, dass es ihm gefällt – und lässt ihn auf den Boden fallen. Er nimmt eine kleine Tasche hoch, die neben seinem Geschenk liegt. „Und ich habe auch etwas für dich und Peggy. Tja, vom Kapitän. Jimmy hat ihm packen geholfen. Er sagte, dass der Kapitän sogar gelächelt hat, als Jimmy dieses Ding von Peggy gefunden hat. Und dann hat er auch etwas für dich hineingetan."

George legt die Tasche vor mir auf seine Brust. Ich stecke meine Nase hinein und es raschelt leise. Ich kann nichts riechen. Halt! Da ist doch ein Geruch. Etwas Vertrautes. George steckt seine Hand hinein und nimmt etwas Kleines heraus .... es ist der Würfel! Der Würfel des Kapitäns! Er hat ihn für mich dagelassen! Und wieder steckt George seine Hand in die Tasche und heraus kommt ein .... was ist das? Es ist eine alte, zerkaute Socke. Und oben ist ein Stückchen, das aussieht, als sei es abgebissen worden. Oh, ich weiß nun, was das ist. Ich habe nicht genau verstanden, was sich George und Conway wegen Socken zugerufen haben, aber ich weiß, dass das eine alte, blaue, stinkende Socke ist.

Halt, nein ist es nicht! Es hat ein Ohr. Es muss Peggys stinkender alter Sockenaffe sein. Ich weiß zwar nicht, was ein Affe ist, aber wenn ich diesen so ansehe, hoffe ich wirklich, eines Tages einen zu treffen, denn der schaut richtig süß und niedlich aus. Und natürlich kenne ich diesen Geruch und ich weiß genau, wem er gehört. Was habe ich nochmal gesagt, von wegen Peggy wieder froh zu machen?

Ich springe aus dem Bett und laufe, laufe, laufe zurück in den Maschinenraum.

„Hey!", ruft George mir nach.

15/ Sag *fromage*

Rund um uns herum ist alles blau. Ein etwas anderes Blau als vorher, aber immer noch blau. George sagt, das ist so, weil wir zwar immer noch im Südchinesischen Meer sind, aber hier ist es viel tiefer. Obwohl es immer noch dasselbe Wasser ist, ist es hier viel dunkler. Lustig. Wir waren jetzt eine Zeit auf hoher See, manchmal haben wir irgendwo angehalten, manchmal nicht.[46] Wir waren an einem Ort namens Port Dickinson in Malaya und haben ein paar Menschen aufgenommen. George sagte, man nennt sie das Malaiische Regiment. Port Dickinson war recht klein, die Menschen waren es auch.

Sie sind nicht lange mit uns mitgefahren, aber sie haben die Matrosen zum Lachen gebracht, weil sie die Brille so lustig benutzten.[47] Ich weiß immer noch nicht, warum sie das so nennen. George erzählte, dass die Menschen von Malaya immer mit den Füßen auf der Brille standen, statt sich darauf hinzusetzen. Und dass sie bei rauer See heruntergefallen sind und eine Sauerei gemacht haben. Als George mir das erzählte, dachte ich zuerst, dass sie auf ihrer Sonnenbrille standen und die dann kaputt machten. Aber es ist schon lustig, dass verschiedene Menschen auch ihr Geschäft auf verschiedene Art und Weise verrichten. Und dass sie in Schwierigkeiten geraten können, wenn sie es falsch machen.

Nun sagt George, dass wir diesmal Richtung Norden fahren, nicht mehr nach Süden. Ich weiß, was Norden und Süden bedeutet, es heißt oben und unten, genauso wie Osten Steuerbord und Westen Backbord heißen. Aber ich weiß nicht, wie er feststellen kann, dass wir uns Richtung Norden und nicht Richtung Süden bewegen. Vorne ist das Meer, hinter uns ist das Meer. Überall: das Meer. Bei Tag weiß ich, dass die Sonne auf unserer Steuerbord Seite erscheint und auf der Backbord Seite verschwindet, wenn es für die Seeleute Zeit ist schlafenzugehen. In der Nacht zeigt George auf

---

[46] Zwischen November 1948 und dem „Jangtse Vorfall" im April 1949 war das Schiff auf Patrouillenfahrten in Malaiischen Gewässern unterwegs und legte dabei immer wieder in Shanghai an.

[47] Toilettenbrille

den Mond und die Sterne und sagt, dass Seeleute den Mond, die Sterne und die Sonne zum Navigieren verwenden. Was mich angeht - die Sonne spüre ich auf meiner Haut brennen, die Sterne sehe ich am Himmel funkeln und den Mond kann ich beobachten, wie er manchmal dem Schiff folgt, aber manchmal ist er auch überhaupt nicht da.

Und mit dem ganzen Blau um uns herum sagt Peggy lustigerweise, dass wir beide auch den Blues haben. Das bedeutet, dass wir sehr traurig sind. Ist dann etwa das Meer immer traurig? Oder der Himmel? Und wenn sie die Farbe ändern, heißt das, dass sie nicht mehr traurig sind? Ich weiß es nicht. In letzter Zeit weiß ich überhaupt nicht mehr, was ich fühlen oder denken soll. Manchmal, wenn ich meine Augen schließe um zu schlafen, bekomme ich richtig Angst. Ich sehe nur mehr selten Bilder von JoJo, und das macht mich unglücklich. Lilette sehe ich öfter, aber meistens werden wir beide von irgendetwas gejagt. Ich denke von einem Monster, aber ich sehe nie eines. Deshalb bin ich traurig. Ich vermisse JoJo, ich vermisse Lilette. Und auch wegen der vielen Ratten bin ich traurig. Diese schrecklichen, stinkenden, bösen Ratten.

Peggy ist immer noch ein bisschen unglücklich, weil sie den Kapitän vermisst, obwohl sie sehr froh war, als ich sie mit ihrem alten Sockenaffen überraschte. Schon komisch, wie Hunde traurig sein können und dann im nächsten Moment glücklich, wenn sie Essen oder ein altes, weiches Spielzeug riechen.

Auch ich vermisse den Kapitän. Ich vermisse seine Mütze, aber wenigstens habe ich George. Der Kapitän brachte Peggy an Bord, nun ist sie traurig, weil sie ihn nicht zum Abschied ablecken konnte. Doch wir haben jetzt einen neuen Kapitän. Es ist der Mann, den ich mit Jimmy reden gesehen habe, als wir in Hongkong Halt gemacht haben. Sein Name ist Skinner, aber er ist auch der Kapitän.[48] Noch ein Mensch mit mehr als einem Namen. Wie Weston. Wie ich. Der neue Kapitän ist kleiner und dicker als der alte. Er lacht nicht so oft und die Männer lachen auch nicht so viel, wenn er in der Nähe ist. Peggy sagt, er ist sehr streng. Er ist hier, weil der andere Kapitän zu krank war um weiterzumachen. Sie haben ihn an einen Ort, der England heißt, zurückgeschickt. Peggy sagt, dass ich es dort mögen würde, aber dass wir nie dorthin kommen werden, weil das Schiff hier lebt.

---

[48] Lieutenant Commander Bernard Skinner.

Wie viele der anderen Matrosen war auch der Kapitän krank wegen etwas, das Pocken heißt.[49] Es macht Menschen sehr lange sehr krank. Peggy sagt, dass es viele Seeleute hatten, man sah es an den Flecken, die sie bekommen haben. Das heißt auch, dass sie ansteckend waren. Ein seltsames Wort für eine seltsame Sache. Es ist ein bisschen so, wie die Ratten die Matrosen krankmachen, aber ohne dass die Ratten irgendetwas tun müssen. Sie müssen einfach herum sein, nicht einmal über ihr Essen oder etwas Anderes laufen. Weil so viele Matrosen diese roten Flecken hatten, mussten sie getrennt von den anderen, die sie nicht hatten, schlafen.

Und niemand durfte vom Schiff gehen, außer Peggy und ich. Aber wir sind auch nur ein- oder zweimal rausgegangen. Peggy wollte gar nicht und ich wollte Peggy nicht allein lassen. Ich versuchte, Lilette zu suchen, aber immer, wenn ich durch den Hafen gerannt bin und versucht habe, sie zu erschnüffeln, gelang es mir nicht. Ich habe sogar den netten Mann und die nette Frau gesucht, aber ich hab' mich ein bisschen verlaufen und war etwas verwirrt. Außerdem war ich mir nicht ganz sicher, ob Chairman nicht auf der Lauer lag, bereit anzugreifen. Als keiner der Seeleute mehr diese roten Flecken im Gesicht bekam, haben wir Hongkong verlassen. Nun fahren wir zu einem Ort, der Shanghai heißt. Ich weiß nicht, warum wir dorthin fahren, aber ich bin mir sicher, dass es Spaß machen wird.

Und die ganze Zeit über haben Peggy und ich versucht, die Ratten loszuwerden. Aber es ist sehr schwer. Es sind so viele hier. Ich glaube, ich kann sie sogar sehen, wenn die Matrosen es nicht tun. Ein kurzes, schwarzes Huschen aus dem Augenwinkel, ein Geruch in der Nähe der Lagerräume, als ob sie dort gewesen wären. Ich möchte, dass sie aufhören, aber ich weiß nicht, wie ich das machen soll. Wenn wir versuchen würden, sie wieder in Peggys Schachtel einzufangen, dann würden sie sich sicherlich daran erinnern und einfach weglaufen. Ich wette, ich bin nicht das einzige Wesen, das lernt, obwohl ich noch nicht so viel gelernt habe, dass mir ein neuer Plan eingefallen wäre, damit diese Biester ein für alle Mal aufhören.

Aufhören, aufhören, weggegangen, weggegangen. JoJo ist weggegangen. Obwohl ich ihn manchmal sehe, wenn meine Augen

[49] Zu der Zeit, in der diese Geschichte spielt, brachen an Bord der Amethyst die Pocken aus, sodass mehrere Seeleute unter Quarantäne gestellt wurden. Tiere können keine Pocken bekommen, Simon und Peggy ging es deshalb gut.

geschlossen sind. Lilette, der Kapitän, sogar Uboat – weggegangen, aber doch noch da. Nur irgendwo anders, an einem anderen Ort. Ich denke immer wieder, wie komisch es doch ist, dass es für manche Sachen nur einen Namen gibt. JoJo weggegangen ist nicht dasselbe wie Uboat weggegangen. Wenn das Schiff aufhört zu fahren ist es nicht dasselbe, wie wenn JoJo aufgehört hat zu laufen. Aber ich weiß, was aufhören bedeutet, wenn es mit JoJo zu tun hat. Ich finde nur, es ist so hart zu denken oder zu sagen. Es meint gestorben. JoJo ist gestorben. Und um die Ratten weggehen oder aufhören zu lassen, muss ich sie sterben lassen. Ich muss sie töten.

Ich bin draußen an Deck und versuche mir den Hinterkopf zu lecken und Bilder ohne Ratten zu sehen, da erscheint ein Mann in einem sehr blauen und sehr schicken Anzug. Ich weiß, was er ist und sogar wer er ist. Er ist ein Passagier, also kein Seemann. Er ist auf diesem Schiff, weil er wichtig ist, und weil er dorthin möchte, wo wir hinfahren. Der Name dieses wichtigen Passagiers ist Henri Cartier-Bresson.[50] Er trägt immer etwas mit sich herum, das an seinem Hals herunterhängt. Er nimmt es vor sein Gesicht und es macht „klick, klick, klick". Ganz anders, als wenn Peggy und ich laufen und es „klack, klack, klack" macht.

Henri sieht mich und kommt herüber. „*Bonjour, le chat*", sagt Henri und kichert vor sich hin.[51] Ich habe ihn schon reden gehört, da verwendete er ganz viele Worte, die ich nicht verstehe, aber dann spricht er wieder in Worten, die ich sehr wohl verstehe, auch wenn er sie recht lustig ausspricht. Es ist fast so, wie wenn ich vorgebe, Peggy zu sein und dieselben Worte verwende, wie sie manchmal, nur kann ich es nicht so gut. Es tut in meinem Hals weh. Wenn Henri spricht, klingt es fast, als hätte er ein paar von diesen gelb-schwarzen Dingern gegessen, die Blumen mögen und mich schrecklich stechen, wenn ich ihnen zu nahekomme.

George hat mir gesagt, dass Henri „French" - man sagt auch ein Franzose - ist, aber ich weiß nicht, warum er mir das sagte, denn French ist einer der Matrosen und Henri sieht überhaupt nicht aus wie er.[52] Ich weiß

---

50 Ein Fotograf, der als Vater des Fotojournalismus oder der Reisefotografie gilt. Er reiste an Bord der Amethyst, um möglicherweise nach Shanghai zu fahren und den chinesischen Aufstand zu dokumentieren. Die Dialoge zwischen ihm und Simon enthalten Sätze, die ihm zugeschrieben werden.

51 Französisch für „Hallo, Katze!".

52 Jack French, 22 Jahre, ein Funker an Bord der HMS Amethyst.

nicht, wie er sie verwechseln könnte. Menschen sind manchmal so verwirrend.

Henri bückt sich und streichelt mich. Das Ding an seinem Hals schwingt nach vorne und schlägt mir auf die Nase.

„*Désolé*", sagt er und setzt sich neben mich aufs Deck.[53] Er greift in seine Tasche. Ich bin schon gespannt, was er für mich hat. Vielleicht ist es etwas zum Essen. Ich hoffe es. Er holt etwas heraus, was so aussieht, wie die Dinger, die George in Singapur aufgeben wollte. Damals, als mich die schrecklichen Monster ohne Namen gejagt haben. Ich schnuppere an der Kante von dem ..., was immer er auch da in der Hand hält. Es ist an einer Seite offen. Ich lecke es ab und meine Zunge bleibt fast daran kleben.

„Ha, ha" sagt Henry und krault meinen Kopf. „He, lass misch mal!". Er steckt seine Hand hinein und holt einige Bilder heraus. Ich sehe mir sie an, aber ich kann den Menschen darauf nicht erkennen. Er sieht ein bisschen aus, wie die leichtbekleideten Mädchen auf Georges Bildern und ein bisschen wie der Mann, den wir beim Zähneputzen in diesem furchtbaren Wasser in Singapur gesehen haben. Vielleicht ist er es?

„Du siehst diese Mann?" Henri zeigt darauf. „Du kennst diese Mann?"

Natürlich kenne ich ihn nicht. Er ist ein brauner Mann mit sehr wenigen Kleidern an seinem Körper und mit einem dieser Dinger vor seinen Augen, die Menschen gerne tragen. Manchmal schnappe ich mir eines und laufe damit weg. Manche Matrosen auf diesem Schiff haben manchmal eines in ihrem Gesicht. Dieser Mann auf dem Bild hat aber ein sehr nettes Gesicht. Friedlich. Wie das Meer dort draußen.

„Isch ...", sagt Henri, schnappt sich das Ding, das um seinen Hals hängt, drückt oben drauf und es macht dieses klickende Geräusch. Dann zeigt er auf die Bilder, die er in der Hand hält und meint: „Isch nehme diese auf."

---

[53] Französisch für Entschuldige.

Sie aufnehmen? Er kann sie haben. Er hat sie ja schon, oder?

„Dieser Mann“, Henri zeigt wieder auf das Bild, „ist Gandhi. Isch `abe diese Fotos aufgenommen und war bei ihm, nur eine Stunde bevor...“ Und Henri fährt sich mit dem Finger über den Hals. Gut, Henri war mit diesem Gandhi Mann eine Stunde lang zusammen und hat ihn gestreichelt? Wie nett von ihm. Für beide.

„Isch `abe viele berühmte Menschen fotografiert. König George, den Sechsten.“

Ich sehe Henri an. Meint er meinen George? Und Sechs was? Sechs Könige?

„Obwohl du ihn vielleicht als Albert kennst“, fährt Henri fort.

Nun bringt er mich wieder total durcheinander. Warum haben Menschen manchmal mehr als einen Namen?

Henri kommt meinem Gesicht ganz nahe. „Aber isch `abe keine Fotos vom König gemacht. Mein Motiv. Isch `abe nur Fotos von seinen Untertanen gemacht.“ Er wirft den Kopf zurück und lacht. „Aber Gandhi war mein Motiv und du kannst auch mein Motiv sein. Komm, komm!“, sagt Henri und steht auf. Noch bevor ich überhaupt die Chance habe, ihm zu folgen, stehen zu bleiben oder wegzulaufen, hat Henri mich schon hochgenommen und unter seinem Arm geklemmt. Sein Ding schlägt mir wieder auf den Kopf und nun gehen wir zum hinteren Teil des Schiffes.

Wir erreichen das Heck und während ich mit den Hinterbeinen zapple, setzt er mich unsanft auf den Boden. Henri legt seine Hand über seine Augen, sieht hinauf, zurück auf mich, nimmt mich hoch und setzt mich andersherum wieder hin.

Dann zeigt er mit einem seiner Daumen nach oben.

Langsam geht er von mir weg nach unten, den Daumen immer noch nach oben zeigend, und schnappt sich mit der anderen Hand sein Ding. Er hält es vor sein Gesicht.

„*Maintenant. Assieds-toi.*"[54]

Was? Ich setze mich verwirrt hin.

„*Bon. Bon.*"[55] Dann klickt er mit dem Ding, und ich werde von der Sonne geblendet. Er klickt wieder und ich würde gerne weglaufen, obwohl ich nicht so richtig sehen kann. Er kommt ganz nah an mein Gesicht heran, klickt und bewegt sich wieder weg von mir. Warum macht er das? Warum will er, dass ich nichts sehe?

„Weißt du, *le chat*", sagt er zu mir. „Es ist ein Irrglaube, dass Fotos mit der Kamera gemascht werden. Sie werden mit dem Auge, dem `erz und dem Kopf gemascht."

Irgendetwas mit dem Auge?

Klick. Klick. Klick.

„Du magst es, wenn isch ein Foto von dir aufnehme, oder?", fragt er mich. Ist es das, was er tut? Etwas von mir aufnehmen?

„Vielleischt kommst du auch nosch aufs Fotografieren", sagt er lachend. „Aber bitte denke daran, deine ersten tausend Fotos werden deine schlechtesten sein..."

Ich wünschte, ich wüsste, wovon er spricht. Ich lege mich hin und Henri fängt wieder an zu klicken.

„*Fantastique. Sois naturel.*[56] Eine Fotografie wird nie mit Gewalt aufgenommen. Sie bietet sich selbst an. Es ist das Foto, das *disch* nimmt.

---

[54] Französisch für „Jetzt. Setz dich hin!"

[55] Französisch für „Gut, gut".

[56] Französisch für „Fantastisch, verhalte dich ganz natürlich!"

Man kann kein Foto aufnehmen", sagt er und stupst mich mit seinem Finger, ein bisschen zu fest für meinen Geschmack.

Als nächstes packt er mich und wir steigen auf das Flaggendeck. Ich laufe hinein und hinaus ... zwischen... dieses .... und jenes.

„Stopp!", schreit er.

Hä?

„Bleib stehen, *le chat*! `ast du gewusst, dass die Fotografie unter allen Ausdrucksmitteln das einzige ist, das einen genauen Zeitpunkt fest'ält?"

Nein, ich habe das alles nicht gewusst. Ich wünschte, Peggy wäre hier und könnte mir genau erklären, was hier geschieht. Wenn das irgendetwas mit Bildern zu tun hat, bin ich mir sicher, dass es ihr gefallen würde.

„*Non, non*, was machst du?"[57], schreit Henri mich wieder an. „Du denkst zu viel. Denken sollte man vor und nach dem Fotografieren, nicht währenddessen."

Langsam wird mir das alles zu langweilig und ich beschließe, wegzulaufen. Die Treppen hinunter, hinunter, um das hier herum und dann werde ich mich einfach hier verstecken. Oh nein! Da ist er schon wieder. Er zeigt auf mich und klickt. Geh *weg*!

„*Bon. Bon*", sagt Henri wieder. „Für mich ist Fotografie das simultane Erkennen der Bedeutung eines Ereignisses im Bruchteil einer Sekunde."

Wann wird das jemals *enden*? Ich werde langsam hungrig. Außerdem muss ich noch darüber nachdenken, wie wir die Ratten loswerden. Ich laufe wieder los. Aber Henri ist noch nicht fertig mit mir. Er stellt mich unter einer Treppe.

---

[57] Französisch für „Nein, nein".

„So ist es richtig. Sei kreativ!“, meint er und sein Kopf kommt mir ganz nahe. „Der kreative Akt dauert nur einen kurzen Moment, einen flüchtigen Augenblick des Gebens und Nehmens, gerade lange genug für einen, um die Kamera auszurichten und die flüchtende Beute in dem kleinen Kasten einzufangen.“ Oh, das macht er also, oder? Das werden wir gleich sehen. Während Henri mit diesem Ding herumfuchtelt, zwänge ich mich durch seine Beine hindurch und renne, renne geradewegs zum Bug.

„Ein Fotograf muss immer mit dem größten Respekt vor seinem Motiv und dessen Standpunkt arbeiten“, ruft Henri, während er mir die Treppen hinauf nachläuft. Ich wünschte, der alte Kapitän wäre noch hier, dann könnte ich ganz schnell in seine Kabine rennen und mich unter seiner Mütze verstecken. Stattdessen stehe ich nur hier, meine geblendeten Augen glänzen und der Wind fährt mir durchs Fell. Ich muss schrecklich aussehen.

„Bleib so stehen! Stehenbleiben!“, schreit Henri wieder und fuchtelt wild mit den Armen. „Wenn du nach einiger Zeit die Portraits wieder ansiehst, kommen die Menschen wieder zu dir zurück, wie ein stilles Echo. Eine Fotografie ist ein Abbild eines Gesichts, eines Gesichts im Wandel. Die Fotografie `at etwas mit dem Tode zu tun. Sie ist eine Spur dorthin.“ Ich versuche wieder, ihm aus dem Weg zu gehen. „Du musst immer daran denken, es ist *très important*.“[58]

Ich gehe in Deckung, mache mich bereit, um ihn herumzurennen, durch seine Beine hindurch, wenn es sein muss, ins Meer zu springen. Er klickt wieder. „Wow“, sagt er, legt die Finger an seine Lippen und hebt die Fingerspitzen nach oben, als ob er etwas aus seinem Mund herausziehen würde. „Das war's. Der entscheidende Moment.[59] *Adorable*.“ Er bückt sich und geht zu ... Ich weiß nicht, was ich ... aber ich sehe eine Chance, springe hoch, auf seinen Rücken, die andere Seite hinunter und renne, renne, renne. Alles, um von diesem dummen Mann mit dem blöden klickenden Ding, das genau vor seinem Gesicht ist, wegzukommen. Was soll da jemals dabei rauskommen? Wie komisch und dumm diese Menschen doch sind, sogar diejenigen, die wichtig sein sollten.

---

[58] Französisch für „Sehr wichtig“.

[59] Den Begriff prägte Bresson, um seinen Stil und seine Vorgehensweise zu beschreiben.

16/ Neun Ichs

Ich kann jetzt wieder atmen. Nun, nicht so richtig, weil es da, wo wir sind, sehr ... schwül ist. Peggy hat mir das Wort beigebracht. Aber ich kann wieder aufatmen, in der Gewissheit, dass ich nicht mehr von Henri und seinem klickenden Ding durch das Schiff gejagt werde. Ich denke, ich bin lieber derjenige, der jagt, als der, der gejagt wird. Danke sehr. Das Schiff ist in Shanghai eingelaufen, und er ist von Bord gegangen. Das war das Ende von ihm. Ich weiß nicht, was er dort tun will – wahrscheinlich viele Katzen herumjagen, bis ihnen das Fell zu Berge steht. Als ich Peggy davon erzählte, meinte sie, sie wünschte, sie hätte nicht geschlafen, denn sie lässt sich gerne ihr Bild aufnehmen. Ich bin mir nur nicht sicher, warum sie es mag, wenn man ihr ihr Bild wegnimmt. Aber sie ist nun viel glücklicher, seit sie ihren Affen wiederhat.

Ich bin mit Peggy, ihrem Affen und einigen Matrosen in der Messe. Sie liegt unter einem Tisch und kaut. Die Seemänner essen und ich lecke mich ab. Ich denke, jetzt könnte der richtige Moment sein – der entscheidende Moment – um Peggy von den Ratten zu erzählen. Jetzt ist immerhin alles, was wir haben.

Ich spähe hinter meinem Hinterbein hervor.

„Peggy“, rufe ich zu ihr, aber sie ist zu sehr mit Kauen beschäftigt.

„Peggy“, fauche ich wieder. Sie sieht hoch, etwas Spucke läuft aus ihrem Mund auf den Kopf ihres Affen. „Mmm. Was? Was ist los? Ist es Essenszeit?“. Sie spitzt ihre Ohren.

„Nein, aber es hat etwas mit Essen zu tun, irgendwie.“

Das Ohr des Affen klappt nach vorne. Genau wie eines von Peggy.

Ich tapse zu ihr hinüber. „Ist dir schon aufgefallen, dass wir immer mehr und mehr Essen rauf zum Heck bringen?“, frage ich sie.

„Bin mir nicht sicher“, antwortet sie. „Aber wir laufen viel mehr. Möchtest du mal nagen?“

„Nein, danke. Nun, ich denke ... nein, eigentlich *weiß* ich, dass wir viel mehr ... wie hast du mich genannt, als George mich hierhergebracht hat?“

„Kann mich nicht daran erinnern“, sagt sie und fängt wieder an, ihren Affen zu nerven. Sie fängt langsam auch an, mich zu nerven.

„Mao Tse Tung muss anderen Ratten davon erzählt haben, dass sie immer gefüttert werden. Es sind ... zwanzig Ratten mehr hier als bei meiner Ankunft an Bord. Ganz viele.“

„Bist du dir da sicher, mein Lieber?“, antwortet sie.

„Ja, ich denke, ich kann sie manchmal sehen. Kannst du sie denn nicht auch stärker riechen?“ Ich sehe mich um und erwarte fast, in diesem Moment einige Ratten durch die Messe rennen zu sehen.

„Nun, dann müssen wir sie diesmal einfach aufhören lassen, nicht wahr?“, antwortet Peggy. „Ich mag vieles sein, aber eines bin ich sicher nicht – ein Weichei.“ Ein Matrose lässt etwas Essen unter den Tisch neben Peggy fallen. Augenblicklich rollt sie hinüber - versucht zumindest zu rollen - streckt ihre Füße in die Luft und macht ein erbärmliches Geräusch.

Ich weiß, dass sie recht hat. Ich wünschte nur, ich wüsste wie.

Jimmy kommt mit dem Kapitän herein. „Achtung!“ und alle Matrosen hören auf zu essen, stehen sofort auf und klopfen sich mit der Steuerbordhand an ihre Stirn. Sogar ich stehe auf, Peggy jedoch nicht. Sie rollt einfach wieder auf die Seite. Der Kapitän sieht mich, aber er lächelt mich nicht an, wie es der andere Kapitän immer getan hat.

„Gerade kam ein Befehl über Funk“, sagt der Kapitän und sieht wieder zu den Matrosen. „wir müssen Gas geben und nach Nanking fahren.“

„Warum Sir?“, meldet sich Atkins.

„Dazu komme ich ja gerade, gütiger Gott“, sagt der Kapitän recht genervt.

„Einige unserer Jungs auf der HMS Consort sind in Schwierigkeiten geraten.[60] Die HMS London ist auch auf dem Weg.[61] Die Consort ist von diesen verfluchten Chinesischen Kommunisten beschossen worden..."

Chinesische Kommunisten? Der andere Kapitän dachte doch, dass ich einer wäre? Bin ich einer? Ich denke doch nicht.

„Nun, ich muss euch wohl nicht daran erinnern, dass wir in diesem verfluchten Scharmützel neutral bleiben müssten, aber wir können es nicht zulassen, dass eines unserer Schiffe beschossen wird."

Einige der Seemänner murmeln etwas wie „Hört, hört!", aber ich weiß nicht, warum. Ich kann den Kapitän sehr gut hören.

„EAT ist in neun Stunden.[62] Die Nationalisten entsenden Schiffe, um uns zu eskortieren.[63] Jimmy wird euch über alle Entwicklungen auf dem Laufenden halten". Damit geht er hinaus.

---

[60] Ein C-Klasse Zerstörer der Royal Navy. Sie wurde 1944 vom Stapel gelassen und wurde 1961 abgewrackt. Während sie nahe Nangking auf dem Jangtse Fluss stationiert war, kam die Consort unter Beschuss der Chinesischen Kommunisten. Die Amethyst wurde entsandt, um sie zu befreien und dann zu unterstützen.

[61] Schwerer Kreuzer der County-Klasse der Roayl Navy. Stapellaif 1927 und Abwrackung 1950

[62] Estimated Time of Arrival – Ungefähre Ankunftszeit

[63] Der Chinesische Bürgerkrieg begann 1927 und endete 1950, obwohl sich die beiden Kriegsparteien 1937 zur Bildung einer zweiten Front zusammenschlossen, um der japanischen Invasion zu begegnen.1947 wurde der Bürgerkrieg wieder fortgesetzt. Der Krieg stellte eine ideologische Spaltung zwischen der linken Komministischen Partei Chinas und den rechten, der Republik China treu ergebenen Nationalisten dar. Schließlich endete der Konflikt mit der Bildung von zwei De-facto-Staaten, der Republik China (ROC) in Taiwan und der Volksrepublik China (PRC) auf dem chinesischen Festland, die beide für sich in Anspruch nahmen, die rechtmäßige Regierung Chinas zu sein.

Alle Matrosen fangen an zu reden und ihre Stimmen zu erheben, nachdem der Kapitän gegangen ist. Rufe wie „Ich dachte, wir fahren zurück nach Hongkong“ und „Was ist mit Landurlaub?“ ertönen durch die Messe.

Jimmy hebt seine Hand und die Männer verstummen. „Befehl von oben. Da kann man nichts machen. Manche auf der Consort sind seit fast drei Jahren ununterbrochen im Dienst, ihr könnt euch also verdammt glücklich schätzen.“

„Warum werden sie beschossen?“, fragt George Jimmy.

„Ich weiß es nicht“, antwortet er. „Sie scheinen mir alle ein bisschen zu schießwütig zu sein.“

„Werden sie auch auf uns schießen?“, fragt George nach.

„Nein, verdammt noch mal, das werden sie nicht tun“, antwortet Jimmy. „Wir werden die weiße Flagge und die Unionsfahne auf dem vorderen Flaggenstock hissen, und zusätzlich malen wir die Unionsfahne auch auf den Rumpf. Dann werden sie wissen, wer wir sind. Aber als Vorsichtsmaßnahme werden wir auch scharfe Munition vorbereiten. Außerdem, wir haben so viel für diese Region getan, den Rest können sie verdammt noch mal selbst regeln. Wir halten uns da raus. In der Liebe und im Krieg ist alles erlaubt, und so weiter...“

Nun, ich habe schon von der Liebe gehört und ich weiß, was das ist. Ich habe auch gehört, wie der Mann, der Lilette und mich gebürstet hat, davon gesprochen hat, aber ich weiß immer noch nicht genau, was es *bedeutet*. Aber wenn Krieg und Liebe dasselbe sind und bei beiden alles erlaubt ist, dann bedeutet das, dass alles in Ordnung sein wird. Schön. Und ich mag den Klang dieses Orts Nanking. Ich frage mich, warum er so genannt wird. Vielleicht lebt einer dieser Könige, dieser Kings dort. Ich frage mich, wie viele von ihm dort sind und ob er auch mehr als einen Namen hat. Nicht mehr lange, und ich werde es herausfinden, nehme ich an...

****

Später liege ich auf George, nachdem ich mit Peggy etwas Essen rauf auf das Heck gebracht habe. Es ist jetzt viel schwerer, weil sie ihren Spielzeugaffen nicht mehr loslassen möchte, seit sie ihn wiedergefunden hat.

Manchmal muss ich ihn ihr sogar wegnehmen und ihn in ihre Schachtel im Stauraum legen.

„Niemand wird ihn dir wieder wegnehmen“, miaue ich ihr dann zu. Aber ich weiß, wie sie sich fühlt. Der einzige, mit dem ich immer gespielt habe, war JoJo und ich weiß, wie sehr ich ihn vermisse. Seine Gestalt, seinen Geruch, seine Ohren.

„Wir werden Nanking gegen Morgen erreichen“, sagt George und krault meinen Kopf. Ich schnurre und fahre meine Krallen aus.

„Au, au, tu das nicht!“, kichert er und nimmt sie weg. Dann sieht er ein wenig verängstigt und besorgt aus.

„Ich hoffe wirklich, dass alles in Ordnung sein wird“, sagt er und berührt eines der Bilder neben seinem schwingenden Bett.

Aber ich weiß, dass alles gut werden wird. Ich kann es spüren. Von einem verängstigten kleinen Ich, das sich versteckt hat und von George gefunden wurde, hier auf dieses Schiff gekommen ist, Peggy getroffen hat, den sehr netten Kapitän und den nicht sehr netten McCunnell, fast über Bord geworfen worden ist, in Singapur von Monstern verfolgt wurde, Ratten gejagt hat, mit Lilette gespielt und ... das getan hat... mein bisheriges Leben war einfach wunderbar. Was hat Peggy gesagt? Dass in jedem und in allem Gutes und Schlechtes ist, aber es hat auch sehr sehr viel Gutes gegeben. Alles ist magisch, Peggy hat recht. Und ich habe auch recht. Alles ist gut und wird auch gut bleiben.

George krault wieder meinen Kopf. „Du hast großes Glück, eine Katze zu sein, weißt du das?“

Auch er hat recht. Das habe ich wirklich.

„Man sagt, dass wir Menschen nur ein Leben haben...“

Und das habe ich auch, denke ich mal.

„Aber du“, erzählt er weiter, „nun, sie sagen, dass Katzen neun Leben haben...“

Neun? Das ist ja mehr als sechs und weniger als zwanzig. Aber neun? Das ist mir neu. Aber wenn das wahr ist, was ist mit JoJo und seinen anderen - wieviel auch immer neun weniger eins ist – Leben? Vielleicht ist er doch nicht gegangen, sondern nur irgendwo anders und nicht nur in meinen Bildern. Nein, er hat aufgehört, er ist gegangen, er war ... tot. Mir gefällt das Bild mit den neun Leben besser als das mit dem Tod. Ich schnurre, während George mich weiterstreichelt. Das Bild verändert sich zu neun JoJos und neun Ichs. Naja, viele von uns jedenfalls.

„Weißt du was?“ Ich renne zu ihm hin und knuddle ihn. „Ich habe neun Leben, Alles ist gut und magisch.“

Ich spüre, wie sein Herz klopft und klopft....

17/ Gefechtsstation

Ich lag in meiner Schachtel, natürlich mit meinem Affen an meiner Seite, als ich von einem furchtbar scheußlichen Geräusch aufgeweckt wurde. Es war lauter, als wenn alle Hunde der Welt auf einmal beginnen würden zu bellen. Es erinnerte mich daran, als ich noch daheim mit meinem Herrchen lebte und ich einmal ein schreckliches Heulen hörte, das mir durch Mark und Bein fuhr. Ich rannte vom Garten ins Haus und pferchte mich zu den anderen im Keller. Sogar unser Hausmädchen war dort.

Jetzt bin ich daran gewöhnt, die Matrosen schreien und herumlaufen zu hören – manchmal stecken sie sogar ihren Kopf direkt in meine Schachtel und rufen „Peggy, Peggy!“- aber dieses Heulen war wirklich furchterregend und schrecklich. Entsetzlich schrecklich könnte man sagen, wenn man sich selbst inmitten dieses Lärms und der ganzen Aufregung hören könnte, nachdem irgendjemand “Auf die Gefechtsstationen!“ gerufen hatte.

Zum Glück hielt der Lärm auf dem Schiff nicht lange an. Die Männer waren immer noch schrecklich beschäftigt. Sie kamen sogar in den Stauraum, um irgendwelche Sachen zu holen, aber keine Ahnung was. Sie müssen auch das Schiff aus irgendeinem Grund beschleunigt haben, denn ich hörte die Motoren aufheulen und ich spürte natürlich auch einen deutlichen Schub. Ich bin ja das ganze Tamtam auf hoher See gewohnt, also legte ich mich wieder in meine Schachtel, um ein Schläfchen zu machen. Danach wollte ich mich wieder aufmachen und bei der Beseitigung dieser biestigen Ratten helfen.

Und dann – Wusch! Und ein Bumm! Es hat mich fast aus meiner Schachtel geworfen. Ich stand auf um zu sehen, was es mit dem ganzen Trara auf sich hatte und wollte gerade auf das Deck gehen, als viele Beine an mir vorbeistürmten. Sie mussten gerade ihr Frühstück in der Messe gegessen haben. Ich trottete gerade noch rechtzeitig aufs Deck, um jemanden schreien zu hören: „Da drüben, pass auf!“

„Was in aller Welt ist hier los?“, dachte ich, als ich an der Steuerbord-Seite entlangging. „Peggy, geh zurück!“, hörte ich wieder irgendjemand schreien, aber ich habe keine Ahnung, wer das war. Es war recht viel Rauch in der Luft und ich sah, wie einige Männer Unionsflaggen entrollten und sie über die Seite des Schiffes hängten. Ich trabte hinüber auf

die andere Seite des Schiffes und schaffte es gerade noch auf den Bug, als „Kabummm!!“

Oh, es war furchtbar, wahrhaftig. Wirklich furchtbar. „Artilleriefeuer, da drüben“, hörte ich jemanden schreien, aber ich weiß wieder nicht, wer es war, denn der Rauch war so dicht, dass ich nicht mal die Pfote vor meinen Augen sehen konnte. Jemand greift uns an, dachte ich. Und das auch noch zu dieser unchristlichen Zeit. Ich hatte noch nicht einmal mein Frühstück gehabt.

Ich beschloss, hinauf auf die Brücke zu gehen – obwohl ich weiß, dass ich da eigentlich nicht hindarf, überhaupt bei diesem ziemlich strengen neuen Kapitän. Dann hörte ich weitere Schüsse von Land her, konnte mich gerade noch wegbewegen, als ich sah, wie eine Granate am Bug einschlug. Ich kann dir sagen, dass ich noch nie so schnell gelaufen bin – nicht einmal, als ich ein kleiner Welpe war. Ich versuchte, auf die Brücke zu kommen, aber gerade als ich es zur Türe geschafft hatte, ertönte wieder ein furchtbares Geräusch und ein grauenhaftes Knallen und Klirren, als etwas genau in die Seite des Schiffes einschlug.

„Jemand feuert auf uns!“, hörte ich den Kapitän brüllen. „Hisst die Kriegsflasche“, oder so etwas in der Art. Und dann war da wieder dieses Geräusch. Diesmal sogar noch lauter. Oh, meine armen Ohren. Ich konnte diesem Krach einfach nicht entrinnen. Ich hörte noch mehr Schüsse, noch ein „Wusch“ und dann wurde es furchtbar beängstigend, denn eine Seite der Brücke brach einfach komplett zusammen. Einige der Männer um mich herum wurden auf der Stelle umgerissen und fielen geradewegs aufs Deck. Überall war Blut, auf ihren Gesichtern, in ihren Haaren, auf ihren Kleidern. Es war wirklich erschütternd. Ich zitterte am ganzen Körper, vom Kopf bis hinunter zum Schwanz.

Und dann kam der Rauch. Gütiger Himmel, wie schrecklich war das! Er war ganz dicht und schwarz und brannte mir in den Augen und im Hals. Und der Gestank, der unbeschreibliche Gestank. Ich habe noch nie so etwas gerochen und ich möchte so etwas ganz sicher auch nie mehr wieder riechen müssen. Ich glaube, es muss auch von einigen der Männer gekommen sein, denn manche standen regelrecht in Flammen. Mein Herrchen hat mir immer von Schatten und Monstern erzählt und ich erinnere mich an einige Sachen, die wir in diesem Cinema gesehen haben, aber das war nichts, absolut gar nichts im Vergleich zu dem, was da passierte.

Ich versuchte, durch den Rauch zu spähen, aber er war einfach zu dicht. Ich stolperte immer über Männer um mich herum, manche waren verwundet und schrien vor Schmerzen, andere waren eindeutig tot. Ich sah wieder auf die Brücke und konnte Conway und den Kapitän ausmachen, die beide am Boden lagen. Welburn war am Steuer, aber es sah so aus, als ob auch er verletzt worden wäre. Sein Gesicht war voller Blut und sein Arm war überhaupt nicht zu sehen. Während ich ihn anschaute, rutschte sein Körper zu Boden, drehte das Steuerrad und ich spürte, wie das Schiff nach Backbord kippte.

Ich schaffte es, von dort wegzukommen, aber nur Gott weiß wie, denn meine Hinterbeine schienen immer einzuknicken. Ich musste ständig über Körper steigen, und ich konnte gar nichts sehen. Der Rauch war wirklich das Aller-, Allerschlimmste. Manche Matrosen standen in Flammen, standen wahrhaftig in Flammen. Überall war Feuer und dieser fürchterliche Gestank. Der schlimmste Gestank, den ich zu meinem Leidwesen jemals riechen musste. Ich denke nicht, dass ich das jemals vergessen kann. Ich kroch zu einem Spalt unter der Treppe und quetschte mich hinein. Ich konnte gerade noch ausmachen, was um mich herum passierte, und ich fühlte mich etwas sicherer in meinem Versteck, obwohl ich am ganzen Körper zitterte. Ich war froh, dass ich kein Land sehen konnte, denn das bedeutete, dass wer immer uns auch angriff, mich nicht sehen konnte. Ich wollte immer ein viel größerer Hund sein, aber in diesem Moment war ich unendlich dankbar für meinen etwas kleineren Wuchs.

Aus meinem Versteck konnte ich vier Matrosen an den Geschütztürmen am Bug sehen, die versuchten, auf die Angreifer zurückzuschießen, aber ich glaube nicht, dass es etwas genützt hat. Einige Seemänner an der Steuerbord-Seite versuchten auch zu feuern, aber als dieses Wusch-Geräusch wieder ertönte, fielen sie einfach nach hinten und ihr Schießen verstummte. Und dann hörte ich Schreie. „Helft mir! Hierher!“. Die Hilferufe klingen immer noch in meinen Ohren, aber damals konnte ich nicht ausmachen, woher diese Schreie kamen. Durch den Rauch hindurch konnte ich viele Körper an Deck liegen sehen, ganz viel Blut, aber ich konnte nicht sagen, wer schrie und wer nicht. Ängstlich wagte ich mich aus meinem Versteck, um das Gesicht eines Matrosen abzulecken, der in der Nähe lag, aber er bewegte sich nicht und ich wusste einfach, dass er tot war.

Von Land her kamen immer noch viele Schüsse. Durch den Rauch sah ich einen Matrosen, der sich aufrappelte, aber irgendetwas zischte durch die Luft und traf ihn ins Gesicht. Er stolperte nach vorne und landete beinahe auf mir. Es war wirklich grauenhaft – der Gestank, die schreienden

Menschen und dieses „Rat-a-tat“, das von allen Seiten zu kommen schien. Einige Matrosen versuchten mit den Schiffskanonen zurückzufeuern, aber sie fielen einfach nur aufs Deck, genau vor mir. Alles flog überall herum. Wann würde das jemals enden?

Wie sehr wünschte ich mir, dass ich durch den Rauch besser hindurchsehen könnte. Ich wusste nicht mehr, wo wer war. Ich hätte genau an meinem Herrchen vorbeilaufen können, ohne ihn zu bemerken, so viel Rauch, Panik und Chaos. Ich betete, dass alle anderen in Sicherheit waren oder sich versteckten, ich tat es wirklich. Ich hasste den Gedanken, dass jemand tot wäre. Es war absolut schrecklich mitanzusehen, was mit den Matrosen geschah und bei Gott, ich kenne das Gefühl sehr genau, wenn jemand, den man liebt, nicht mehr da ist.

Ich glaube nicht, dass das Schiff danach noch einmal getroffen wurde, jedenfalls nicht von den Granaten, die dieses schreckliche zischende Geräusch machten. Aber wer immer uns auch angriff, schoss noch auf uns. Immer, wenn das Schiff getroffen wurde, war ein Klicken zu hören, ähnlich dem Geräusch, das meine Pfoten hier machen, nur viel, viel lauter und viel furchteinflößender. Ich wusste nicht, von wo es das nächste Mal kommen würde. Die meisten, wenn nicht überhaupt alle Männer, lagen nun auf dem Deck. Diejenigen, die nicht tot waren, krochen herum und versuchten, nicht getroffen zu werden. Sie mussten über die Leichen einige ihrer Freunde robben, wirklich schrecklich.

Dann kam das Schiff mit einem heftigen Knall zum Stehen. Ich dachte zuerst, wir wären mit etwas zusammengestoßen, aber wir müssen an Backbord in flacheres Gewässer gekommen sein. Da niemand am Steuer war und der Kapitän tot am Boden lag, gab es niemanden, der das Schiff steuerte, und so trieb es einfach weiter, bis es auf Grund lief. Überall war immer noch dieser Rauch und der fürchterliche Gestank, aber die Schüsse hörten nun auf. Nach all dem Lärm hörte ich jetzt nur mehr das gequälte Stöhnen und Ächzen der Männer und das Knarren des ramponierten Schiffes.

Ich weiß nicht, wer es war, der sich als erster langsam aufrappelte. Aber ich denke, es war Oberleutnant Weston, denn ich hörte ihn schreien: „Name und Zustand!“, und dann hörte ich wie einige Männer durcheinanderriefen und schrien: „Conway: linkes Bein“, „Willis: tot“, „Thomson: Finger und Zehen“.

„Alle Leichen unter Deck!", rief Weston wieder und alle Männer, die noch dazu in der Lage waren, liefen, krochen oder schleppten sich zu einer Türe. Manche halfen den anderen, manche versuchten, ihre Freunde, die sich nicht mehr bewegten, zu transportieren, während der dichte Rauch um uns und über dem ganzen Schiff hing. Es wurde viel gehustet und gespuckt, als die Männer wieder langsam zu sich kamen.

Ich packte ein Bein, ich weiß nicht von wem, denn die Männer waren alle zu blutverschmiert, als dass ich jemanden erkennen konnte. Aber ich zog kräftig an ihm und er hob den Kopf, rappelte sich auf und taumelte die Treppen hinunter. Wer immer es war, sagte: „Danke Peggy", und kraulte mich am Kopf. Alle versuchten, dem Rauch und dem Gestank zu entkommen, aber auch auf den unteren Decks war es nicht viel besser. Auch hier unten lagen tote Körper und verletzte Matrosen. Das Ganze war eine fürchterliche Katastrophe.

„Also", rief Weston zu den Männern, die dort unten waren. „Diese Situation ist aussichtslos, wir müssen so schnell wie möglich von hier verschwinden. Sie haben vielleicht ein Loch in den Rumpf gesprengt und das Schiff droht zu sinken. Diejenigen von euch, die dazu in der Lage sind, suchen alles nach Löchern ab und dichten die verdammten Stellen mit Hängematten, Bettzeug, egal, was. Du da!", er zeigte auf Ginger, „Die ganzen geheimen Dokumente müssen verbrannt und die Verschlüsselungsgeräte müssen zerstört werden. Wir werden nicht zulassen, dass die Schweine, die das getan haben, etwas davon in die Hände bekommen."

Ginger lief hinaus. Ich nehme an, er ging zum Kontrollraum und begann, die Sachen zu vernichten. Wir können es nicht zulassen, dass unsere Feinde die Geheimnisse und Ausrüstung der guten alten britischen Marine in die Hände bekommen, um Himmels Willen Nein!

„Wir müssen auch die Maschinen zum Stoppen bringen", befahl Weston.

„Aber wenn wir das tun, haben wir nur mehr den Notsender und -empfänger zur Verfügung", hörte ich jemanden sagen.

„Nun, was macht das schon aus, wenn sie sowieso untergeht? Haben wir es geschafft, das Notsignal abzusetzen?"

„Ja, folgendes wurde gesendet: ‚Unter heftigem Beschuss. Auf Grund gelaufen. Viele Verwundete.'"[64]

„Gut, wenigstens ist die Nachricht rausgegangen", brummte Weston. „Sie werden zweifellos ein Schiff schicken. Ich denke, die HMS London ist in der Nähe der Jangtse-Mündung. Und was ist mit dem Doktor und dem Sanitäter? Sind sie einsatzfähig?"

„Ich werde nachsehen", antwortete ein Matrose mit blutverschmiertem Gesicht und lief hinaus. Mein Herrchen hat mir einmal vom ‚British Bulldog Spirit', der unbeugsamen Tapferkeit der Briten erzählt, und das muss es sein, was er damit gemeint hat. Obwohl, ich selbst hatte nie eine besondere Vorliebe für Bulldoggen.

„Wieviel Männer haben wir verloren?", fragte eine bebende Stimme.

„Ich weiß es nicht", brüllte Weston. „Ich vermute, die Verluste sind ziemlich hoch. Ich werde so schnell wie möglich eine Bestandsaufnahme machen. Gut, wer kommt mit mir, um einige unserer Männer an Land zu bringen?"

Hände gingen in die Höhe und es kam Bewegung in die Menge. Dann gingen alle, bis auf die Schwerstverletzten wieder hinaus an Deck. Ich folgte ihnen dorthin und hielt meinen Kopf so tief wie möglich. Ich hoffte stark, dass nicht wieder auf uns gefeuert werden würde. Einige Männer zogen an den Leinen an der Seite des Schiffes und es gelang ihnen, eines der Boote ins Wasser zu lassen.

„Bringt die Verwundeten hier rein!", schrie Weston. „Bringen wir sie ans andere Ufer! Die Nationalisten werden dort sein. Wie verdammt nützlich wären jetzt doch ihre Schiffe."

„Ich denke, es war zu eng", sagte Gurns. Oh, dem Himmel sei Dank, Gurns lebte noch und war unversehrt.

---

64 Ein Teil der offiziellen Meldung, welche ausgesendet wurde.

„Zu eng, pah!", brummte Weston. „Räumt die Messe für die Schwerstverletzten!" schrie er Gurns an. „Wenn sie ein Schiff hochschicken, können sie sie ins Krankenhaus bringen. Für den Rest von euch hoffe ich, dass ihr eure Schwimmflügel dabeihabt, denn ihr werdet schwimmen müssen."

Ich steckte meinem Kopf durch die Reling und konnte gerade noch das Wasser unter uns sehen. Es hatte eine schreckliche schwarze Farbe und war noch dazu ziemlich weit unten. Wie würde ich da hinunterkommen? Ich schäme mich fast es laut zu sagen, aber ich bin damals ein wenig in Panik geraten. Davor war es zwar auch beängstigend, aber ich konnte mich darauf konzentrieren, nicht von etwas getroffen zu werden. Ich hatte mir zwar die Pfoten und das Fell verbrannt, aber wenigstens ist es mir nicht so ergangen, wie den armen Matrosen, die immer noch hier herumlagen.

Dann sah ich, wie einige dieser Männer aufstanden und es kriechend schafften, zu den Matrosen, die die Leinen des Boots hielten, zu gelangen. Langsam und sorgfältig wurde den Verwundeten ins Boot geholfen, manche wurden sogar hineingetragen. Ich weiß nicht genau, wieviel Männer im Boot waren, aber ich freute mich, dass es doch ziemlich viele waren, das kann ich dir sagen.

Während sich das Boot füllte, schwangen andere Seemänner ihre Beine über die Reling, stellten sich auf das Dollbord und sprangen ins Wasser, um ans relativ sichere Ufer zu schwimmen. Aber dann, oh Gott, es war grauenhaft. Als die Männer im dunklen Wasser ankamen, fingen sie an zu schreien und zu brüllen: „Hilfe! Hilfe! Öl! Ich kann hier nicht schwimmen!" Ich weiß nicht, was mit ihnen passierte. Es sah aus, als würden sie regelrecht unter das Wasser gezogen. Manche von ihnen hatten einen ganz schwarzen Kopf. Sie versuchten, ihre Arme aus dem Wasser zu heben und vor all dem Öl davon zu schwimmen, aber es gelang ihnen nicht. Es war einfach fürchterlich.[65]

Jemand – ich weiß nicht wer – stieß einige Männer vom Dollbord weg. „Stopp!", schrie er. „Geht dort hinauf! Haltet nach Stellen Ausschau, an denen nicht so viel Öl ist und springt dorthin!" Ich weiß allerdings nicht, wohin die Männer hätten springen sollen, überall wo ich hinsah, waren

---

[65] Berichte über Öl im Wasser wurden bestritten.

diese verdammten dunklen Flecken. Auch der Rauch hing noch in der Luft. Alles was ich sehen konnte, war schwarz und blau. Doch einige Matrosen müssen einen besseren Platz gefunden haben, denn ich hörte manche rufen: „Hierher!“ und erblickte sie dann weiter oben am Schiff ins Wasser springen. Ich war erleichtert, als ich sah, wie sie vom Schiff weg in Richtung Land schwammen. Ich konnte es gerade so in der Ferne ausmachen. Es schien mir recht weit weg zu sein, aber ich sah, dass einige Männer richtig gute Schwimmer waren, so hoffte ich, dass sie es schaffen würden.

Dann, oh mein Gott, begann dieses „Rat-a-tat“ wieder und es schien, als ob es plötzlich angefangen hätte, stark zu regnen, denn es gab dieses furchtbare Geräusch, gefolgt von Spritzern an der Wasseroberfläche, schrecklich nahe an den Köpfen der armen Seemänner.

„Schwimmt! Schwimmt!“, konnte ich jemanden laut schreien hören. „Unter Wasser, wenn ihr könnt!“

In diesem Moment geriet ich nun richtig in Panik, denn ich erkannte, dass wer auch immer uns angegriffen hatte, nun auf die Männer im Wasser schoss. Diejenigen, die im Boot saßen, versuchten zu ihnen zu rudern und sie zu retten und zu beschützen, aber es hatte keinen Sinn. Der Anblick von den getroffenen und schreienden Männern, bevor ihre Köpfe unter Wasser verschwanden, war schockierend, absolut schockierend. Wirklich entsetzlich. Durch die Schüsse entzündete sich sogar das Öl an manchen Stellen, und als die Männer versuchten, hindurchzuschwimmen, fingen manche von ihnen einfach Feuer und gingen unter. Schrecklich, absolut grauenvoll. Und wieder diese Schreie. Ich werde sie nie vergessen können, niemals.

Ich beobachtete, wie das Boot langsam ans andere Ufer kam. Es war voll mit Körpern, manche bewegten sich, aber andere lagen einfach nur still da. Im Wasser schwammen auch noch ein paar Männer. Ich konnte ihre Arme und Köpfe sehen, aber manche waren einfach eingekreist von dem schrecklichen Öl und schafften es nicht. Und die ganze Zeit wurde auch noch auf sie gefeuert. Schüsse trafen das Wasser, trafen die Männer, trafen das Schiff.

Wann werden sie endlich aufhören zu schießen, dachte ich mir. Das war wirklich entsetzlich. Einfach abscheulich. Es waren nun nicht mehr viele von uns auf dem Schiff. Manche waren an Deck und rührten sich nicht und diejenigen, die sich bewegen oder die bewegt werden konnten, waren unten. Diejenigen, die nicht allzu viel Blut an sich hatten, konnten glücklicherweise die Arme oder Beine der Getroffenen verbinden. Ich hoffte so sehr, dass es die meisten im Boot und im Wasser ans andere Ufer geschafft hatten, aber was würde dann weiter mit uns allen passieren?

Ich ging wieder zurück auf die unteren Decks. Dort war überall Blut, Männer lagen am Boden oder saßen einfach nur da und rieben sich den Kopf. Ihre Gesichter waren weiß wie die Wand. Ich ging zu manchen hin, setzte mich neben sie und versuchte, sie abzulecken. Manchen schien es zu gefallen, doch andere bemerkten anscheinend gar nicht, dass ich da war. Ich sah McCunnell am Boden sitzen, er schaute nur auf seine Hände, starrte und starrte.

Gurns kümmerte sich um einige der Matrosen und versicherte sich, dass sie in Ordnung waren. Nun ja, so weit in Ordnung wie es unter diesen Umständen möglich war. Er flitzte herum und half, das Blut, das aus Armen und Beinen floss, zu stoppen oder gab den Leuten Wasser zu trinken. Alle mussten etwas von diesem furchtbaren Gestank, dem schrecklichen Rauch eingeatmet haben, denn es war noch viel Husten und Stöhnen zu hören. Auch ich fühlte mich nicht besonders fit. In meinem Inneren brannte es von diesem verdammten Rauch. Dann, oh gütiger Gott, sah ich George in einer Ecke am Boden sitzen. Er rieb sich das Gesicht und schien nicht zu wissen, wo er war. Also ging ich zu ihm hinüber und setzte mich neben ihn.

Er kraulte meinen Kopf, während wir dasaßen und das Geschehen um uns herum beobachteten. Dann, sehr, sehr langsam, stand er auf und stützte sich mit einer Hand an der Bordwand ab. „Ich muss sehen, ob es allen gut geht", sagte George zu mir und machte sich auf den Weg nach draußen. Ich wollte wirklich bei ihm bleiben, aber ich wollte auch nicht wieder an Deck. Schließlich dachte ich mir, es wäre doch das Beste, ihm einfach zu folgen. So gingen wir wieder hinaus, stiegen über einige Männer, die am Boden saßen und liefen über die Treppe nach oben.

Als wir das Deck erreicht hatten, wünschte ich, ich hätte ihm sagen können, dass er seinen Kopf unten lassen sollte, aber glücklicherweise schien diese schreckliche Schießerei aufgehört zu haben. Ich konnte hinunter aufs Wasser schauen, aber dort waren nur diese furchtbaren dunklen Ölflecke zu sehen. Wir kamen nur langsam weiter, es war immer noch dichter Rauch in der Luft, aber langsam lichtete es sich ein wenig. Der furchtbare Gestank war auch immer noch da. Das ganze Schiff war in einem jämmerlichen Zustand. Rote Flecken da, schwarze Flecken dort, Schiffsteile, Stiefel der Matrosen, alles lag überall herum.

Zum Glück ließ George seinen Kopf unten, während wir die Backbordseite entlang schlichen. Ich dachte immer daran, dass er jeden Moment beschossen werden und einfach auf den Boden fallen könnte. Was hätte ich dann getan? Ich sah, wie einige Seemänner Flaggen und Hängematten einsammelten und damit unter Deck gingen. Ich hoffte so sehr, dass sie alle Löcher stopfen könnten. Ich wollte nicht, dass das Schiff sank, schon gar nicht mit uns allen an Bord.

Wir kamen langsam vorwärts. George kickte einige Dinge aus dem Weg, wie um einen Pfad für mich freizumachen. Wir erreichten die Brücke, oder zumindest das, was von ihr übrig war. Sie war vollkommen zertrümmert. Hier muss so viel aufgeräumt werden, dachte ich mir, als ich das ganze Chaos sah. Das wird eine so schrecklich lange Zeit dauern.

Und als George und ich uns einen Weg durch all die Überreste des Schiffes bahnten, kamen wir zum Bug, und als wir nach unten sahen, lag unter einem ganzen Haufen von Gott weiß was allem ... mein Herz machte einen Sprung und schlug mir bis zum Hals, denn dort haben wir dann.... dich *gefunden.“*

18/ Nachwehen

Ich weiß nicht, was wirklich ist und was nicht. JoJo ist hier und dann geht er wieder weg. Ich versuche, ihm nachzurufen, aber er geht nur, geht weg, immer weiter weg. Ich möchte wieder mit ihm kuscheln. Ich will nicht hier sein. Ich weiß nicht einmal, wo hier ist. Ich möchte mich nicht so fühlen. Etwas Schlimmes ist passiert und ich fühle mich schlecht. Richtig schlecht. Alles ist schlecht. In meinen Ohren dröhnt es immer noch, so als ob die Monster von Singapur in meinem Kopf wären und dort herumrennen würden.

Peggy ist außer Atem. Sie hat mir erzählt, was passiert ist. Mein Kopf tut weh. Alles tut weh. Ich sehe ihr Gesicht und im nächsten Moment die Gesichter von Monstern, von rotverschmierten Matrosen, von Chairman. Habe ich ihn wirklich gesehen? Sein leuchtendes grünes Auge? Warum hat uns das jemand angetan? Peggy sagte, da ist überall Gutes und Schlechtes, in jedem. Wo ist jetzt das Gute? Peggy versucht mich abzulecken, aber es sticht zu sehr. Ich will nur hier liegen, wo immer hier auch ist.

„Wo ist George jetzt?“, frage ich sie, mein Hals ist trocken und tut weh.

„Er sieht gerade nach den anderen“, antwortet sie. „Oh Simon, es war wirklich schrecklich, ganz ehrlich. Und du siehst auch schrecklich aus, wenn ich das mal so sagen darf. Viel schlimmer noch als in Singapur.“

Ich versuche zu blinzeln, aber es fällt mir sehr schwer. Wo auch immer ich bin, es riecht furchtbar, aber dann merke ich, dass der Gestank von mir selbst kommt. Ich versuche, meinen Kopf zu bewegen, um mich umzudrehen und meinen Rücken zu betrachten. Vielleicht könnte ich mich putzen? Autsch. Au. Nein, es tut zu sehr weh.

„Nicht bewegen!“, sagt Peggy leise. „Ein Teil deines Fells ist angesengt worden und es sieht so aus, als wärst du auch noch voller Blut. Der Doktor musste dir Metallsplitter entfernen, weißt du, und hat dich sogar wieder zusammengenäht“, erzählt sie bebend. „Sie dachten, du wärst...“, aber dann redet sie nicht mehr weiter.

Meint sie, ich hätte fast *aufgehört*?

„Sind wir noch auf dem Schiff?“, frage ich sie und schaue mich so gut ich kann um.

„Ja, wir sind in einem der Stauräume ganz unten. Kannst du die anderen sehen?“

Ich versuche wieder, meinen Kopf zu heben, aber ich kann nichts erkennen. Der Geruch von ... Verbranntem ... scheint von überall herzukommen, nicht nur von mir. Ich schließe wieder meine Augen.

„Hey, Simon“, höre ich eine Stimme. George. „Meine Güte.“ Und ich kann die Berührung seiner Hand spüren, aber ich zucke zurück.

„Entschuldige. Oh, du armes Ding. Du bist zurück. Wir haben nämlich schon gedacht, wir hätten dich verloren, weißt du...“

Nein, ich war nicht verloren. Ich war nur .... nicht hier für eine Weile. War ich wirklich nah dran ... an dem was JoJo passiert ist? Wenn es mir so vorkam, als ob ich schlafen würde und nun bin ich mit all diesen Schmerzen erwacht ... in diesem wachen Alptraum ... dann muss es wohl so gewesen sein. Dann, ein plötzlicher Aufruhr. Ich höre das Geräusch von rennenden Füßen und dann stürmt jemand herein.

„Sie haben ein Rettungskommando geschickt! Die HMS Consort.“

Ich höre einige der Matrosen aufstöhnen. „Gut, sie können uns von diesem verdammten Schiff runterholen.“

„Ich gehe besser nach oben“, sagt Georges Stimme. „Peggy magst du auch mitkommen oder lieber hier bei Simon bleiben?“

Ich öffne meine Augen und schaue zu Peggy hinunter. Sie sieht hinauf zu George, dann zu mir. Obwohl mir alles weh tut, und ich mich nicht richtig bewegen kann, will ich doch alles mit eigenen Augen sehen. Ich möchte für George da sein. Ich möchte das Schiff sehen, das zu unserer Rettung kommt. Ich flüstere Peggy zu: „Ich möchte es sehen.“ Ich versuche, mich aufzusetzen.

„Hey, du darfst dich noch nicht bewegen“, befiehlt George. „Aber komm!“ Und er wickelt mich in die Decke, auf der ich liege und nimmt mich ganz langsam und vorsichtig auf. „Komm schon, Tiger!“

Tiger?

Wir verlassen den schrecklichen Gestank und die armen Matrosen in dem Raum, gehen durch eine Türe und machen uns auf dem Weg hinauf aufs Deck. Da unten bei den anderen Seeleuten war es sehr dunkel, deshalb tun mir jetzt die Augen weh, als wir in das helle Tageslicht kommen. Ich fühle mich fast so wie damals, als George mich das erste Mal hierherbrachte. Sicher in seinen Armen. Hier draußen riecht es anders. Es riecht nicht nach Meer. Es riecht, es riecht wie im Maschinenraum. Ich kann viel rote Stellen sehen, das zertrümmerte Deck und Teile des Schiffs liegen hier, dort, überall. Ich schaue hinunter und sehe, wie Peggy vorsichtig über etwas steigt ... ich weiß nicht, was das ist.

Ich sehe, wie Matrosen andere Matrosen, die ... sich nicht bewegen, nebeneinanderlegen und zudecken. Alle in einer Reihe, so wie immer, wenn sie das Schiff verlassen, nur dieses Mal liegen sie, statt aufrecht zu stehen. Einige der Seeleute, die sich bewegen, trinken etwas, das aussieht wie die braune Flüssigkeit, die unser erster Kapitän so gerne mochte. Sie sehen aber nicht so froh dabei aus wie der Kapitän, als er es getrunken hatte. Andere Matrosen werfen Dinge ins Wasser. Mehrere müssen anpacken, damit schwere Sachen angehoben und über die Bordwand geworfen werden können. Warum tun sie das?

In der Ferne sehe ich ein Schiff auf uns zukommen. Es sieht ein bisschen aus wie unseres, aber es hat einen viel höheren Mast. Von seiner Spitze steigt viel schwarzer Rauch auf. Ich schaue hinauf und sehe, wie Lichter von unserem Schiff abstrahlen. Die HMS Consort blinkt zurück. Es ist, als ob sie miteinander reden, aber ohne Worte.

Einige Matrosen, die in der Nähe stehen, winken mit den Armen in der Luft. Sie lachen, aber sie schauen auch nicht richtig froh aus. Ihre Augen scheinen auf etwas Anderes weit weg zu starren. George muss den Kapitän sehen, dann ich höre ihn „Sir!“ rufen und für einen Moment nimmt er eine seiner Hände unter mir weg.

Der Kapitän sieht krank aus. Sogar noch kränker als der erste. Er ist ganz gebückt und reibt sich ständig den Kopf. „Die Kavallerie ist hier“, sagt er zu George, Peggy und mir, als wir zu ihm kommen und zeigt auf die Consort. Peggy sieht zu mir hoch, ihre Augen leuchten nun etwas mehr. „Ich dachte schon, der Kapitän sei tot. Besonders gut sieht er jedoch nicht aus.“

Wir stehen da und sehen zu, wie die Consort schnell auf uns zukommt, aber es sieht immer noch so aus, als ob sie ein ganzes Stück von uns weg ist.

„Sie ist ziemlich schnell unterwegs, Sir“, bemerkt George zum Kapitän.

„Ja“, sagt der Kapitän hustend und er taumelt, als wären er genauso wackelig auf den Beinen wie ich.

„Sieht so aus, als würde sie neunundzwanzig Knoten machen“, sagt Weston. „Für meinen Geschmack sind sie aber noch nicht nah genug. Ihr Kommandant wollte uns abschleppen, aber das lasse ich nicht zu. Wir haben ihnen signalisiert, dass sie ein leichtes Ziel sein würden. Wie sieht’s aus?“, fragt er einen Matrosen, der an ihm vorbeihuscht.

„Wir haben den Schaden so gut wir können repariert, Sir“, antwortet dieser. „Ich glaube nicht, dass wir so schnell untergehen werden.“

„Gut, gut“, antwortet Weston. „Und der Ballast?“

„Alles, was nicht festgeschnallt ist, geht von Bord Sir. Sie hat einen ziemlichen Schaden erlitten.“

„Ja, ja, das kann ich sehen. Halten Sie mich auf dem Laufenden über den Fort...“

Plötzlich wird er von einem erneuten Husten und Spucken des Kapitäns unterbrochen und dann fällt dieser auf die Knie. Er streckt eine Hand vor, um seinen Fall zu bremsen, aber er bricht direkt vor uns auf dem Deck zusammen.

Das gefällt mir überhaupt nicht. Ich versuche, mich in Georges Arm zu einer kleinen Kugel zusammenzurollen. Peggy wimmert.

„Hierher“, ruft George jemandem zu. „Bring ihn unter Deck!“ Ein Matrose mit rotverschmiertem Gesicht und schwarzer, zerrissener Kleidung kommt herbeigerannt. Er bückt sich, nimmt den Kapitän auf seine Schulter und geht zur Treppe. Dabei rutscht er herum, denn das Deck ist immer noch übersät von diesen schwarzen Flecken, keine Ahnung, was das ist.

Die Consort kommt näher. Jetzt dauert es nicht mehr lange, und wir sind alle gerettet und in Sicherheit, in größerer Sicherheit sogar als hier in Georges Armen. George hält sich die Hand an die Stirn, um besser sehen zu können. Peggy wedelt ein wenig mit dem Schwanz. Als das Schiff näherkommt, kann ich eine, zwei, drei Flaggen daran ausmachen, dieselben, die wir hier haben. Dann sehe ich sogar noch mehr – eins, zwei, drei, fünf, vier, sechs, sieben. Ich hab's geschafft.

„Die guten alten Briten", bellt Peggy stolz. In diesem Moment ertönt ein „Krack, Krack, Krack" und die riesigen, beängstigenden Fliegen tauchen wieder auf und schwirren direkt über Georges Kopf. Ich höre Peggy heulen „Nein, nicht schon wieder!" Und dann rennt sie weg.

„Runter!", schreit jemand. „Auf den Boden!"

Zisch! Krach! Jetzt mache ich mich so klein, wie es geht. George wirft sich aufs Deck. Ich spüre, wie wir nach vorne und unten fallen. Um uns herum werfen sich Matrosen auf den Boden oder versuchen, die Treppe hinunterzulaufen.

„Sie schießen wieder auf uns", schreit George über den Lärm hinweg. „Simon, geht es dir gut?"

Nein, es geht mir gar nicht gut. Ich habe Angst, Angst, Angst. Ich mag diese Fliegen nicht. Ich mag es nicht, wenn George am Boden liegt und ich nicht weiß, wo Peggy hingelaufen ist. Die Fliegen dröhnen über unseren Köpfen, wenn sie auf das Schiff treffen, andere schwirren auf die andere Seite. Ich sehe jemanden an uns vorbeirennen, höre ein Zischen in der Luft und muss zuschauen, wie er seitlich aufs Deck geschleudert wird. Rote Spritzer überall.

„Oh bitte, bitte, mach, dass George nicht getroffen wird", denke ich mir. „Mach, dass niemand getroffen wird." Ich hoffe, dass Peggy in Sicherheit ist. George kriecht mit mir unter einem Arm nach vorne, meine Hinterbeine schleifen über das Deck. Aua, Aua, Aua! Ich bin zu verletzt, um mich zu bewegen, habe zu viel Angst um zu miauen.

Wir verstecken uns hinter einem Geschützturm.

Und dann beginnt das laute Knallen. Genauso laut wie zuvor und genauso beängstigend. Über mir füllt sich die Luft wieder mit diesem Rauch. Das Zischen und Knallen kommt von dort drüben, von der Stelle, wo ich

Chairman gesehen habe, da bin ich mir sicher. Und nun kommt es auch noch von der anderen Seite. Es muss von der Consort kommen, sie schießen offensichtlich zurück auf diejenigen, die uns und ihnen das antun.

„Bleib unten, Simon!“, höre ich Georges Stimme sagen. Aber er muss mir nicht sagen, was ich tun soll. Nicht schon wieder. Das erste Mal, als ich in seinen Armen war, hatte ich Angst. Nun zittere ich, bebe ich und habe Schmerzen. Das ist schlimmer als die schlimmen Bilder, die ich sehe. Das ist wirklich. Ich kann es riechen und hören. Ich kann spüren, wie das Schiff von den Fliegen getroffen wird. Wo ist Peggy?

Die Fliegen hören auf, über unsere Köpfen zu schwirren, aber das laute Geknalle geht weiter. Peng! Peng! Von einer Seite und dann von der anderen. George steht auf, langsam, sehr langsam. Nein, George! Tu das nicht! Teils kriechen wir, teils rennen wir und gelangen schließlich auf die andere Seite des Schiffes, weg vom Ufer, von wo die Fliegen und die lauten Knaller kommen. Ich sehe, wie die Consort ganz nah an uns herankommt. Von oben und von ihrer Steuerbordseite steigt Rauch auf. Das Knallen hört auf, als sie an uns vorbeifährt. Warte! Warte! Haben sie nicht gesagt, sie kommen, um uns zu retten? George hat mich gerettet und mich hierhergebracht, nun sind doch sie gekommen, um uns zu retten und uns alle rauszubekommen. Warum fahren sie vorbei?

Die Consort fährt direkt am Heck der Amethyst vorbei. Mehr Zischen und Knallen aus der Richtung, wo Chairman ist. Wo fahren sie hin? Warum haben sie nicht angehalten?

„Ich glaube, sie müssen umdrehen“, flüstert George. „In dieser Richtung gibt es kein Entkommen.“

Als die Comfort sich entfernt, hört die Knallerei auf. „Ok, gehen wir nach unten. Schauen wir mal, wie es allen geht“, sagt George und wir laufen hinunter. Noch mehr Matrosen sind rotverschmiert. Gurns ist hier und bei ihm ist – Peggy.

„Es tut mir furchtbar leid, dass ich so schnell abgehauen bin, Simon. Ich konnte das alles einfach nicht noch einmal ertragen. Ich weiß nicht mehr, ob ich komme oder gehe.“ Sie sieht aus, als täte sie sich selbst sehr leid. „Ich glaube, ich habe sogar mein Geschäft dort oben erledigt. Nicht sehr rücksichtsvoll, ich weiß.“ Ich muss niesen und George meint offensichtlich, dass ich runter will, denn er setzt mich sanft neben Peggy.

Hier bin ich also. Autsch, Aua! Meine Hinterbeine tun richtig weh, als meine Pfoten den Boden berühren. Ich steh da und wackle fast so sehr wie Peggys Bauch. Ich wippe auf meinen Vorder- und Hinterbeinen etwas vor und zurück. Ich versuche, zu Peggy zu gehen, aber ich schaffe es nicht. Es sind nicht so sehr die Schmerzen, es fühlt sich so an, als ob ich mich rauf und runter bewegen würde, als würde ich gleich umfallen.

„Peggy, ich kann mich nicht bewegen", rufe ich ihr zu.

„Was ist denn los, mein Lieber? Stell einfach eine Pfote vor die andere! Du weißt doch, wie das geht." Sie sieht mich an und schnuppert in der Luft.

Langsam stelle ich mein vorderes und hinteres Backbordbein in ihre Richtung, dann meine Backbordbeine. Wenn sich Kranksein so anfühlt, dann fühle ich mich krank. Ich mache einen Schritt und komme etwas näher zu Peggy. Alle meine Beine tun weh. Aua. Ich miaue.

Peggy sieht mich wieder an. „Es müssen deine Schnurrhaare sein, mein Lieber, sie sind alle weg."

Ich versuche, mit ihnen zu zucken, aber ich spüre nichts. Mein Kopf fühlt sich schwer an, mit den ganzen Bildern von den Männern, vom Rot und vom Rauch. Aber er fühlt sich auch irgendwie leicht an. Backbord. Steuerbord. Backbord. Steuerbord. Ich erreiche Peggy und schmiege mich an sie, froh über ihre Wärme. Vielleicht, wenn ich nur meine Augen schließe und ... Rauch und Fliegen und ... nein, so geht das nicht. Ich werde einfach hier sitzen, einfach hier liegen...

Draußen knallt es wieder und Peggy und ich springen beide auf. George stürmt hinaus. Geh nicht weg, George! Einige der anderen Matrosen setzen sich auf, ganz ruhig und still. Peng! Peng! Wir warten und warten. Ich versuche, meinen Kopf unter Peggys Bauch zu legen, damit alles verschwindet.

Schritte ... George stürmt wieder herein. „Diese verdammten Kommunisten. Die Consort kann nicht anhalten, es ist zu gefährlich. Sie sind auch getroffen worden. Schwer beschädigt. Sie haben umgedreht."

Alle Matrosen in dem Raum seufzen. Es scheint hier noch dunkler und kleiner zu werden. Mehr Gestank, weniger Luft zum Atmen. Peggys Ohren hängen nach unten.

„Heißt das also, dass wir hier gestrandet sind?“, höre ich jemanden rufen.

„Nein, verdammt noch mal, das heißt es nicht“, meint eine andere Stimme. „Überlasst das mir. Ich bringe einen Sender zum Laufen. Wir werden ein Signal aussenden.“

„Wir haben immer noch Eier in der Hose!“, ruft jemand und die Matrosen, die armen Matrosen, die schwarz- und rotverschmierten und die wie der Schlangenmann in Tüchern eingewickelten, sie alle lachen.

Während sie langsam aufhören zu lachen, schaue ich in ihre Gesichter. Als ich zum ersten Mal an Bord kam, wirkten sie alle so frisch und sauber und wie neu. Sogar ich fühlte mich wie neu. Nun fühle ich mich krank und alles tut mir weh vom Kopf bis zum Schwanz. So müssen sie sich auch fühlen. Sie schauen nicht mehr wie neu aus. Oder sauber. Sie sind schmutzig, stinken und alle haben traurige Augen. Ich bin weit weg von dort, wo ich herkomme, aber sie sind es auch alle, fällt mir gerade auf. Weit weg von Britannien und dem König, ihren Brüdern, Mädchen-Brüdern und Müttern.

Der Kapitän liegt auf einem Tisch und schläft. Gurns läuft geschäftig herum. McCunnell ist ganz ruhig und sitzt zusammengekauert am Boden. Ich gehe langsam zu ihm hinüber. Peggy schaut auf. Backbordbeine, Steuerbordbeine, so lange, bis ich McCunnell erreiche. Ich lege mich neben ihn. Er schaut nach unten, aber ich weiß nicht, ob er mich sieht. Dann spüre ich seine Hand auf meinem Kopf. Ganz sanft ... Rauch ... fallende Matrosen ... JoJo .....

Ich wache auf, als ich Schritte und Stimmen höre.

„Wir haben eine Nachricht ausgesandt!“ Entweder schreien sie so laut, oder meine Ohren sind noch verletzt. „Es ist uns gelungen, ein Notstromgerät in Gang zu setzen. Aber dann haben wir festgestellt, dass die verdammten Antennen weg sind. Also haben Strain und French einfach etwas Draht aus einem Bullauge gehängt und es hat funktioniert!“[66]

---

[66] Leutnant Jock Strain, Elektrospezialist, leitete einen Großteil der Aufräumarbeiten und Reparaturen und installierte ein ganzes 24-Volt-System für das Licht an Bord. Er wurde zum Oberleutnant befördert, während die Amethyst am Jangtse festsaß.

„Und?“, fragt Gurns.

„Wir haben eine Nachricht bekommen, dass die HMS Black Swan und die HMS London auf dem Weg zu uns sind“, antwortet French.[67] „Und ich hörte Weston sagen, dass wir das Schiff jetzt soweit vom Ballast befreit haben, dass wir es wieder flott machen und flussabwärts fahren können.“

In diesem Moment spüre ich ein Rumpeln unter meinen Pfoten. Die Motoren! Sie werden gestartet. Das Schiff brummt und rumpelt zum Leben. Es knarrt und rattert. Peggy trottet zu mir herüber.

„Ich hoffe, sie haben alle Löcher gestopft“, sagt sie und reibt ihre Nase an mich. „Ich will nicht, dass wir auch noch sinken, nach alldem, was schon passiert ist.“

„Vielleicht sollten wir wieder rausgehen und uns umschauen?“, frage ich sie, aber sie schüttelt sofort ihren Kopf. Ehrlich gesagt, bin ich froh darüber. Mein Äußeres tut mir weh und im Inneren habe ich Angst. Mit einem weiteren lauten Brummen, lauter als alle Matrosen, hebt sich das Schiff und ich spüre, wie es bebt und zittert. Wir bewegen uns!

„Jetzt kann es nicht mehr lange dauern“, murmelt Peggy. Dann hören wir wieder das laute Knallen. „Oh, ich habe mich wohl zu früh gefreut“, sagt sie und lässt selbst ein lautes Knallen ertönen. Alles, was wir tun können, ist hier liegen. Die Matrosen stöhnen, das Schiff bewegt sich langsam. Peggy und ich sehen uns an, dann die Matrosen. Zum ersten Mal wünsche ich mir, ich wäre nicht hier.

„Peng, peng, peng“ ist von draußen zu hören und ich spüre, wie wir uns ganz langsam bewegen. Alle Matrosen, die dazu in der Lage sind, lauschen dem Lärm von draußen, bis..., ja, es wird wirklich leiser! Wir müssen uns von der Knallerei wegbewegen. Wir sind nicht gesunken. Wir haben es geschafft!

„Und nun müssen nur noch die Black Swan und die London zu uns kommen“, sagt Peggy. Sie kratzt sich. Ich wünschte, ich könnte das auch,

---

[67] HMS Black Swan – das Schwesterschiff der Amethyst wurde 1939 vom Stapel gelassen und 1956 abgewrackt. Sie war das erste Schiff und Namensgeber der Black Swan Klasse der Royal Navy. French war der einzige überlebende Funker an Bord

aber ich weiß, ich bin verletzt und es tut noch weh. Langsam erhebt sie sich. „Ich denke, ich werde jetzt auf Erkundungstour gehen. Jetzt ist es, ähm, sicherer“, meint sei und trottet mit eingezogenem Schwanz los. Ich glaube, ich weiß, wohin sie geht. McCunnell murmelt etwas, aber ich verstehe nicht, was er sagt. Peggy kommt zurück und hat etwas im Mund. Ich hatte Recht. Sie sieht glücklich und auch traurig aus.

„Ich habe diese Kekse gefunden.“ Sie versucht, mit dem Schwanz zu wedeln. Ich probiere, etwas zu essen, aber mein Hals ist immer noch ganz trocken und wund. Ich knabbere ein bisschen und muss husten. Die Matrosen stöhnen. Peggy isst ihre ganzen Kekse auf. Und auch ein paar von meinen. Wir liegen nur da. Und warten.

Schäden an der HMS Amethyst
Foto mit freundlicher Genehmigung von Oberstleutnant Stewart Hett

Schäden an der HMS Amethyst
Foto mit freundlicher Genehmigung von Oberstleutnant Stewart Hett

19/ Einhundertundeinmal Schlafen

Ich bin umgeben von Unglücklichen. Als wir hörten, dass die Black Swan und die London nur ein paar Meilen von uns entfernt waren, setzten sich alle Matrosen, die dazu in der Lage waren, unter Deck auf, lächelten und warteten. Unser Schiff war wieder flottgemacht worden, und wir hatten es geschafft, ein Stück weiter flussabwärts zu fahren, wo es etwas sicherer war. Peggy war ganz aufgeregt bei dem Gedanken, von Bord gehen zu können. Ich hörte manche Matrosen sagen, dass sie sich schon freuten, wieder an die Orte zurückzukehren, von wo sie her waren. Ich versuchte, meine Pfoten auf den Boden zu stellen und etwas herumzugehen, damit es weniger wehtat und ich mich nicht mehr so wackelig auf den Beinen fühlte. George erzählte mir von seiner Familie daheim.

Aber am Ende waren die Schiffe nicht dazu in der Lage, uns zu retten, nicht so wie George mich vor langer Zeit gerettet hatte. Gurns sagte, dass die Kommunisten, die Menschen, die uns angegriffen hatten und bei denen Chairman war, auch die Black Swan und die London unter Beschuss genommen hätten. Einige ihrer Matrosen wurden verletzt und getötet, deshalb mussten sie beide wieder umkehren, so wie die Consort. Es machte mich mehr als traurig zu sehen, wie die Seemänner im einen Moment noch aufgeregt waren, wie ich, wenn ich spiele, und dann im anderen Moment wieder so unglücklich waren. Sie scheinen genauso traurig zu sein, wie ich es war, als JoJo starb.

Gestorben. Tot. Weggegangen. Wenn Menschen oder diejenigen, die du liebst, nicht mehr da sind. George und Peggy erzählten, dass das fast auch mir passiert wäre. Ich frage mich, wie es sich wohl anfühlt, wenn man tot und weggegangen ist. Fühlt es sich genauso an, wie für diejenigen, die zurückbleiben? Ich denke, das könnte der Grund sein, warum viele der Seeleute hier so traurig sind. Viele ihrer Freunde sind weggegangen, und nun müssen wir hier auf Schiffe warten, die uns retten sollen, und dann doch wieder nur umdrehen können. Ich frage mich, ob die Matrosen hier nun auch böse Bilder sehen. Manchmal, wenn ich im Unterdeck schlafe oder zu schlafen versuche, höre ich sie schreien oder sehe, wie sie sich plötzlich aufsetzen und umschauen. Ich kann ihre Augen im Dunkeln sehen, groß, rund und verängstigt. Manchmal sind sie auch nass, wie die von George.

Nachdem die Schiffe uns nicht retten konnten, landete auf einmal ein Flugzeug am Wasser. Wie seltsam. Ich habe sie am Himmel fliegen sehen, aber noch nie auf dem Wasser landen. Es sah aus, wie ein großer Vogel. Das Flugzeug hatte einen Doktor an Bord.[68] Es ist aber nicht lange geblieben, denn die Knallerei begann wieder und so flog es ziemlich schnell davon. Der Doktor muss sehr mutig gewesen sein, auf das Schiff zu springen, während die Kommunisten schossen.

Ein paar Tage später kam ein kleines Boot mit einem Menschen, der unser neuer Kapitän sein sollte. Das Boot nahm mehrere verletzte Matrosen mit, obwohl diese das Schiff eigentlich nicht verlassen wollten. Sie alle wollten hierbleiben und helfen.

Die Menschen, die den Matrosen halfen, von der Amethyst wegzukommen, werden Nationalisten genannt. Eigentlich haben die Kommunisten sie angreifen und töten wollen. Sie müssen gedacht haben, dass wir auch zu ihnen gehören, obwohl, soviel ich sehen kann, die Kommunisten eher so ausschauen wie die Nationalisten als die Matrosen hier. Warum wollen Menschen, die ähnlich aussehen, sich gegenseitig weh tun? Warum will überhaupt irgendjemand dem anderen weh tun?

George sagte, als wir das Schiff verlegten, wollten einige Nationalisten uns mit Booten zu Hilfe kommen, aber sie wurden auch angegriffen. Einer von ihnen wurde von einer dieser großen, unheimlichen Fliegen so schwer verletzt, dass er sogar versuchte, sich selbst zu töten, indem er seine eigene Zunge verschluckte. Ich weiß wirklich nicht, warum jemand das tun sollte, sich selber aufhören zu lassen. Als George mir das erzählte, fühlte ich meine Zunge und versuchte, sie nach hinten zu bringen, aber ich konnte es nicht einmal ansatzweise tun. Ich dachte immer, Zungen wären zum Lecken und Putzen da, nicht um sich selbst aufhören zu lassen.

Der neue Kapitän heißt Kerans[69]. Als er auf dem Schiff ankam, nahm mich George unter den Arm, und wir gingen mit einem Matrosen, der

---

[68] Flugleutnant Michael Fearnley RAF – Sanitätsoffizier, der mit einem Sunderland Wasserflugzeug von Nangking zur Amethyst geflogen wurde, nachdem der Arzt Leutnant John M. Alderton an Bord ums Leben gekommen war.

[69] Oberstleutnant John S. Kerans machte einen ausgezeichneten Dienst in der Marine, nachdem er 1932 in die Royal Navy eingetreten war. Er hatte Erfahrungen in China gemacht, was sich in den folgenden Monaten als unbezahlbar erweisen sollte. Er hatte 1935 auf dem Kreuzer HMS Cornwall und dann 1937-39 auf der Fregatte HMS Lowestoft in China gedient. Während des Chinesisch-Japanischen Krieges war er in Shanghai und anderen Häfen stationiert und diente 1937 vorübergehend auf dem Kanonenboot HMS

Hett heißt, zu ihm, um ihn zu begrüßen. George sagt, dass Hett ein Offizier ist, was heißt, dass er wichtiger ist, als die meisten anderen Seeleute an Bord. Kerans sprach mit George und Hett, aber zu mir hat er nicht Hallo gesagt. Ich denke, er ist sehr streng, sogar noch strenger, als der andere Kapitän. Aber George sagte, dass die Matrosen jetzt jemanden brauchen, der die Führung übernimmt, damit wir und die Amethyst wieder fit wie ein Turnschuh werden. Ich habe das schon einmal gehört. Jetzt weiß ich, dass es heißt, dass man besser und bereit ist.

Kerans hat einigen Matrosen gesagt, sie sollten Sprengladungen am ganzen Schiff anbringen, damit das Schiff in die Luft gesprengt wird, wenn uns allen etwas passierte. Menschen, die ihre eigene Zunge schlucken, Kerans, der sagt, wir wollten mit dem Schiff genau das machen, was die Kommunisten versuchten, zu tun. Ich verstehe das alles nicht. Er sprach zu allen Matrosen in der Messe und zu denen, die immer noch in Stoffen gehüllt waren, unter Deck. Er gab ihnen allen einen Drink, der „Pferdenacken" oder „Horse's Neck" genannt wird.[70] Er sieht aus und riecht wie die braune Flüssigkeit, die der erste Kapitän immer getrunken hat. Ich mag den Geruch nicht, aber Kerans und einigen anderen Matrosen schmeckt das Zeug anscheinend. Es lässt sie nicht mehr traurig sein, für eine kurze Zeit zumindest. Aber ich weiß nicht, warum es Pferdenacken heißt. Ich weiß, dass ein Pferd ein Tier ist, also kommt es vielleicht von denen? Ich würde gerne wissen, ob es auch ein Getränk gibt, das Katzennacken heißt.

Ein anderes Mal habe ich einige Matrosen lächeln gesehen, als Kerans ihnen erzählte, dass jemand, der Journalist genannt wird, in Hongkong erfahren hat, was mit uns passiert ist. Der Journalist hat dann der ganzen Welt davon erzählt und nun weiß jeder, wo wir sind, aber niemand

---

Ladybird am Jangtse-Fluss. Nach dem Krieg kehrte er in den Fernen Osten zurück und diente beim Sicherheitsdienst in Hongkong. Anfang 1949 wurde er als stellvertretender Marineattachè nach Nanking entsandt. Angeblich war er ein Trinker mit einem sehr aufbrausenden Temperament und in der Navy konnten sie ihn nicht richtig im Zaum halten, deshalb gaben sie ihm dort einen langweiligen Job. Er war dann zur richtigen Zeit am richtigen Ort, als die Amethyst einen neuen Kapitän brauchte! Später wurde Kerans Abgeordneter der Konservativen MP für The Hertlepools, wo er eine Amtszeit verbrachte

[70] Brandy und Ginger Ale. Nur Offiziere hatten eine eigene Bar mit Drinks. Die Matrosen bekamen einmal am Tag ein Gläschen Rum. Oberleutnant Hett organisierte eine Extra-Ration Rum für diejenigen, die die schwierige Aufgabe hatten, die Toten für die Beerdigungen vorzubereiten.

kann etwas für uns tun. Wie kann überhaupt ein Mensch etwas der ganzen Welt erzählen? Da muss er viel erzählen. Und wie könnte eine ganze Welt uns jetzt retten?

Und noch einmal waren die Seeleute froh, nämlich als sie etwas von unseren Freunden hörten, die an Land geschwommen waren, als wir das erste Mal aufgelaufen waren. Sie mussten über ein Gebiet laufen, in dem etwas liegt, das Minen heißt und knallt und explodiert, wenn man darauf tritt. Aber es ist nichts explodiert, und allen Matrosen ging es gut[71]. Aber die restliche Zeit sahen die Männer einfach nur traurig aus.

Einige, die das Schiff verlassen haben und diejenigen, die nicht ... tot sind.... sind nun an einem Platz, der Krankenhaus genannt wird. Sie sind in Shanghai, dem Ort, an dem wir waren, bevor alles beängstigend und schlimm geworden ist. Den Matrosen wurde gesagt, dass Kapitän Skinner und einige andere auch gestorben sind. Gestorben. Tot. Gegangen. Wenn Menschen oder die, die man liebt nicht mehr da sind. Ginger war einer der Männer, die gestorben sind. Das machte mich sehr traurig, als George es mir und Peggy erzählte. Einige verletzte Matrosen wurden auf einem amerikanischen Schiff namens Repose zurück nach Hongkong gebracht.[72] Das ist ein Schiff, das vom selben Ort wie Pauloni herkommt. Ich hoffe, die Seeleute auf diesem Schiff waren genauso nett zu unseren, wie Pauloni zu Peggy und mir, und dass sie sich um sie kümmerten.

Und jetzt sind wir schon eine sehr sehr lange Zeit hier. Aber es geht mir langsam besser. Mein Rücken und Kopf tun mir zwar immer noch etwas weh und meine Pfoten schmerzen, wenn ich sie auf den Boden stelle, aber ich kann herumlaufen. Ich fühle mich auch wieder anders. Ich fühle mich ein bissen so, wie damals, als ich Lilette getroffen habe. Ich möchte wieder kratzen und beißen, aber diesmal weiß ich, warum. Ich denke an Chairman

---

[71] Der Funker Robert „Bob“ Ernest Stone, einer der 50 Besatzungsmitglieder, denen befohlen wurde, über Bord zu gehen, berichtete später, dass sie zuerst durch das gefährliche, unbesetzte Minenfeld „Rose Island“ und dann tagelang durch gebirgiges Terrain gelaufen waren, bis sie von Chinesischen Nationalisten gefunden wurden. Die Verwundeten wurden in ein Krankenhaus in der Nähe transportiert und die restlichen Männer brachte man in die nächste Stadt. Dort warteten schon Lastwägen auf sie, die sie zum nächsten Bahnhof fuhren, damit sie sicher nach Shanghai reisen konnten.

[72] Ein Hospitalschiff der Haven-Klasse der US-Marine. Es war zur Unterstützung der Besatzungstruppen in Nordchina in Shanghai und Tsingtao stationiert.

und die Kommunisten und an das, was sie Ginger und uns allen angetan haben. Ich denke daran, was Chairman JoJo angetan hat. Ich weiß nicht, warum die Kommunisten uns das antun wollten. Vielleicht glauben sie, dass der Ort, von dem sie herkommen, besser wäre, wenn wir nicht da wären. Vielleicht dachte das Chairman auch. Aber sie haben unrecht.

Und dann denke ich an die Ratten, wie sie herumrennen und das ganze Essen der Seeleute aufessen. Es kümmert sie nicht, was mit den Matrosen passiert, sie machen sie sogar noch kränker. Früher habe ich nicht geglaubt, dass manche Kreaturen besser sind als andere, aber nun bin ich mir da gar nicht mehr so sicher. Wenn Peggy und ich Freunde sein können, warum können dann nicht auch andere Tiere oder Menschen Freunde sein? Aber wenn eine Kreatur oder ein Mensch einen anderen loswerden möchte, dann sind sie böse. Ich finde, dass die Bösen verschwinden sollten, nicht die Guten. Wenn einer sich um nichts kümmert oder sogar jemanden weh tun möchte, dann müssen sie aufgehalten werden. Deshalb muss ich die Ratten aufhören lassen. Es wäre besser für die Matrosen, wenn die Ratten nicht auf diesem Schiff wären. Ich muss sie töten. Jetzt verstehe ich das.

Mao Tse Tung muss ihnen gesagt haben, dass viele, viele an Bord kommen sollen. Ich habe sogar gesehen, wie sie die Zehen der armen Matrosen da unten angeknabbert haben. Deshalb war Peggy auch glücklich und traurig zugleich, als wir damals nicht gerettet werden konnten und sie mit ein paar Keksen zurückgekommen war. Sie sagte, dass sie die Ratten herumrennen gesehen hätte. „Alles war für die Katz'". Schon wieder diese Worte. Ich weiß immer noch nicht, was das heißt. Vielleicht, dass die Kekse besser für mich gewesen wären? Aber es ist nicht wichtig. Ich weiß nun, was ich tun muss.

Während es den Matrosen und mir langsam wieder besser geht, schleiche ich rund ums Schiff. Ich weiß, ich kann noch nicht schnell rennen, aber immer, wenn ich eine Ratte in der Nähe rieche, verstecke ich mich und warte. Nachdem ich sie gerochen habe, höre ich sie schnüffeln und auf dem Boden tapsen. Dann sehe ich eine. Eine zuckende, rosa Nase. Auch meine Ohren beginnen zu zucken. Ich hocke mich hin, lasse meine Krallen ausfahren und dann ... springe ich! Vorwärts, meine Krallen bohren sich in ihren Rücken, genauso wie es die bösen Monster in Singapur bei mir taten. Aber ich mache das, weil ich es tun muss und weil es das Richtige ist.

Als ich das erste Mal eine Ratte so gefangen hatte, tat sie mir zuerst fast leid und ich hätte sie beinahe frei gelassen. Aber dann dachte ich wieder an Chairman und sein grünes Auge, ich dachte an die Matrosen und wie krank sie aussahen und dann biss ich weiter zu und bohrte meine Krallen in sie, bis sie sich nicht mehr bewegte. Ich weiß, vor einiger Zeit wäre ich nicht dazu in der Lage gewesen, aber jetzt kann ich es tun. Ich tue es, um meine Freunde zu beschützen und um meinen Job zu machen. Endlich bin auch ich eine Katze, die Ratten fängt.

Ich laufe überall auf dem Schiff herum, auf dem Deck und unter Deck. Ich schnüffle. Ich warte. Ich jage. Dann putze ich mich. Ich sitze oder liege bei den Matrosen und wenn sie in der Nacht schlafen, gehe ich wieder auf die Jagd. Einmal zeigte Atkins eine der Ratten, die ich getötet hatte, den anderen Matrosen.

„Hervorragende Arbeit", sagte Gurns. „Du beseitigst den Feind für uns. Weiter so!"

Manchmal, wenn ich nicht gerade meinen Job mache, sitze ich bei den Seeleuten, die etwas zuhören, das Radio genannt wird. Sie stehen alle um eine Kiste herum und Menschen sprechen zu ihnen und schöne Musik ertönt, wie zuhause an dem Ort, wo sich die Menschen rundherum drehen und mein Hintern wackeln wollte. Ich glaube, es ist magisch. Aber die Matrosen verwenden es nicht sehr oft, dann es verbraucht Strom, jedoch wenn es an ist, scheint es sie zum Lächeln zu bringen. Sie hören Stimmen, die von sehr weit weg kommen. George sagt, es hilft ihm und den anderen dabei, an zuhause zu denken. So wie ich ihnen helfe, an ihre Lieben zuhause zu denken, wenn ich auf ihnen liege oder sie mich streicheln. Auch das weiß ich von George.

In der Zeit zwischen Jagen und Gestreicheltwerden warten wir alle nur. Und warten. Und warten noch mehr. Es tut nun nicht mehr so weh, wenn ich meine Pfoten auf den Boden stelle. Peggy sagt, dass ich keine Augenbrauen mehr habe. Tun mir deswegen die Augen weh, wenn ich sie schließe? Ich mache meine Augen sowieso nicht gerne zu, auch wenn George meint, ich sollte das tun, weil es mir hilft, mich besser zu fühlen. Ich mag sie nicht schließen, weil manchmal sehe ich JoJo oder Lilette, aber manchmal sehe ich Chairman. Ich sehe sein grünes Auge leuchten und dann sehe ich diese furchterregenden Fliegen und höre das Knallen. Aber dann jage ich die Ratten nur noch öfter. George sagt, dass es den Matrosen hilft, wenn sie tote Ratten auf dem Schiff sehen. Es kommt mir jedoch schon seltsam vor, dass sie gerne tote Dinge sehen.

Außerdem lege ich mich oft neben die Matrosen um sie zu trösten. Wenn ich JoJo in meinen Bildern sehe, dann macht er das manchmal mit mir, deshalb weiß ich, wie gut sich das anfühlt. Ich möchte, dass die Matrosen das auch spüren. Ich weiß, ich kann sie nicht ablecken und sie putzen, aber ich kann einfach daliegen, und wenn sie mich am Kopf kraulen wollen, können sie das tun. Manche wollen das und es sieht so aus, als ob sie sich freuen, wenn ich zu ihnen gehe, aber andere möchten einfach in Ruhe gelassen werden.

Wie damals, als ich McCunnell das erste Mal getroffen habe und ich gleich spürte, dass er mich nicht mochte, kann ich es auch jetzt spüren, welche Männer mich gerne um sich haben und welche nicht. Meine Schnurrhaare wachsen nun auch wieder langsam nach und ich zucke nur mit ihnen und weiß, zu wem ich gehen, auf wen oder neben wem ich mich legen soll. Aber am liebsten schlafe ich immer noch auf George, also lege ich mich manchmal auf ihn und manchmal bleibe ich bei den armen Matrosen. „Danke, Simon“, sagen sie dann manchmal. „Was würden wir denn ohne dich machen? Durch dich verlieren wir nicht den Mut.“

Ich kann die schreienden Monster in meinem Kopf nicht mehr hören. Stattdessen höre ich wieder die Geräusche und Klänge auf dem Schiff, genau wie früher. Genau wie meine Schnurrhaare wachsen auch die Haare in den Gesichtern der Matrosen. Sie sehen nicht mehr so rosa und sauber aus wie früher. Das scheint alles schon sehr lang her zu sein. Sie haben Haare auf ihren Köpfen und rund um ihre Münder herum. Vielleicht bekommen sie jetzt auch so ein Fell wie ich es habe? Und vielleicht werden sie sich dann auch mit ihrer Zunge putzen? Ich habe keine Ahnung.[73]

Als Kerans mit dem Boot der Nationalisten kam, hofften die Matrosen, dass er Essen und Wasser mitbringen würde. Aber alles, was er mitbrachte, war etwas Papier mit vielen Zeichen darauf. George sagte, dass wir jetzt das Essen rationieren müssen. Ich kann mich an dieses Wort erinnern – der erste Kapitän hat es einmal gesagt. Es bedeutet, überhaupt nicht viel essen zu dürfen. Aber jetzt gibt es für niemanden viel zu essen, nicht einmal für Peggy und mich. Ihr Bauch wackelt schon nicht mehr so stark. Die Seemänner sind auf halbe Ration gesetzt, was bedeutet, dass sie jeden Tag nur eine sehr kleine Menge Brot bekommen. Ich und Peggy bekommen sogar noch weniger als sie.

---

[73] Wasser war knapp, aber die Matrosen konnten sich immer noch rasieren und mussten um Erlaubnis fragen, einen Bart wachsen lassen zu dürfen

Ich glaube, dass Kerans mich nicht besonders gerne mag. Er ist immer schwer beschäftigt oder schreit herum. Offensichtlich mag er mich nicht streicheln oder nicht einmal Hallo zu mir sagen. Manchmal steigt er in ein kleines Boot, fährt weg und kommt wieder zurück. George sagt, dass er dann ein paar Kommunisten namens Oberst Kang und Major Kung treffen will[74]. Immer, wenn Kerans geht, frage ich mich, ob er zurückkommen wird, oder ob die Kommunisten ihn einfach behalten werden. Schon seltsam, dass er diejenigen treffen will, die uns alle töten wollten. Er muss sehr tapfer sein. Er kommt jedoch immer wieder zurück, aber dann ist er immer sehr wütend.

Ich verstehe nicht ganz, was Kerans spricht, aber er sagt, dass die Kommunisten es verhindern, dass wir gerettet werden. Die Kommunisten sagen, dass sie uns angegriffen haben, weil wir sie zuerst attackiert hätten, aber ich weiß, dass das nicht stimmt und nicht einmal wahr ist. Ich war bei JoJo. Peggy erzählte aber, dass wir gerade den Jangtse hinunterfuhren, um der Consort zu helfen, als das Knallen begann. Wenn Kerans den Kommunisten sagen würde, dass wir zuerst geschossen hätten, dann werden sie uns freilassen, aber Kerans wird das nicht tun, weil es nicht so passiert ist. Also ist es im Moment wichtiger, ehrlich zu sein und die Wahrheit zu sagen, als etwas vorzugeben. Sogar wenn wir dann in der Lage wären, von hier zu verschwinden. Ich frage mich, ob ich an seiner Stelle auch so ehrlich wäre und immer nur die Wahrheit sagen würde. Ich glaube, mir gefällt dieses Abenteuer nicht mehr. Wenn ich nur etwas vorspielen müsste, und könnte dann wieder bei Uboat oder Lilette sein, dann würde ich es wohl tun.

Auf dem Schiff ist es jetzt auch sehr heiß. Überall, wo ich hingehe ist es heiß, heiß, heiß. Der Stauraum, der Motorraum, die Lager, die Messe, das Unterdeck. Gurns sagt, das ist so, weil das Schiff nicht viel Öl hat. Damals, als die Matrosen ins Meer gesprungen sind, war Öl darin. Obwohl durch das Öl manche Matrosen untergegangen sind, braucht das Schiff Öl, um sich zu bewegen. Also ist Öl beides, gut und böse, nehme ich mal an.

Immer, wenn ich nach draußen an Deck gehe, sind dort überall viele ganz kleine Fliegen. Ich kann ganze Wolken von ihnen über und auf dem Schiff sehen. Und wenn sie auf den Armen oder Gesichtern der Matrosen landen, erschlagen sie die Männer – patsch! Manchmal hinterlassen sie

---

[74] Colonel Kang –der chinesische Chefunterhändler. Major Kung – der örtliche Kommandant der Kommunisten

kleine rote Flecken auf der Haut der Matrosen. Die Fliegen machen ein surrendes Geräusch und die Seeleute versuchen, ihnen auszuweichen. Ich mag sie nicht. Zwar nicht so sehr wie die anderen riesigen, furchterregenden Fliegen, aber diese hier möchten immer auf mir landen und mich beißen, deshalb gehe ich wieder hinein und warte, bis sie weg sind. Aber dann ist mein Fell so heiß und wie oft ich mich auch ablecke, ich kann mich nicht abkühlen. Ich weiß nicht, wohin ich mich setzen soll. Auch Peggy weiß es nicht. Ich versuche, auch sie wieder froh zu machen, gleich wie die Matrosen. Manchmal kuschelt sie mit mir, aber dann sagt sie auch wieder, ich soll weggehen.

George sagt, er und die anderen Matrosen sind froh, mich hier um sich zu haben. Was hat der erste Kapitän vor so langer Zeit zu mir gesagt? Dass wir alle einen Job zu erledigen haben. Gut, mein Job ist es, die Ratten zu jagen, bis wir alle gerettet sind. Und das ist es, was ich jetzt mache.

****

Es ist immer noch heiß, *richtig* heiß. Alle sind wir hungrig und haben wieder mehr Haare bekommen, selbst ich. Ich kann nun wieder gehen. Es tut nicht mehr so weh und ich fühle mich nicht mehr so krank. Ich kann sogar wieder die Treppen hochspringen. Ich weiß nicht, wie lange wir schon hier sind und nicht von der Stelle kommen. Aber auch die meisten Matrosen können nun wieder mehr herumlaufen. Manchmal gehe ich in den Kontrollraum und beobachte French, wie er auf irgendetwas tippt und klopft. Er tippt sehr schnell darauf und es macht „Klack, klack, klack", ein bisschen so, wie wenn Peggy und ich auf dem Schiff herumlaufen. Immer, wenn French dann mit Kerans redet, sagt er ihm, dass er Signale aussendet und dann berichtet er, welche Nachrichten er zurückbekommen hat. Vielleicht ist das Tippen dafür gut, um Nachrichten zu versenden. Kerans kratzt sich dann immer am Kopf und schreit. Aber ich glaube nicht, dass er French anschreit. Er schreit nur, weil er will, dass wir wegfahren können.

Peggy, ich, George, Gurns und einige andere Matrosen sind in der Messe. Ich kann am Geruch des Getränks erkennen, dass sie Horse's Neck trinken müssen. Obwohl ich den Geruch nicht mag, und schon gar nicht den Geschmack – George hat einmal etwas davon auf seinen Finger getan und mich ablecken lassen, es war fürchterlich – riecht es immer noch besser, als es das Schiff jetzt tut. Während wir warten und warten, rollen die Matrosen oft die kleinen Papiere und zünden sie an. Es ist Rauch, der herauskommt, nicht Nebel, das weiß ich jetzt. Aber ich mag es trotzdem nicht. Manchmal schreien sie sich an, wenn einer von ihnen mehr als die anderen Matrosen hat und sie die Papiere nicht gerecht teilen. Sie sitzen um einen Tisch herum und halten irgendwelche Dinge in den Händen. Ich weiß nicht, was es ist, aber sie sehen alle gleich für mich aus. Warum schauen sie alle auf Dinge, die gleich sind? Kerans kommt herein.

„Gibt's was Neues, Kapitän?", fragt Atkins und kippt sein Getränk hinunter.

„Wir senden Nachrichten nach Hause, aber ich fürchte, es gibt noch keinen Fortschritt. Immer noch ein verdammtes Katz- und Mausspiel, das diese Kommunisten spielen", antwortet Kerans schroff.

Katze und Maus? Wo sind denn die Katzen und wo die Mäuse? Vielleicht meint er Ratten?

„Wir können aber nicht ewig hierbleiben und darauf warten, bis sie einen Mucks von sich geben", fährt Kerans fort. „Sogar wenn wir rationieren, ist nicht mehr viel Treibstoff da. Ist noch einer für mich übrig?", fragt er und zeigt auf Atkins Getränk.

Atkins schenkt ihm ein Glas ein.

„Was werden wir also tun?", fragt Gurns und legt eines der Dinger, die er in der Hand hielt, auf den Tisch. Aber er hat es andersherum hingelegt. Es hat neun – oder sind es zehn? – schwarze Markierungen darauf. Ah, jetzt verstehe ich, sie lernen auch noch etwas über Zahlen.

„Überlasst das mir!", meint Kerans gereizt. „Die haben mich hierhergeholt, um euch Jungs da rauszuholen und, bei Gott, das habe ich auch vor." Er kippt sein ganzes Getränk auf einmal hinunter. „Ich arbeite gerade an einem Plan. Ihr werdet meine Befehle noch früh genug erhalten. Der frühe Vogel fängt den Wurm und so weiter", sagt er und marschiert hinaus.

Vogel? Wurm? Mir gefällt es, wenn Kerans über all diese Kreaturen spricht, aber mir gefällt es noch mehr, dass er einen Plan hat.

George schaut auf das Ding, das Gurns auf den Tisch gelegt hat.

„Hast du diese Karte ausgespielt, Gurns?", fragt er.

„Ja, habe ich. Kannst du da mithalten?"

George nimmt ein Ding aus seiner Hand und legt es auch hin. Darauf ist das Bild einer Dame zu sehen, aus deren Hintern ein Kopf herauskommt. Wie lustig. Vielleicht lernen sie ja doch nicht über Zahlen. Vielleicht lernen sie etwas über Monster?

Die Matrosen lachen alle. Vielleicht ist das ein lustiges Monster, kein unheimliches?

George krault meinen Kopf. „Magst du auch mitspielen, Simon?", fragt er. Wie kann ich mitspielen? Die Matrosen haben alle fünf Finger an einer Hand. Ich hebe meine Steuerbordpfote hoch und sehe sie an. Ich habe nur – ich sehe hinunter – eins, zwei, drei, vier.

„Kannst du dich noch erinnern, als du ihn das erste Mal an Bord gebracht hast, George?", kichert Gurns. „Und er seine Pfoten in den Krug gesteckt hat. Da wusste ich, dass er ein willkommenes Mitglied der Besatzung sein wird."

„Aber sicher doch", antwortet George. „Das kommt mir jetzt alles ewig lange her vor."

Gurns und die anderen nicken. „Ich denke aber, dass du einen großartigen Job gemacht hast, Simon", sagt er. „Du hast dich super um uns alle gekümmert."

„Horace Walpole hatte auch eine Katze", verrät Gurns den anderen. „Sie hieß Selina. Er erzählte Thomas Gray, einem Dichter, von ihr und dieser hat ein Gedicht geschrieben." Gurns hustet ein wenig. *„Ode to the death of a famous cat, drowned in a tub of goldfishes…"*[75]

Oh je, das hört sich nicht gut an.

---

[75] Horace Walpole – ein englischer Kunsthistoriker und Politiker der Whig Partei (1717 – 1797). Im Februar 1747 fiel seine Katze in eine Schüssel aus chinesischem Porzellan mit Goldfischen und ertrank. Walpole war bestürzt und sein Freund, der Dichter Thomas Gray (1716 – 1771) schrieb eine Elegie, um ihn aufzumuntern.

„Wisst ihr, warum schwarze Katzen Unglück bringen sollen?", fragt George die anderen, während er die Zahlen und Monster aufnimmt und sie alle aneinander reibt. Sie schütteln ihre Köpfe.

„James Joyce schrieb ein Gedicht. ‚*Die Katze und der Teufel*.' Der Teufel versprach, eine Brücke für die Menschen zu bauen, wenn die erste Person, die sie überquert, sein Sklave wird, aber der Bürgermeister schickte eine Katze...."[76]

Ich denke, George meint einen Menschen, wenn er von einer Person spricht. Und natürlich weiß ich, was eine Katze ist.

„Die Katze springt in die Arme des Teufels", fährt George fort, „und freundet sich mit dem Teufel an, deshalb ..." Die anderen machen alle „Ohhh". „Da ist es ja gut, dass du nicht ganz schwarz bist", sagt George zu mir.

Nein, ich bin schwarz und weiß. Bedeutet das vielleicht, dass ein Teil von mir Glück hat und der andere Unglück?

„Was ist mit Mrs. Chippy?", meldet sich Atkins zu Wort.

„Wer ist das?", fragt George.

„Die Katze von Shackleton. Sie war mit ihm auf der Expedition in die Antarktis. Aber als es zu kalt wurde, und sie weiterziehen mussten, galt es alles loszuwerden, was sie nicht brauchten, also tschüss, Mrs. Chippy..!"[77]

„Ich glaube nicht, dass dich irgendeiner von uns in der Kälte zurückgelassen hätte", sagt George und krault mich wieder am Kopf. Es tut immer noch ein bisschen weh, aber das macht mir nichts aus.

---

[76] Irischer Schriftsteller and Dichter (1882 - 1941). Er schrieb *The Cat and the Devil* 1936 für seinen Enkel Stephen.

[77] Ein strammer Kater aus Glasgow – der den Spitznamen Mrs. Chippy bekam, obwohl er ein Männchen war. Sein Besitzer Henry McNeish, ein Schiffsbauer und Zimmermann, wurde 1914 von Sir Ernest Shackleton für seine dritte Antarktis Expedition auf der Endurance angeheuert. Als das Schiff im Packeis zerstört wurde, und die Besatzung an Land gehen musste, befahl Shackleton, alles, was für die Expedition nicht von Nutzen war, zu vernichten. Die Berichte sind nicht eindeutig, ob die Crew gezwungen war, Mrs. Chippy zu vergiften oder zu erschießen.

Ich glaube, ich wäre ganz gerne in der Kälte, jedoch von George und Peggy und meinen Freunden möchte ich nicht getrennt sein. Aber ich glaube, ich würde gerne andere Gerüche riechen und nicht mehr so heiß haben. Ich will gerade wieder raus aufs Deck gehen, als Kerans hereinstürmt.

„Ich wollte euch nur allen sagen, dass ich ein Signal zum C-in-C geschickt habe.“[78]

„'Ich bin dankbar für Ihren Rat, wie ich mich im Falle eines Taifuns verhalten soll', und ich habe gerade das zurückbekommen:

‚Insbesondere ist die goldene Regel anzuwenden, nämlich auf die offene See zu fahren und möglichst viel freien Seeraum zu gewinnen[79]'. Nur, damit ihr alle es wisst.“

Was wissen? Was meint er damit?

Kerans nickt den Matrosen zu, macht auf dem Absatz kehrt und schreitet wieder hinaus.

---

[78] Admiral Brind war der Oberbefehlshaber (Commander in Chief oder C-inC) der Fernoststation zur Zeit des Zwischenfalls auf dem Jangtse. Kerans stand mit ihm in Verbindung, um ihn über die Situation und die Fortschritte der Amethyst zu informieren.

[79] Die eigentliche verschlüsselte Nachricht von Kerans, die andeutet, dass er die Flucht plante, und die Antwort des C-in-C, die besagte, dass Kerans diesen Plan ausführen sollte.

Simon, Peggy und die Besatzung, während das Schiff gefangen war
– Juli 1949
Foto mit freundlicher Genehmigung von Oberleutnant Stewart Hett

20/ Platsch!

Ich laufe auf dem Deck herum. Ich habe Peggy gefragt, ob sie mit mir kommen möchte, aber sie wollte nicht. Je heißer es wird und je weniger wir essen, desto weniger mag sie sich bewegen. Ich wünschte, ich könnte sie glücklicher machen. Auch wenn ich sehr hungrig bin, mag ich mich bewegen, um der Hitze und dem Gestank aus dem Inneren des Schiffes zu entkommen. Jetzt, da meine Beine nicht mehr weh tun und ich das Gegenteil von ... tot bin, möchte ich so viel wie möglich herumlaufen. Ich kann immer noch nicht sehr schnell rennen – ich glaube nicht, dass ich das jemals wieder können werde – aber ich mag das Gefühl, auf dem Schiff herumzulaufen und den winzigen, surrenden Fliegen davonzuspringen.

Ein Boot ist angekommen und seine Männer helfen uns. Als es das erste Mal gekommen ist, hatte ich schon Angst, aber George sagte, es sei alles in Ordnung. Sie sind gekommen, um uns etwas Öl zu bringen. Die riesigen runden Dinger heißen Fässer und in ihnen muss das Öl sein. Hett, Gurns und einige andere Matrosen heben die Fässer hoch und tragen sie hinauf aufs Deck, wo sie sie dann weiterrollen. Sie müssen *sehr* schwer sein. Nachdem die Matrosen ein Fass gerollt haben, stellen sie es auf und halten es über etwas. Sie bleiben eine lange Zeit dort stehen, dann stellen sie es ab und holen ein anderes. Sie machen das den ganzen Tag und ihre Körper sind ganz nass. Sie hören nicht einmal damit auf, um sich ein Papier in den Mund zu stecken und es anzuzünden.

Die Besatzung beim Entladen von Ölfässern

Foto mit freundlicher Genehmigung von Oberleutnant Stewart Hett

Wir sind jetzt schon eine lange Zeit hier. Jedes Mal, wenn ich den Mond sehe, möchte ich mich erinnern, wie oft ich ihn schon gesehen habe und es zu den anderen Zahlen hinzufügen, aber manchmal ist der Mond nicht da und manchmal vergesse ich es einfach. George hat kleine Linien neben den Bildern über seinem Bett gemacht. Eine jeden Tag. Wenn es fünf sind, dann zieht er einen Strich durch die anderen vier, sodass es ein bisschen aussieht wie ein Tor. Es sind jetzt schon ganz schön viele.

Ich habe viel geschnurrt und wurde oft gestreichelt. Ich habe viele Ratten getötet, aber ich weiß, dass ich noch viel mehr umbringen muss. Ich bin vielen Matrosen auf dem Schoss gesessen und habe neben ihnen geschlafen. Sie haben auf viele Zahlen und Monster geschaut, viele Zeichen auf Papier gemacht und viel Horse's Neck getrunken. Es gab viele, viele Tage und viel Schlaf, aber nicht so viele Kekse und Spaß. Aber ich bin zumindest herumgelaufen und es geht mir und den Matrosen immer besser.

Als ich um die Brücke herumlaufe, sehe ich, dass sie immer noch sehr beschädigt ist. Ich weiß, dass das Schiff funktioniert, denn vor einigen Tagen konnten wir von der wirklich schrecklichen Stelle mit dem Geknalle zu diesem Teil des Flusses fahren, aber ich frage mich, wie lange das Schiff noch fahren kann. Von hier aus, wo ich stehe, sieht es nicht so aus, als ob es sehr weit kommen könnte mit all diesen kaputten Teilen. Ich trotte auf die Brücke und sehe dort Kerans und Sharpe. Sie reden miteinander und kratzen sich am Kopf. Kerans blickt auf und sieht mich.

„Raus mit dir, Katze!“, schreit er. „Für dich gibt's hier nichts.“ Ich springe und verstecke mich unter einem abgehängten schwingenden Bett, das an Deck herumliegt.

„Kein Grund, um laut zu werden, Sir“, höre ich Sharpe sagen. „Sehen Sie nur, wie er sich jetzt unter der Hängematte versteckt. Er flieht vor Ihnen und vor allem vor Ihrem Lärm, den Sie machen. Er hat übrigens viel zur guten Stimmung an Bord beigetragen.“

„Tststs“, höre ich Kerans zurückfauchen. „Eine Hängematte, um den Lärm zu dämpfen. Was für eine lächerliche Idee. Feigling.“

Nachdem ich aufgehört habe zu zittern, spähe ich unter dem schwingenden Bett hervor und flitze zur Steuerbordseite. Schnell gehe ich rundherum und gelange zum Heck. Dort steht jemand. Es sieht so aus, als hätte er ein Bein über die Reling gebeugt. Er wackelt, zittert. Ich schleiche mich langsam, sehr langsam an ihn heran und presse meinen Rücken gegen die Schiffswand. Auf dem Deck liegt eine Tasche, an der ich mich vorbeiquetschen muss. Ich gehe so nahe wie möglich heran, um zu sehen, wer es ist. Es ist McCunnell! Was macht er? Ich weiß, dass die Matrosen und ihre Beine auf das Schiff gehören, nicht so wie er es macht. Wenn Peggy oder ich das machen würden, würden wir sofort über Bord fallen. Warum tut er das?

Schnell, oder zumindest so schnell ich kann, drehe ich mich um und laufe, laufe zurück auf die Brücke. Als ich dort ankomme, bleibe ich in der Türe stehen. Kerans sieht mich wieder. „Tsch! Geh weg, Katze!“, schreit er mich wieder an. „Kannst du nicht sehen, dass wir beschäftigt sind?“ Aber dieses Mal habe ich keine Angst. Ich bleibe dort stehen, starre ihn so direkt an wie es geht und miaue.

„Geh! Hau ab!“

Ich stehe immer noch da, starre ihn immer noch an. Bin tapfer. Ich miaue wieder.

„Vielleicht will er etwas?“, sagt Sharpe, sieht mich an und schaut dann zurück zum Kapitän.

„Tja, vielleicht ist er hungrig. Nun, wir sind alle verdammt hungrig“, faucht Kerans zurück.

Ich miaue wieder.

Sharpe kommt auf mich zu, ich drehe mich um und laufe zurück zum Heck. Er folgt mir mit Kerans dicht auf den Fersen. Ich renne wieder schnell, springe über ... das ... und drehe meinen Kopf, um zu sehen, ob sie mir noch folgen. Ich miaue wieder und laufe noch schneller. Schließlich erreiche ich das Heck, Sharpe und Kerans sind nicht weit hinter mir. Sie erblicken McCunnell, der jetzt mit beiden Füßen auf dem Dollbord steht.

„McCunnell!“, schreit Sharpe.

McCunnell dreht sich um und sieht uns alle. Seine Augen sind nass und er schaut überhaupt nicht glücklich aus. Sharpe stürmt vor und packt ihn. „Hey, was machst du da? Komm schon!“

Sharpe hebt McCunnell hoch und zerrt ihn zurück. Beide brechen auf dem Deck zusammen. McCunnell zittert.

Kerans greift in seine Tasche und holt etwas Glänzendes hervor. „Vielleicht hilft Ihnen etwas davon." Er gibt es McCunnell. Dieser wischt sich mit dem Handrücken über die Augen und schluckt laut. Er sieht zu Kerans, Sharpe und mir und lächelt ein wenig.

„Es tut mir leid", sagt er.

Kerans bückt sich und streichelt meinen Rücken. Au. Es tut immer noch ein bisschen weh, ich wünschte, er hätte mich stattdessen am Kopf gekrault.

Ich verlasse sie und mache mich auf die Suche nach Peggy. Als ich McCunnell über dem Heck baumeln sah, hatte ich ein neues Bild vor Augen. Ich möchte ihr davon erzählen. Ich finde sie eingerollt in ihrer Schachtel im Stauraum.

„Peggy. Peggy. Wach auf!"

Sie bewegt sich nicht.

„Peggy!", rufe ich, springe in die Schachtel und lande genau auf ihr.

„Grr. Schnüff. Kekse. Was ist los?" Sie wacht auf und wackelt mit den Ohren.

„Ich glaube, es ist an der Zeit, dass wir die Ratten loswerden. Ein für alle Mal!"

„Kann das nicht warten, mein Lieber?" Sie kuschelt sich an mich. „Es ist hier drin grad so verflixt angenehm."

„Nein, nein. Wir müssen es jetzt tun. Die Matrosen haben nicht mehr viel zu essen und von dem, was noch übrig ist, müssen wir so viel wie möglich für sie retten."

„Oh, na gut, na gut. Wenn du darauf bestehst." Langsam steht sie auf und klettert aus ihrer Schachtel.

Wir gehen hinunter in die Kombüse und schauen uns um. Ich kann keine Ratten sehen, aber ich kann sie riechen.

„Ok, alles, was du an Essen siehst, Brot, alles. Hol her, was du kannst, wir werden wieder eine Spur legen. Dann werden wir zu den Lagerräumen gehen und noch mehr holen. Kekse, Knabbereien, alles. Damit wir viel Essen retten können, müssen wir ein bisschen was davon opfern. Wir werden eine Spur bis zum Heck legen."

Peggy schnüffelt herum. Es dauert nicht lange, bis sie etwas Brot findet. Es ist ein bisschen grün.

„Geht das?", fragt sie

„Ja, ja. Alles. Und iss diesmal nichts davon." Ich fühle mich wie Kerans. Ich übernehme das Kommando. Ich weiß, was getan werden muss.

Wir holen das Brot und finden noch mehr davon und noch mehr. Mit unseren Pfoten und unseren Zähnen zerkleinern wir es so gut wie möglich. Dann tragen wir alles in unseren Mündern in die Nähe des Hecks. Der Sack ist immer noch da. Gut. Mit den Essensresten legen wir eine Spur in den kleinen Spalt zwischen dem Sack und der Schiffswand, bevor wir zurück zur Kombüse laufen und dort nach noch mehr Essbarem suchen. Wir finden ein paar Kekse und etwas Reis.

„Zerbeiße die Kekse, Peggy! Mach sie ganz klein! Aber iss sie nicht auf!"

„Ist ja schon gut", brummt sie. Und sie zerbeißt sie und drückt dann ihre Pfote darauf, um sie noch kleiner zu machen. Ich nehme etwas von dem Reis – igitt, der schmeckt nicht besonders gut – und bringe ihn auch rauf aufs Heck. Wir haben eine Spur gelegt und einen schönen Haufen Essen auf dem Heck angelegt. Wir geben noch etwas dazu, und der Haufen wird größer und die Spur wird länger.

„Wie Gränsel und Hetel", sage ich lachend zu Peggy.

Sie schaut mich etwas seltsam an.

Zurück in der Kombüse, mehr Reis, so viel wir nur finden können. Dann laufen wir in den Lagerraum, um zu sehen, was es dort für uns gibt. Wir finden einige Dinge, die nicht so gut riechen und andere die es tun. Dann trotten wir zurück zum Heck, lassen das Essen auf den Haufen fallen und verlängern die Spur.

Peggy hechelt, ob vor Durst oder vor Müdigkeit weiß ich nicht. Meine Hinterbeine tun weh. Es ist nicht mehr so leicht wie es früher mal war, aber endlich haben wir es geschafft. Jetzt ist da ein langer Pfad aus leckerem und nicht ganz so leckerem Essen und ein schöner Haufen davon am Heck. Aber das macht nichts. Ich weiß, dass die Ratten alles fressen, sogar die Zehen der armen Seeleute.

„Ich nehme an, jetzt müssen wir uns wieder verstecken und warten wie letztes Mal, oder?“, fragt Peggy.

„Ja, und wie letztes Mal nicht einschlafen!“

„Oh, mach dir darüber keine Sorgen. Ich fühle mich jetzt ziemlich munter, weißt du?“ Sie stupst mich an. Ich wünschte, ihr Bauch würde wieder so wackeln wie früher. Wir verstecken uns und warten. Wir sind ganz in der Nähe des Hecks. Ich spähe aus meinem Versteck hinauf zum Himmel. Er ist immer noch blau, aber ich denke, es wird dunkler. Ich kann die kleinen Fliegen hören. Sie scheinen immer dann aufzutauchen, wenn es beginnt, dunkel zu werden, genauso wie manche Vögel daheim immer erscheinen, wenn es beginnt, heiß zu werden und immer wieder verschwinden, wenn es noch heißer wird.

Ich sehe zu Peggy. Sie hat ihre Augen offen. Das ist gut so.

„Was machst du?“, frage ich sie.

„Was meinst du damit? Was soll ich schon machen?“, antwortet sie. „Ich denke. Ich weiß, ich sagte, ich bin ein Macher und du bist der Denker, aber dieser Tage verbringe ich mehr Zeit damit.“

„Und an was denkst du?“, frage ich sie wieder. Ich bin neugierig, was Hunde für Bilder sehen.

„Oh, weißt du, einfach so Zeug“, antwortet sie und lässt einen fahren.

„Psst. Tu das nicht. Du könntest noch die Ratten verscheuchen. Oder mich.“

„Hmm, ich glaube nicht, dass ich dich verscheuchen könnte, Simon. Du tapferer kleiner Kater.“

Wir werden still und warten. Wir haben beide unsere Augen geöffnet. Meine Ohren liegen an und horchen. Peggys Ohren hängen hinunter. Unsere beiden Nasen zucken.

Und dann ... Ein vertrautes Quietschen und das Trippeln kleiner Pfoten. Quietsch, quietsch. Trippel, trappel. Mein Fell steht mir wieder zu Berge. Ich fahre meine Krallen aus. Ich habe zwar nicht fünf, um mit den Matrosen Monster und Zahlen zu spielen, aber ich habe vier, um das hier zu tun. Meine Nase zuckt. Ich kann sie riechen. Peggy beginnt zu knurren, aber ich deute ihr, still zu sein.

Ich spähe hinaus und kann sie sehen. Ich sehe sie kommen. Ratte um Ratte folgt der Spur, ihre rosa Füßchen und Nasen und ihre langen Schwänze. Rennende Ratten, die das ganze Essen auffressen. *Unser* Essen. Ich weiß nicht, wie viele es sind, aber es sind sehr, sehr viele. Einige sind jetzt schon oben auf dem Heck und fressen von dem Haufen mit Keksen, Brot, Reis und .... anderen Sachen. Hinten kann ich eine große Ratte erkennen. Die größte von allen. Mao Tse Tung. Das ist er! Er schnüffelt und geht recht langsam. Aber er kommt doch auf uns zu.

Ich weiche ein wenig zurück, beobachte sie aber immer noch, wie sie vorbeigehen. Immer mehr laufen hinauf aufs Heck. Mao Tse Tung tapst an mir vorbei. Ich warte und denke an Zahlen in meinem Kopf. Sechs, sieben, acht, neun und nochmal neun und nochmal, eine Dame mit einem Kopf aus ihrem Hintern, jetzt wird es genug sein. Looos!

Ich springe aus meinem Versteck, stürze nach vorn und flitze aufs Heck. Aua! Mein Rücken, meine Hinterbeine.... aber es ist mir egal. Alles, was wir haben ist jetzt. Peggy ist direkt hinter mir. Ich komme zum Heck. Die Ratten sind alle am Schmausen, am Fressen. Manche sehen mich nicht einmal. Ich fahre meine Krallen aus, springe und ... packe eine. Ich beiße in ihren Rücken. Es schmeckt nicht sehr gut, aber das ist egal. Ich beiße und kratze weiter, bis sie sich nicht mehr bewegt, bis sie endlich tot ist.

Peggy liegt neben dem Sack und versperrt den Weg. Die Ratten können nicht an ihr vorbei, sie haben zu viel Angst, das zu probieren und über den Sack zu springen. Sie laufen immer im Kreis herum. Ich packe eine andere und beiße zu. Ganz fest. Und noch eine und noch eine. Ich fange eine mit meinen Krallen, beiße zu und werfe sie auf den immer größer werdenden

Haufen von toten Ratten. Eine Ratte, zwei Ratten, drei Ratten. Vier. Meine Krallen sind scharf, meine Augen sind klar. Ich fühle mich ... lebendig! Es ist ein Gefühl wie damals mit Lilette – miauuuuuuu! Springen und rennen und beißen. Aber es ist auch irgendwie anders. Das mit Lilette war gut. Gut-gut. Das hier ist gut-böse. Ich beiße eine weitere Ratte und werfe sie auf den Haufen. Sie wissen nicht, was sie tun sollen oder wohin sie laufen sollen. Sogar Peggy fängt eine mit ihrer Pfote. Ich nehme sie ihr ab und tue, was ich tun muss.

Ich erblicke eine vertraute Gestalt hinter Peggy stehen. Es ist George. Er muss das Quietschen der Ratten gehört haben und ist heraufgekommen, um zu sehen, was los ist. Er bleibt hinten und versteckt sich im Schatten. Ich schaue nach unten und sehe wieder eine Ratte an mir vorbeirennen. Packen, kratzen, beißen. Wenn Chairman und die Kommunisten uns grundlos angreifen können, dann kann ich diese Ratten aus einem einzigen, riesengroßen, guten Grund angreifen. Sie werden unser Essen nicht mehr auffressen, nie mehr an den Matrosen knabbern. Ich beiße einer weiteren Ratte in den Rücken und ziehe sie rüber und ... ab ins Wasser mit dir! Platsch! Mit meiner Pfote fange ich noch eine und werfe sie über die Bordwand. Da sehe ich Mao Tse Tung, wie er zurückweicht, aber er kann nirgendwo hin.

„Warte! Warte"", zischt er.

„Ich habe lange genug gewartet", brülle ich ihn an. Oh, das gefällt mir. Ich strecke mich und packe ihn, beiße in seinen Nacken und schleppe ihn über das Heck. Meine Güte, ist der schwer. Ich beiße und beiße. Er zappelt in meinen Krallen, aber ich lasse ihn nicht los. Ich beiße zu, und er versucht, mich zu kratzen. Ich beiße und kratze ihn wieder. Aber er hört immer noch nicht auf, sich zu bewegen. Endlich, mit einem besonders festen Biss, spüre ich, wie sich meine scharfen Zähne in seinen schrecklichen Nacken bohren. Rattennacken, Pferdenacken, Horse's Neck, nichts davon ist gut, aber ich weiß, ich weiß, dass... wenn man eine Katze ist, muss man sich wie eine Katze verhalten. Deshalb bin ich auf diesem Schiff. Um mich meinen Monstern und Ängsten zu stellen und mich nicht vor ihnen zu verstecken. Ich habe ihn am Nacken gepackt und lasse ihn nicht mehr los. Ein letztes Zittern seiner rosa Beinchen und ich spüre, wie er schlaff wird. Und sich nicht mehr bewegt. Ich lasse ihn fallen. Er liegt ruhig vor mir. Aufgehört. Mao Tse Tung ist tot.

Ich schaue auf und höre George rufen: „Gut gemacht, Simon! Du bist ein Held!"

Peggy bellt ihr aufgeregtestes Wuff. „Du hast es geschafft!“, jubelt sie. „Diesmal hast du es wirklich geschafft. Wuff! Wuff! Wuff!“

Mit stolz geschwellter Brust blicke ich auf den leblosen Körper von Mao Tse Tung, den Feind dieses Schiffes. Ich beiße wieder in seinen Nacken und trage und schleppe ihn runter vom Heck, das Deck entlang hinauf zur Brücke. Mein Rücken tut weh, aber ich laufe weiter, schleppe weiter. Hinter mir ist eine rote Spur. Ich erreiche die Brücke, laufe gleich zu Kerans hinauf und lasse die Ratte direkt vor scinen Füßen fallen.

Er sieht die tote Ratte an, schaut zu mir und lächelt dann über das ganze Gesicht.

„Ich betrachte das mal als Glücksbringer. Gut gemacht, Seekater!“

21/ Flucht

Ich sitze in der Messe und bin sehr zufrieden mit mir selber. Noch zufriedener als damals, als ich mit Lilette gespielt habe. McCunnell ist auch hier. Er lächelt mich an und streichelt mich. George bemerkt das und flüstert mir zu: „Mensch, Simon, was ist denn mit dem los? Der hat sich ja um 180 Grad gedreht.“

Wieviel Grad? Was ist überhaupt ein Grad?

Kerans stürmt herein, sieht mich und zwinkert mir zu, bevor er ganz ernst wird und sich räuspert. Die Matrosen hören alle auf, das seltsame Getränk, das von einer Kreatur kommt, zu trinken, die runden Linien aufs Papier zu malen oder die Hintern von Monstern zu betrachten.

„Es braut sich ein Sturm zusammen“, sagt er zu allen.

„Schon seit langem braut sich was zusammen“, antwortet Atkins.

„Aber für uns sind das jetzt gute Neuigkeiten“, fährt Kerans fort.

„Warum das, Sir?“, meldet sich Gurns zu Wort. „Der Taifun, der kürzlich an uns vorbeigezogen ist, hat uns ganz schön Öl gekostet.“

Gurns muss wohl die Sache vor einigen Nächten meinen, als ich aufwachte, weil sich das Schiff auf und ab bewegte. Ich hörte ein Heulen und dachte zuerst schon, dass wir wieder angegriffen werden. Aber George sagte mir, was es war. Er meinte, ich könne nicht hinausgehen, weil ich geradewegs vom Schiff geblasen würde. Ich weiß, ich wollte immer hinauf in den Himmel fliegen, aber richtig fliegen, nicht so. Als einige Matrosen vom Deck herunterkamen, sahen sie aus, als wären sie im Meer geschwommen.

„Ich bin mir dessen bewusst, Seemann“, schnauzt Kerans. „Wir haben nur mehr fünfundfünfzig Tonnen Öl. Ein weiterer Taifun zieht gerade an der chinesischen Küste vorbei. Nach meinen Berechnungen werden die Ufer des Jangtse überflutet werden. Das bedeutet, dass alle Batterien der Kommunisten, die in Niederungen liegen, entfernt und die Beobachtungsposten im Fort Woosung ihre Köpfe unten lassen werden.“

Jetzt starren alle Matrosen auf Kerans.

„Der Mond geht heute Abend um elf Uhr unter, das sind optimale Bedingungen für absolute Dunkelheit.“

„Wofür absolute Dunkelheit, Sir?“, fragt Atkins.

„Damit wir uns heute Abend aus dem Staub machen können.“

Einige Matrosen schnappen nach Luft.

„Ich habe der HMS Concord, die flussabwärts liegt, ein Signal gegeben und sie werden uns in Woosung treffen[80], falls .... nein, wenn wir durchgekommen sind. Und das werden wir. Wir werden dafür sorgen, dass der Tod von Leutnant Skinner und von all den anderen Besatzungsmitgliedern nicht umsonst war.“

Die Matrosen starren einen Moment lang auf den Boden, dann sieht Gurns hoch und fragt: „Wird die Concord auch in die Gewässer eindringen, Sir?“

„Das ist schon alles geregelt, Gurns. Die nächsten Stunden gibt es noch viel zu tun. Es sind nur sechzig Leute an Bord anstatt hundertachtzig. Es wird also hart werden. Ich kenne einen tüchtigen Seemann hier, der schon außergewöhnlich gute Arbeit geleistet hat, und ich möchte, dass ihr alle genau wie er über euch hinauswächst.“

George flüstert mir zu: „Er meint dich, musst du wissen. Du hast uns mit allem, was du getan hast, unendlich Mut gemacht.“

Ich? Was habe ich getan, außer mich streicheln zu lassen und ... meinen Job gemacht?

Kerans fährt fort. „Ich möchte, dass das ganze Schiff mit Planen abgedeckt wird. Wir werden sie als Handelsschiff tarnen. Das sollte sie verdammt noch mal verwirren. Und wenn wir ablegen, soll schwarzer Rauch aufsteigen, um sie noch mehr zu verwirren.“

---

80 HMS Concord - ein C- Klasse Zerstörer, ursprünglich als HMS Corso 1945 in Dienst gestellt, dann 1946 umbenannt und 1962 verschrottet.

„Aye, Sir“, sagt Atkins und legt seine Hand an die Stirn. „Sonst noch etwas?“

„Ja, ich möchte, dass du, du und du einige Hängematten und Bettlaken einsammelt und sie mit Schmierseife einreibt“, sagt Kerans und deutet auf drei Matrosen.

„Warum sollen wir das tun?“, fragt Gurns. „Wir haben nicht mehr viel Seife.“

„Nehmt nur alles, was wir haben“, befiehlt Kerans. „Wenn wir mal durchgekommen sind, haben wir genug Zeit zum Waschen. Wir werden die Tücher um die Kette legen. Wenn wir dann den Anker lichten, wird es um vieles leiser sein. Einer von euch hat mich auf die Idee gebracht, wie man den Lärm mindern kann.“ Kerans sieht mich wieder an und zwinkert mir noch einmal zu, bevor er seinen Blick erneut den Männern zuwendet. „Gut. Irgendwelche Fragen?“

„Nur noch eine“, sagt French. „Können wir die BBC hören, während wir fliehen? Ich höre so gerne ‚Family Favourites‘.“

„Ihr könnt verdammt noch mal hören, was ihr wollt, solange ihr leise seid und wir es schaffen durchzukommen“, antwortet Kerans. „Gut. Nun geht alle an die Arbeit! Wir lichten den Anker um 2200. Und in 140 Meilen wartet die Freiheit auf uns.“

Das klingt alles so aufregend. Es klingt so, als könnten wir endlich entkommen. Ein weiteres Abenteuer. Ich hoffe, es ist besser als das, in dem wir jetzt sind, denn das ganze Warten und all das Schlimme dauert einfach schon viel zu lange an. Ich mache mich auf den Weg und suche Peggy.

Sie ist wie immer mit ihrem Affen in ihrer Schachtel. Jedoch schläft sie nicht, sondern starrt nur in die Luft.

Ich lege meine Vorderpfoten auf die Schachtel und schaue zu ihr hinunter. Sie sieht mich, hebt aber kaum den Kopf.

„Hallo Simon. Hast du noch welche Ratten gesehen?“

„Nein, ich glaube, wir sind sehr viele losgeworden. Und wenn ich wieder eine sehe, werde ich einfach...“, und ich fahre meine Krallen aus.

„Gut. Möchtest du hereinkommen?", fragt sie.

„Nein, ich denke, du solltest rauskommen und zusehen. Kerans sagte, dass wir uns aus dem Staub machen werden."

Als sie das hört, hebt Peggy sofort den Kopf.

„Oh, gut, weil, du musst wissen, ich mag wirklich nicht mehr länger hierbleiben. Ich halte das nicht mehr aus."

Langsam klettert sie heraus und wir gehen beide an Deck. Hier ist es etwas kühler und das Schiff ist durch das Mondlicht hell beleuchtet. Überall sind Matrosen zu sehen, die alles, was sie nur können, über die Bordwand hängen. Aber keine Flaggen, sondern nur dunkle, dunkle Laken.

„Was machen sie da?", fragt Peggy.

„Das Schiff verstecken", antworte ich ihr.

„Aber ich kann es immer noch sehen", sagt sie verwirrt.

„Warte nur, du wirst schon sehen." Wir lassen uns nieder und schauen den Matrosen zu, wie sie das Schiff für das, was kommen wird, vorbereiten.

„Nicht einschlafen!", sage ich und stupse sie mit meiner Schnauze an.

„Das wird sicher nicht passieren", antwortet sie.

Wir liegen an Deck und schauen und warten. Kerans schreitet immer wieder an uns vorbei, schaut in den Himmel und auf etwas Rundes an seinem Arm. Schließlich ruft er drei Matrosen zu: „Anker lichten!"

Mein Herz macht einen Sprung. „Jetzt ist es soweit!", sage ich zu Peggy.

Wir sehen auf und laufen hinunter zu der großen Kette. Sie ist ganz in Hängematten und Laken eingewickelt. Langsam beginnt sie sich zu bewegen, aber sie macht nicht denselben Lärm sie sonst. Was immer Kerans wollte, muss funktioniert haben, denn er lächelt und nickt, als er neben Hett auf der Brücke steht. Doch dann verfinstert sich sein Gesicht, als er ein hell erleuchtetes Schiff auf dem Fluss an uns vorbeiziehen sieht.

„Ist das ein Handelsschiff?“, ruft er. „Na gut, warten wir, bis es vorbei ist, dann setzen wir uns dahinter. Es könnte uns zusätzlichen Schutz bieten.“

Wir sehen zu und warten, bis das andere Schiff an uns vorbeigefahren ist. Als es recht klein geworden ist, höre ich Kerans im Befehlston schreien: „Ok, es ist Flut und der Mond ist untergegangen, wir müssen es jetzt tun! Ansonsten werden wir es nie vor Morgengrauen schaffen.“

Langsam, sehr langsam beginnt sich unser Schiff zu bewegen. Ich sehe hinauf zu einigen Matrosen, die herumstehen. Abgesehen vom Geräusch des Motors ist es sehr still. Niemand redet. Einer der Seemänner hat die Hände vor sich verschränkt. Der Nachthimmel ist schwarz, das Schiff ist schwarz. Ich bin schwarz und weiß. Ich hoffe, die Kommunisten sehen mich nicht. Ich ducke mich hinter Peggy. Ich zittere.

Langsam bewegen wir uns vom Land weg und fahren flussabwärts. Ich hörte, wie Kerans sagte, dass, wenn wir fahren und sie auf uns schießen, alle Matrosen ins Wasser springen müssten und er Sprengladungen zünden würde. George erschauderte, als Kerans das sagte. Und mir gefiel der Klang dieser Worte auch nicht. Überhaupt nicht.

„Komm schon, komm schon!“, höre ich jemanden leise murmeln.

Vor uns kann ich das Handelsschiff mit blinkenden Lichtern erkennen.

„Ich weiß nicht, wie weit wir fahren müssen, aber wenn die ganze Flucht wie das ist, wird es einfach werden“, flüstere ich Peggy zu. Ich zittere jetzt nicht mehr so stark.

„Ja“, antwortet sie. „Einfaches Dahingleiten.“

Warum sagt sie das jetzt schon wieder? Ich habe Flugzeuge gleiten gesehen, aber das ist ein Schiff. Vielleicht ist Peggy nur verwirrt.

Der schwarze Rauch von unserem Schiff breitet sich nun um uns aus. Gerade als ich mich wieder richtig durchatmen traue, höre ich einen

Knall vom Land an Backbord kommen. Oh nein! Ich sehe, wie die Gesichter der Matrosen erstarren.

Peggy winselt und dann höre und rieche ich, was sie als nächstes tut.

„Was sollen wir machen? Wohin sollen wir gehen?“, sagt sie und duckt sich. Plötzlich wird es dunkler. Das Handelsschiff vor uns hat seine Lichter ausgemacht. Peng! Peng! Es ist vollkommen dunkel, und sogar ich kann wegen des Rauchs nicht weit sehen. Es erinnert mich an damals. Peng! Peng! Nun habe ich Angst. *Richtig* Angst. Und die Matrosen um mich herum auch. Wir werden es nicht schaffen.

Ich spüre, dass sich das Schiff schneller bewegt, dann höre ich jemanden schreien: „Das Schiff! Es wurde getroffen!“ Aber er meint nicht uns. Er meint das Schiff vor uns. Wir kommen ihm immer näher. Feuer lodert aus seinem Inneren. Sie haben das falsche Schiff getroffen!

Noch ein Knall. Ich höre, wie etwas direkt vor dem Bug vorbeisaust und ins Wasser platscht. Schnell! Schnell! Komm schon! Wir nähern uns dem anderen Schiff. Jetzt kommen noch mehr Flammen aus ihm heraus. Die Menschen dort tun mir leid, aber ich bin froh, dass es nicht wir sind. Gutes und Schlechtes.

Peng! Und unser Schiff bebt. Ich glaube, dass der Bug getroffen wurde. Komm schon! Wir fahren direkt an dem brennenden Handelsschiff vorbei. Das Land ist auf der anderen Seite. Wenn die Kommunisten wieder auf uns schießen, werden sie nur das andere Schiff treffen, nicht uns. Weiter so!

Wir fahren daran vorbei und weiter flussabwärts. Das Knallen hört auf.

„Schnell“, sage ich zu Peggy. „Lass uns unter Deck gehen, solange wir noch können!“ Wir laufen beide so schnell wir können durch den schwarzen Rauch. Ich habe keine Angst vor diesem Rauch. Ich weiß, er beschützt uns, aber ich habe Angst vor dem, was wir nicht sehen können, Angst vor den Kommunisten, die vielleicht uns sehen können.

Unten in der Messe sitzen ein paar Matrosen in sich zusammengekauert. Es ist sehr heiß und es stinkt. Ich höre Musik. Es muss aus dem magischen Empfänger kommen, aber ich habe zu viel Angst, um meinen Hintern dazu zu bewegen. Auch die Matrosen schauen verängstigt aus. Sie sitzen mit großen Augen da oder gehen auf und ab, während Rauch aus ihren Mündern kommt. Ich sehe George und gehe zu ihm. Er zittert. Sogar noch mehr als damals, als Kerans sagte, wir müssten vielleicht das Schiff in die Luft jagen.

Keiner der Matrosen sagt etwas. Ich glaube, sie versuchen alle, zu hören, was draußen los ist. Wir können momentan kein Knallen hören, aber sie sind immer noch still und schauen ängstlich. Gurns hat seine Finger im Mund und beißt darauf herum. Wir fahren weiter und weiter. Ich weiß, wir fahren durch die Dunkelheit, fahren durch die Nacht, aber worauf fahren wir zu?

Ein Geräusch, aber es ist kein Knallen. Es ist Kerans Stimme, die von irgendwo herkommt. „Dreißig querab."

Ich höre, wie einige Matrosen seufzen. Dreißig was ab? George krault meinen Kopf extrafest. Autsch!

Die Matrosen sind alle sehr still. Ich schließe meine Augen und versuche, die Musik aus dem Radioempfänger in meinen Kopf eindringen zu lassen. Ich versuche, die Bilder in meinem Kopf von Dunkelheit zu blauem Himmel wechseln zu lassen. Ich kann spüren, wie sich das Schiff vorwärtsbewegt, immer vorwärts. Wir warten und horchen und warten. Dann wieder Kerans Stimme „Fünfzig querab. Vorsichtig jetzt. Wir erreichen gerade Kiangyin. Es wird schwierig werden, durch die Wracks zu navigieren. Macht euch auf einen Willkommensgruß gefasst!"

Ich öffne meine Augen. Die Matrosen schauen alle herum. Sich gegenseitig an, auf den Boden. Von manchen steigt Rauch auf. McCunnell zieht an seinen Fingern. Dann...

Peng! Peng! Peng!

Alle Männer scheinen ganz klein zu werden. McCunnells Finger sind in seinem Mund. George hebt mich hoch und hält mich ganz fest. Ich weiß nicht, wer mehr zittert, er oder ich.

Der Krach ist immer noch zu hören. Es scheint so, als käme er jetzt von beiden Seiten. Peng! Peng! Bitte, lass uns nicht getroffen werden! Nicht schon wieder! Bitte!

Peggy beginnt zu winseln und schmiegt sich noch näher an Atkins. Er krault ihren Kopf und gibt ihr einen halben Keks, aber sie will ihn nicht einmal. „Du wirst langsam zu alt für so etwas, nicht wahr du altes Mädchen?“, tröstet er sie.

Peng!

Draußen ertönt ein lauter Knall. Sie müssen uns getroffen haben! Wir werden es nicht schaffen.

Aber wir bleiben nicht stehen. Wir fahren weiter. Noch ein Knall, aber kein klirrendes Geräusch. Dann wird das Knallen leiser. Wir müssen durch sein. Die Männer atmen aus.

Niemand spricht, bis wir Kerans Stimme wieder hören: „Sechzig querab.“

„Fast die Hälfte geschafft“, murmelt French. „Nur noch etwas mehr als die halbe Strecke.“

Wir bewegen uns immer noch vorwärts. Weiter und weiter. Die Matrosen beißen sich auf die Unterlippen oder sitzen nur da und starren in die Luft. Es fühlt sich genauso lang an wie damals, als wir gestrandet waren. Ich strample mit den Beinen und George setzt mich ab. Ich gehe hinüber zu Peggy. Wir reiben unsere Schnauzen aneinander, dann gehe ich langsam zwischen den Füßen der Matrosen herum und lasse mich von ihnen streicheln, wenn sie wollen.

„Siebzig querab.“

Das ist eine große Zahl. Wieder warten, aber es ist kein weiterer Knall zu hören. Ich möchte hinausgehen und sehen, ob alles in Ordnung ist. Soll ich? Wenn ich in meinem Kopf so zähle und zähle und es keinen Knall mehr gibt, dann werde ich es tun. Ich werde mutig sein. Ich denke an all die Zahlen, die ich kenne, kleine und dann große. Ich komme nicht auf siebzig, aber auf zwanzig. Ich sage zu Peggy: „Ich werde jetzt an Deck gehen.“

„Tu das nicht, Simon! Bist du verrückt? Geh nicht!“

Aber ich trotte hinaus und die Treppe hoch. Ich betrete das Deck. Es ist dunkel, es ist voller Rauch, aber es ist kein Knallen zu hören. Ich habe Angst. Ich will tapfer sein. Ich denke an Chairman. Ich denke an JoJo. So schnell ich kann, laufe ich an Steuerbord hinauf auf die Brücke. Kerans ist hier mit Hett und Sharpe. Hett blickt auf einige Papiere, sieht auf und zum Land hinüber und dann wieder auf die Papiere. George sagte, dass Hett entscheiden wird, in welchem Teil des Flusses wir fahren. Ich hoffe wirklich sehr, dass er weiß, was er tut. Gerade, als ich die Brücke betrete, höre ich wieder Schüsse. Sie kommen von beiden Seiten.

„Geschwindigkeit erhöhen!“, schreit Kerans.

Schneller! Schneller! Es knallt von Steuerbord, es knallt von Backbord. Wir fahren durch eine sehr enge Stelle des Flusses. Das muss bedeuten, dass wir den Kommunisten noch näher sind. Peng! Peng! Komm schon! Das gefällt mir gar nicht. Noch mehr Geknalle. Wieder zischt es vor dem Bug. Aber sie haben uns nicht getroffen. Wir kämpfen uns voran. Ich sehe Kerans an. Er sieht wütend aus. Ich sehe Sharpe an. Er sieht ängstlich aus.

„Achtzig querab.“

„Wir kommen gut voran“, ruft Hett zu Kerans hinüber.

„Aber wir sind noch nicht am Ziel, oder?“, antwortet er schroff. „Wie sieht es mit dem Treibstoff aus? Wo ist mein Horse’s Neck?“

„Knapp dreißig Tonnen“, teilt ihm Sharpe mit. „Er ist dort drüben. Nicht mehr viel übrig.“

„Ja, von beidem nicht mehr viel übrig. Erhöhen Sie die Geschwindigkeit, wenn möglich!“

Ich wünschte, ich wäre nicht hier. Ich wünschte, JoJo wäre hier. Meine Bilder wechseln so schnell wie das Schiff vorankommt. Manchmal höre ich ein Knallen, wo keines ist. Manchmal höre ich ein Knallen wo eines ist. Jedes Mal denke ich an Magie, an JoJo, an Uboat oder an Lilette. Ich denke nicht an Schatten oder Monster.

Noch mehr Schwarz, noch mehr Rauch. Noch mehr Beben in mir. Irgendwann verändert sich Hetts Gesicht. „Wir sind auf null zwo dreißig, Sir. Wir haben Einhundert querab erreicht!“

Kerans hebt seinen Mund an etwas und wiederholt das, was Hett gerade zu ihm gesagt hat. Ich bin mir sicher, dass ich die Matrosen schreien höre. Ist das gut oder schlecht? Wir sind nicht getroffen worden, also denke ich mal, dass es gut ist. Einhundert querab muss gut sein. Ich atme wieder aus.

Wir fahren weiter. Weiter und weiter. Ich schaue hinauf und sehe, dass das Dunkel der Nacht der Helligkeit des Tages weicht.

„Jetzt müssen wir nur noch Woosung überstehen“, höre ich Kerans Stimme. „Haltet die Augen nach Suchscheinwerfern offen!“

Durch den Rauch, durch das nicht mehr so Dunkle, noch nicht ganz Helle, sehe ich ... ich weiß nicht, was das ist. Riesige, helle Lichter, die sich auf dem dunklen Wasser auf und ab bewegen, wie viele Sonnen, die hinter den Wolken hervorgucken.

„Sie suchen nach uns. Hart backbord! Ruhig jetzt!“

Die Lichter sausen an uns vorbei. Was wird passieren, wenn sie das Schiff treffen? Ich beobachte die Lichter auf dem Wasser. Sie bewegen sich schnell, aber sie berühren das Schiff nicht. Wir bewegen uns zwischen ihnen hindurch. Sie berühren uns immer noch nicht. Kein Geknalle, aber es ist trotzdem immer noch sehr, sehr beängstigend.

Und dann. Und dann...

„Schaut, da vorne!“, schreit Kerans. „Ich glaube, ich sehe die Concord. Bei Gott, ich glaube, wir haben es geschafft!“

Ich spitze meine Ohren. Meine Schnurrhaare zittern. Heißt das, dass es kein Knallen mehr geben wird? Haben wir es wirklich geschafft? Sind wir entkommen?

Kerans ruft wieder: „Verdammt gute Arbeit. Wir haben nur noch neun Tonnen Treibstoff.“

Ich starre auf Kerans und Hett. Sie schütteln sich die Hände, sie sind beide glücklich. Rund um mich herum nur Glück. Kerans strahlt über das ganze Gesicht. Er sieht glücklicher aus, als ich ihn je gesehen habe. Die

Concord blinkt uns an und Kerans und Hett brechen beide in Gelächter aus. „Schön, Sie hier zu treffen.“[81]

Kerans hält seinen Mund wieder über das Ding und sagt: „Die Concord ist in Sicht und ein Signal wurde erhalten. Bitte sendet zur Antwort: ‚Niemals, niemals war ein Schiff willkommener.’“[82]

Ich renne so schnell ich kann von der Brücke, die Steuerbord .., nein Backbord ... oh, ist ja egal, welche Seite entlang zurück zur Messe. Ich laufe so schnell, dass mein Rücken wieder weh tut, aber es ist mir egal, denn ich bin ja nicht tot. Ich entdecke sogar eine Ratte auf meinem Weg und stürze mich auf sie. Beißen! Nimm das! Als ich die Messe erreiche, springen die Matrosen gerade auf und ab oder bewegen sich im Kreis, halten sich gegenseitig, geradeso wie die Männer mit den glänzenden Knöpfen und die gut duftenden Frauen an dem Ort, von dem ich herkomme. Die Matrosen jubeln alle so laut, dass es mir in den Ohren weh tut. Manche haben nasse Augen, aber ich weiß nicht warum, denn alle sind so glücklich, nicht traurig. Peggy rennt im Kreis herum und versucht, ihren wedelnden Schwanz zu fangen.

Ich höre French rufen: „Ich wusste, dass wir es schaffen werden. Die BBC hat gerade ‘Cruising Down The River’ gespielt, als das Signal durchkam.“ [83]

---

[81] “Fancy meeting you here“ – der originale Wortlaut der Nachricht, die die Concord an die Amethyst aussendete, als die Amethyst das Woosung Fort passiert hatte und damit frei war.

[82] “Never, never, has a ship been more welcome“ – der originale Wortlaut der gesendeten Antwort.

[83] Es wird berichtet, dass sich der Funker Jack French an das Lied erinnerte. Es wurde 1945 von zwei Verkäuferinnen geschrieben, Eily Beadell & Nell Tollerton, und war das Siegerlied bei einem Wettbewerb. Das Lied war 1949 der Nummer 1 Hit von Blue Barron (1913 – 2005).

George hebt mich hoch und wirbelt mich herum. Ich fliege, fliege, drehe mich herum, drehe mich herum. „Oh, du kleine Schönheit!“ Er küsst mich sogar auf die Nase.

Peggy, ich und ein paar andere gehen hinaus aufs Deck. Wir sehen die Concord und die Matrosen auf ihr, die uns zuwinken. Ich wünschte, ich könnte zurückwinken, aber dann hebt George eine Pfote von mir hoch und tut das für mich.

Kerans kommt von der Brücke zu uns herunter und wird mit Rufen wie „Gut gemacht, Sir!“ empfangen.

„Ihr alle habt es gut gemacht!“, antwortet er. „Auch du“, sagt er und krault meinen Kopf, aber er küsst mich nicht auf die Nase. „Ich habe dem C-in-C diese Nachricht geschickt: ‚Sind der Flotte südlich von Woosung wieder beigetreten. Keine Schäden oder Verluste. Gott schütze den König’“[84]

„Gott schütze den König!“, rufen alle Matrosen. „Und Gott schütze dich.“, sagt George leise zu mir.

Später an diesem Tag, an diesem großen, großen, besten Tag sagte Kerans uns, dass wir sogar eine Nachricht von König George dem Sechsten erhalten haben. Ich erinnere mich, dass dieser dumme Henri ihn erwähnte. Die Nachricht lautete: „Bitte übermitteln Sie dem kommandierenden Offizier und der gesamten Besatzung der HMS Amethyst meine herzlichen Glückwünsche zu ihrer kühnen Leistung, sich der Flotte wieder anzuschließen. Der Mut, das Können und die Entschlossenheit, die alle an Bord gezeigt haben, verdienen meine höchste Anerkennung. Besanschott an!“[85]

---

[84] „Have rejoined the fleet south of Woosung. No damage or casualties. God save the King.“ Der originale Wortlaut der Nachricht, die Kerans an den Oberbefehlshaber in Hongkong sendete.

[85] „Please convey to the Commanding Officer and the ship’s company of HMS Amethyst my hearty congratulations on their daring exploit to rejoin the fleet. The courage, skill and determination shown by all on board have my highest commendation. Splice the mainbrace.“ Originaler Wortlaut der Nachtricht, die von König George VI an die Amethyst gesendet wurde.

Das klang alles zu groß und zu verwirrend für mich. Aber ich weiß, was Könige sind und dass sie wichtig sind.

„Schon toll, direkt vom Obersten der Monarchie eine Nachricht zu bekommen", höre ich George sagen.

Ich weiß, dass ein Oberst ein sehr wichtiger Mann ist, wenn wir also vom Oberst des Mondes eine Nachricht erhalten, dann muss er wirklich sehr, sehr wichtig sein.

Die Besatzung: Die vier in der Mitte der ersten Reihe sind von links nach rechts: Hett, Kerans, Strain, Fearnley
Foto mit freundlicher Genehmigung von Oberleutnant Stewart Hett

22/ Heiß und sichtbar

Es ist Mittwoch, der 3. August 1949. Wir strandeten am Jangtse Fluss am 20. April und konnten am 30. Juli entkommen. Obwohl ich keine Ahnung habe, was das heißt, weiß ich doch, dass es sehr wichtig sein muss, denn George macht Zeichen auf Papier und spricht mit mir darüber. Es muss etwas damit zu tun haben, dass wir vor vielen Monden noch viele Kekse und Brot hatten und dann kaum noch welches, bis wir entkamen.

Vor vielen Monden – das gefällt mir. Vor vielen Monden hatte ich solche Angst. Vor vielen Monden waren noch Matrosen auf diesem Schiff, die jetzt nicht mehr hier sind, wie Weston, der verwundet wurde und die anderen, die überhaupt nirgends mehr sind, wie Ginger und Kapitän Skinner. Weston ging, als Kerans kam, um das Kommando zu übernehmen. Ich weiß nicht, wo Ginger und der Kapitän hingegangen sind. Ich weiß nur, dass sie weg sind. Tot und weg. Wie traurig.

Vor vielen Monden waren auch noch andere Menschen hier, wie dieser dumme Mann Henri mit seinem Ding um den Hals. Vor vielen Monden wurde ich von unheimlichen Monstern in Singapur gejagt und davor habe ich Peggy getroffen und davor hat George mich gefunden und hierhergebracht, gleich nachdem JoJo....

Aber jetzt kann ich keinen Mond sehen. Es ist Tag und es ist schön und hell und sonnig. Heiß, aber nicht so heiß wie die Monde zuvor auf dem Schiff. Hier ist es so heiß wie ich es in Erinnerung habe. Wir fahren nach Hongkong, an den Ort, von dem ich ... früher einmal hergekommen bin. Drei Schiffe fahren vor uns, aber das sind alles unsere Freunde. Als ich sie zum ersten Mal sah, hatten sie Flaggen gehisst und ich erkannte, dass es dieselben Flaggen waren wie unsere. Das Schiff ganz vorne heißt Jamaica, dahinter ist die Cossack und noch dahinter und direkt vor uns ist die Belfast.[86] Es sind einige neue Matrosen auf dem Schiff. Ich weiß nicht, warum sie an Bord

86 HMS Jamaica – ein Kreuzer der Colony-Klasse, der 1940 vom Stapel lief und 1960 abgewrackt wurde. HMS Belfast – der letzte noch existierende Kreuzer der Royal Navy lief 1938 vom Stapel und wurde 1963 außer Dienst gestellt. Er nahm an der Operation Overlord teil und unterstützte die Landung in der Normandie. Derzeit liegt das Schiff an der Themse und wird vom Imperial War Museum als Museumsschiff betrieben.

gekommen sind, aber George sagt, es ist gut, dass sie hier sind. Und wenn er es sagt, dann müssen sie auch gut sein.

Als wir in den Hafen einfahren, höre ich wieder viel Knallerei. Ich schrecke zurück, aber George sagt, dass man das China-Böller nennt und dass ich keine Angst haben muss. Doch ein bisschen Angst habe ich trotzdem. Unser Schiff fährt nun schneller, oder vielleicht fahren die anderen Schiffe auch langsamer, weil wir sie überholen und uns an die Spitze setzen. Der Ort, von dem ich herkomme, wird größer und größer. Als wir am Dock anlegen, stehen ganz viele Menschen dort und sehen zu uns hoch. Sie haben alle eine andere Hautfarbe, manche wie die Matrosen hier, andere wie die Menschen, die uns tot sehen wollten, aber als sie uns sehen, jubeln sie alle und winken uns zu. Es ist komisch, all diese Menschen zusammen zu sehen, wie sie uns gemeinsam zujubeln und zuwinken.

Schon komisch, wie sich diese freuen uns zu sehen, und andere Menschen uns totmachen wollen. Sogar obwohl ich weiß, was Chairman JoJo angetan hat, würde ich ihn nicht tot sehen wollen. Ich möchte nur, dass Chairman nicht mehr so böse ist.

Viele von ihnen haben solche Dinger um den Hals, wie es der dumme Henri hatte. Wenn sie sie zu ihren Gesichtern halten, kommen sogar noch mehr Sonnenstrahlen heraus, als von seinem. Nicht das schon wieder.

„Schau mal“, sagt George. Er steht mit mir unter dem Arm am Bug und zeigt auf die Menschen hinunter. „Das ist für dich.“

Warum, was habe ich getan? Vielleicht haben sie das von den Ratten erfahren?

Peng! Zisch! Knall! Das Geräusch der Böller, die Sonnenblitze, die schreienden Menschen. Die Matrosen stehen aufgereiht da und warten auf die Zunge. Kerans ist vor uns, an derselben Stelle, wo der alte Kapitän immer gestanden hat.

„Ab sofort habt ihr alle Freigang, vierundzwanzig Stunden“, teilt Kerans ihnen mit. Die Matrosen jubeln so laut wie die Menschen unten am Dock. Manche werfen ihre Mützen in die Luft.

„Der C-in-C hat eine Party für uns organisiert. Gratis Gin!“, fährt er fort.

Wieder bricht Jubel aus.

„Und ich brauche euch ja nicht zu sagen, dass ihr essen und trinken und fröhlich sein sollt.“

„Was ist mit Bugis Street?“, ruft Atkins laut. Schon wieder.

„Von mir aus könnt ihr verdammt noch mal hingehen, wo immer ihr wollt, solange es keine Kommunistin ist.“

Gelächter und breites Grinsen. Sie gehen, nein, sie rennen die Zunge hinunter. Gurns und Hett, French und McCunnell. Die Menschen auf dem Dock schütteln die Hände der Matrosen oder umarmen sie, wenn sie von Bord gehen. Kennen sie sich alle? Als George und ich unten ankommen, halten sie ihre Dinger hoch und es macht klick, klick, klick, genau in mein Gesicht. Es blendet mich und das gefällt mir nicht. Ich schließe meine Augen, aber ich kann das Sonnenlicht immer noch blitzen sehen.

„Was denkst du, Simon?“, fragt mich George. „Möchtest du auf eine Party gehen?“

Ich weiß nicht, was das ist, aber ich mag den Klang und ich will weg von den Blitzen und dem ganzen Lärm hier. Vielleicht kommt Peggy auch mit? Wo ist sie? Oh, da ist sie ja, ganz vorne, mit ihrem Affen im Mund und vor Aufregung wedelndem Schwanz.

Ich freue mich so, dass ich wieder zurück in Hongkong bin und dass ich meine nächsten Morgen und Heute mit viel Schlafen, mit die Zunge hinauf- und hinunterlaufen verbringen werde. Und mit viel Jubel, wenn ich mit den Matrosen ausgehe.

Ehe ich mich versehe, bin ich schon wieder mit George, Keran und anderen Matrosen auf dem Weg hinunter. Peggy trottet neben ihnen. Kerans schüttelt die Hand von jemanden und sie reden und schauen alle sehr ernst aus. Der Mann, mit dem er spricht, hat weiße Haare und trägt einen schwarzen Anzug mit glänzenden Knöpfen an seiner Backbordseite.[87] George geht auch zu dem Mann, der gerade seine Hand ausstreckt.

[87] Admiral Brind.

„Vollmatrose George, Sir“, sagt George zu dem glänzenden Mann und schüttelt seine Hand.

„Es war Admiral Brind, der unsere Flucht genehmigt hat“, klärt Kerans George auf. „Aber dann musste er dafür sorgen, dass die Meldung, dass die HMS Concord uns entgegenkam, nicht publik gemacht wurde.“

„Um einen weiteren diplomatischen Zwischenfall zu vermeiden, müssen Sie wissen“, erklärt Brind mit einem breiten Lächeln. „Manche Dinge hält man besser unter Verschluss, bis sie ihre Wirkung getan haben.[88]“ Dann schaut er zu mir herunter.

„Ah, und das muss Simon sein“, sagt er zu George und mir. „Du bist ja eine ausgezeichnete moralische Stütze.“

Ich bin keine moralische Stütze. Ich bin eine Katze. Vielleicht hat er noch nie zuvor einen wie mich gesehen?

George und ich folgen ihm und Kerans durch die jubelnde Menge. Es ist schon irgendwie seltsam, nach den vielen Monden auf hoher See, auf dem scheinbar leeren und am Fluss gestrandeten Schiff jetzt wieder unter so vielen Menschen zu sein. Und noch seltsamer ist es, die Plätze zu sehen, an denen ich früher gespielt habe und wo ich herumgelaufen bin. Würde ich jetzt hier herumlaufen wollen? Ich weiß es nicht. Ich weiß nicht einmal, wie viel ich überhaupt jetzt herumlaufen könnte. Meine Pfoten tun zwar nicht mehr weh, aber mein Rücken schmerzt noch ein bisschen.

Wir gehen eine Treppe hoch in ein Gebäude, das so ähnlich aussieht wie das Hotel in Singapur, das Peggy so gut gefallen hat.[89] Sie läuft neben

---

[88] Sir Ralph Stevenson, der britische Botschafter in Nanking, sendete ein Telegramm an das Britische Aussenministerium in Singapur, in dem es hieß: „Es darf auf keinen Fall an die Öffentlichkeit gelangen, dass das Schiff HMS Concord in chinesische Hoheitsgewässer eingedrungen ist.“ Die Pressemitteilung der Admiralität am 2. August lautete dann folgendermaßen: „Die HMS Concord wartet an der Mündung des Jangtse und ist bereit, flussaufwärts zu fahren, falls die HMS Amethyst angegriffen wird.“ Erst am 12. Juli 2013 gab schließlich Mark Francois, der Minister der Streitkräfte, zu, dass die Concord damals 57 nautische Meilen flussaufwärts gefahren war.

[89] Der China Fleet Club in Hongkong.

Atkins her und auch dieser Platz schient ihr zu gefallen. Es riecht frisch und sauber. Alles ist groß. Riesige Lichter hängen von der Decke herab. Bilder von Männern und Frauen sind an der Wand. Und Bilder von George und einer Katze, die aussieht wie ich. Warum haben sie hier drin Bilder von mir und George hängen? Und warum gehen sie alle dorthin, wo wir hingehen?

Ich höre ein Geräusch, das immer lauter und lauter wird, Stimmen von Menschen übertönen noch den anderen Klang. Er erinnert mich an den Ort, wo mein Hintern wackeln wollte. Vielleicht hören sie auch nur dem magischen Empfänger zu. Wir gehen durch eine Türe hindurch in einen Raum, aus dem das Geräusch kommt. Menschen schlagen ihre Hände zusammen, als sie Kerans, George, mich und die anderen Matrosen sehen. Viele Stühle und Tische mit ganz leckerem Essen stehen herum. Ich frage mich, ob es hier auch mein Whiskey gibt, und ich hoffe, dass sie kein Horse's Neck haben.

Wir setzen uns an einen Tisch. Ich bin auf Georges Knie. Weiße Tücher hängen von den Tischen herunter und streifen meine Nase. Es riecht sehr sauber, aber es bringt mich zum Niesen. Ich höre das Klingen von Gläsern. Georges Hand ist auf meinem Kopf und streichelt mich. Er tätschelt mich und flüstert: „Hey Simon. Da ist was für dich."

Ich hebe meinen Kopf an und schnuppere. Dann stelle ich mich auf und lege meine Vorderpfoten auf die Tischkante. Meine Krallen verfangen sich in dem weißen Tuch und ich ziehe und ziehe, um mich zu befreien. Aber stattdessen ziehe ich nur das weiße Tuch herunter. Etwas auf dem Tisch fällt um. Alle, die um den Tisch herumsitzen, beginnen zu lachen. War das lustig? Ich bin schon wegen weniger ausgeschimpft worden. Ich sehe, dass Kerans mit dem Mann, der nicht weiß, was ich bin, gegenüber am Tisch sitzt und auf mich zeigt. Vielleicht erklärt Kerans ihm, was ich bin?

George stellt ein Teller mit Fisch und anderen Sachen vor mich hin. Ich schnuppere und esse, was ich mag und lasse übrig, was ich nicht mag. Peggy ist unter dem Tisch. Ich kann sie hören. Sie macht allerdings nicht ihre üblichen Geräusche, sondern verschlingt nur jede Menge Essen. Noch vor wenigen Monden waren wir auf einem Fluss gestrandet und hatten kaum etwas zu essen. Und nun sind wir hier an einem großen, schönen Platz mit zu viel Essen. Zu viel für mich, nicht für Peggy versteht sich.

Die Menschen scheinen alle zu wissen, wann sie welches dieser silbern glänzenden Dinge gebrauchen müssen. Ich frage mich, ob ich lieber Monsters Hintern spielen und diese glänzenden Dinger zum Essen hernehmen würde oder ob ich doch froh darüber bin, dass ich so bin wie ich bin. Ich schaue auf meine Krallen und denke daran, was ich mit ihnen gemacht habe. Ich lecke mit meiner Zunge über den Teller. Ich spüre, wie meine Schnurrhaare über das weiße Tuch streichen und wie mein Schwanz herunterhängt. Dann sehe ich zu den Menschen, die miteinander reden und schaue zu George. Er redet mit jemandem neben ihm, aber ab und zu hört er auf zu sprechen und starrt nur auf das weiße Tuch. Dann blicke ich zu einigen anderen Menschen. Sie sitzen nicht an Tischen, sondern stehen auf und halten sich gegenseitig. Sie bewegen sich zu dem Geräusch der wackligen Hintern, das irgendwo aus einem magischen Empfänger kommen muss.

Ich bin froh, dass ich so bin, wie ich bin, aber ein kleiner Teil von mir würde gerne wie ein Vogel fliegen und wenn ich diese Menschen so ansehe, wird mir klar, dass ein kleiner Teil von mir auch gerne ein Mensch wäre, nur für eine kurze Zeit, damit ich tun könnte, was sie jetzt tun.

George tippt mir wieder auf den Kopf. „Schau mal, was ich da sehe“, sagt er und zeigt auf einen Wasserkrug. Er greift danach und stellt ihn näher zu uns heran. Ich springe auf den Tisch – sollte ich das wirklich tun? - und stelle mich neben den Krug. Alle, die an diesem Tisch sitzen, hören auf zu reden und sehen mich an. Ich hoffe, ich bekomme keine Schwierigkeiten.

Langsam gehe ich um den Krug herum und schnuppere an seiner Öffnung. Dann bleibe ich stehen, stelle mich auf die Hinterbeine und lege meine beiden Vorderpfoten auf den Krug. Ich sehe hinein. Ich kann darin nichts sehen, aber ich weiß, dass nicht alles dort drin sichtbar ist. Ich halte eine Pfote hinein. Au, autsch, ist das kalt. Ich spüre etwas. Es klappert, als es an den Rand des Kruges schlägt. Ich greife mit meiner Pfote noch etwas weiter hinein, spüre das kalte Ding, dass eigentlich nicht da ist, und schiebe es mit meiner Pfote an der Innenseite des Kruges nach oben. Das kalte Ding fällt mit einem dumpfen Plumps auf das weiße Tuch, und der Mann mit den glänzenden Knöpfen streckt seine Hand aus und krault meinen Kopf.

„Bravo, Sir! Jetzt weiß ich, warum Sie so eine großartige Gesellschaft waren.“

Ich mache es noch einmal. Und noch einmal. Jedes Mal lachen die Menschen oder schlagen ihre Hände zusammen. Es ist wirklich nicht so schwer. Ich verstehe nicht ganz, warum sie es nicht selber tun können. Vielleicht mögen sie die Dinger hier drin nicht, aber wer tut sie dann hinein?

Gerade als ich es noch ein Mal tun will, kommt ein Mensch die Türe hinein. „Ein Ehrengarde", flüstert George. Ein was? Kerans klopft mit einem der silbernen Dinger und alle werden still. Er steht auf.

„Ladies und Gentlemen! Und Seemänner!"

Alle lachen.

„Wie Sie sicher alle wissen, haben die Besatzung der Amethyst und ich die schrecklichsten hundert Tage oder so im Kreuzfeuer dieser verdammten Gauner hinter uns gebracht. Wir haben viele liebe Freunde und uns Nahestehende verloren, nicht nur von der Amethyst, sondern auch von unseren Schwesterschiffen. Ohne die Stärke, den Mut und die Tapferkeit unserer Männer hätten wir es wohl nicht geschafft."

Alle nicken und murmeln vor sich hin. Ich frage mich, was eine Schwester ist.

„Wie auch immer", fährt Kerans fort. „Es ist auch zwei ganz besonderen Gefährten an Bord zu verdanken, dass wir alle überlebt haben. Simon hier..." Ich schaue auf. „.... hat maßgeblich dazu beigetragen, gute Stimmung unter den Männer zu verbreiten und die Rattenpopulation an Bord zu vermindern. Und Peggy ...."

Ich höre einen dumpfen Schlag unter dem Tisch. Sie muss sich den Kopf angestoßen haben.

„Wo ist Peggy?", sagt Kerans und schaut herum. Langsam kommt sie mit schuldbewusster Miene unter dem Tisch hervor. „Peggy hier ist auch eine äußerst wichtige Bereicherung für die Mannschaft gewesen. Wenn es diese beiden nicht gegeben hätte, nun, ich weiß nicht, wie es uns dann ergangen wäre. Ich habe vorhin beim Allied Forces Mascot Club eine

Belobigung beantragt und soeben die Nachricht erhalten, dass sie genehmigt wurde.[90] Vollmatrose Seekater Simon hier ....“

Das bin ich!

„... wird mit der PDSA Dickin Medaille ausgezeichnet, das Victoria-Kreuz für Tiere, wenn man so will, die für außergewöhnliche Tapferkeit vergeben wird.[91] Ich habe die Medaille natürlich noch nicht, aber zu Ehren von Simon und allem, was er getan hat, und natürlich nicht zu vergessen zu Ehren von Peggy, möchte ich, dass Sie jetzt alle aufstehen, das Glas erheben und auf diese zwei vorbildlichen Seeleute anstoßen, während ich ihnen ein Band anstecke und eine Laudatio auf sie halte.“

Alle in dem Raum stehen auf, sehen mich an und schlagen und schlagen ihre Hände zusammen. Wieder und immer wieder. Kerans beugt sich nach vorne und versucht, mich mit einem Band in der Hand zu attackieren. Oh, oh. Jetzt stecke ich aber wirklich in Schwierigkeiten. Es hat ihm wohl doch nicht gefallen, dass ich meine Pfote in den Wasserkrug gesteckt habe. Er hat nur so getan, als ob. Schnell springe ich unter den Tisch und verstecke mich dort, damit er mich nicht packen kann. Peggy kommt auch zu mir.

„Schön, dich hier zu treffen“, sagt sie, schnaubt und isst wieder weiter. Von unter dem Tisch kann ich hören, wie Kerans mich anschreit: „Vollmatrose Seekater Simon, für hervorragende und verdienstvolle Leistungen auf der HMS Amethyst wird dir hiermit das Distinguished Amethyst Campaign Ribbon verliehen.“

---

90 Die Abteilung der PDSA (People's Dispensary for Sick Animals), welche Medaillen an Tiere verleiht, die sich durch Tapferkeit auszeichneten und in Konfliktzeiten dienten.

91 Maria Dickin, die Gründerin der People's Dispensary for Sick Animals, hat diese Medaille gestiftet, um Tiere, die in Kriegszeiten mutige Taten vollbracht haben, zu ehren. Das Band der Medaille ist grün, dunkelbraun und hellblau und steht für Wasser, Erde und Luft, um die Navy, die Armee, den Zivilschutz und die Luftstreitkräfte zu symbolisieren. Die Medaille selbst ist aus Bronze gegossen und trägt die Initialen PDSA sowie die Aufschriften „For Gallantry“ (Für Tapferkeit) und „We also serve“ (Wir dienen auch). Bis Mai 2014 wurden insgesamt 65 Dickins-Medaillen an Tiere verliehen – an 3 Pferde, 32 Brieftauben und 29 Hunde. Simon ist die einzige Katze, die jemals mit der Dickin-Medaille des PDSA ausgezeichnet wurde.

George steckt seinen Kopf unter den Tisch, greift hinunter, packt mich und stellt mich wieder auf den Tisch.

„Das sei heute, am 26. April 1949 verkündet!“ Kerans schreit immer noch, aber er lächelt mich auch an, seltsam.

„Obwohl du dich noch von deinen Verwundungen erholtest, als die HMS Amethyst vor der Rose Bay gestrandet war, hast du dich alleine und unbewaffnet an ‚Mao Tse Tung', einer Ratte, die sich des Raubes kritisch knapper Lebensmittelvorräte schuldig gemacht hatte, herangeschlichen und sie vernichtet.“

Ich miaue laut. Peggy kommt auch heraus, um zu sehen, was es mit der ganzen Aufregung auf sich hat.

„Des Weiteren sei verkündet, dass du die HMS Amethyst vom 22. April bis 4. August mit unerschütterlicher Zuverlässigkeit frei von allen Schädlingen und Ungeziefer gehalten hast.“ Und damit überreicht Kerans George ein Band, das er mir schnell um den Hals bindet. Dann bückt er sich und wickelt auch Peggy eines um ihren Hals.[92]

Ich mag es nicht. Es juckt. Ich versuche, es abzubeißen. Peggy sieht zu mir hoch und sagt mit wedelndem Schwanz: „Und? Was denkst du? Sehe ich schick aus?“

Sie sieht aus wie Peggy mit einem Band. Ich frage sie, was hier vorgeht.

„Du hast eine Medaille bekommen, Simon. Für deine Tapferkeit.“

Bin ich jetzt tapfer? Bin ich das wirklich? Endlich! Aber ich will eigentlich keine Medaille. Ich weiß nicht einmal, was das ist. Ich will nur mit meinen Freunden zusammen sein.

Ich weiß nicht, wie lange wir an dem schönen Platz geblieben sind, aber als ich mit George, Peggy und Atkins, der Peggys Spielzeugaffen hält,

---

[92] Das Originalzitat von Kerans, mit dem er Simon für die Medaille nominiert hat (Dass Simon länger gebraucht hat, um den Mut aufzubringen, Ratten zu töten unterliegt der künstlerischen Freiheit. Er war mutiger als er sagt!)

rausgehe, ist es schon dunkler und kühler. Während wir so mit Peggy an der Spitze dahinschlendern, gehen hier und dort kleine Lichter an, es glitzert und leuchtet. George und Atkins reden leise miteinander, also spähe ich über Georges Arm und miaue zu Peggy hinunter.

Sie spitzt ihre Ohren, schaut sich um und dann zu mir herauf. „Es ist schön, wieder an Land zu sein.“, sagt sie lächelnd. „Und dieses Essen. So köstlich.“ Wir biegen um eine Ecke und sie trottet voran. Wir schlendern an den Geschäften in den engen Gassen und Straßen vorbei. George kauft ein gelbes, gekrümmtes Ding und Atkins ein haariges, rundes, braunes Ding. Es ist schön, wieder an einem Ort zu sein, an dem ich viele Gerüche wiedererkenne. Es riecht nach .... zu Hause. Wir biegen in eine andere Gasse ein. Peggy ist immer noch an der Spitze, bis wir eine enge Straße erreichen, die mir bekannt vorkommt.

Ein Laden – ah ja – jetzt weiß ich wieder, wo wir sind. Peggy trabt hinein und setzt sich auf den Boden. Die Chefin sieht Atkins und mich in Georges Arm an, dann erblickt sie Peggy und lächelt. „Oh, wieder zurück! Meine Güte, was ist denn mit dir passiert? Du bist ja so dünn. Du brauchst gutes Futter.“

Peggys Schwanz macht auf dem Boden klopf klopf klopf. Atkins und George schauen sich im Laden um. Sie halten Dinge hoch und lachen. „Hier. Schau dir das an! Es ist genau wie zu Hause.“ Leben sie beide in einem Laden, da wo sie herkommen? Nachdem George und Atkins der Chefin ein paar Papiere gegeben haben und sie ihnen eine Tasche übergegeben hat, wollen wir alle den Laden wieder verlassen. Alle außer Peggy, die sich nicht bewegt. George will gerade hinausgehen, aber ich zapple und zapple, bis er zu mir schaut und dann auf Peggy. Er setzt mich ab und ich laufe zu ihr.

„Peggy! Komm schon!“

Sie sieht mich an, aber sie bewegt sich nicht.

„Komm jetzt Peggy, wir müssen gehen!“ Ich schaue hinüber zu George und Atkins. Sie stehen draußen und warten auf uns. Peggy sieht auf den Boden.

„Es tut mir leid, Simon, aber ich komme nicht mit euch zurück.“

„Wie meinst du das?“, wimmere ich. „Nicht zurückkommen? Wir gehören auf das Schiff. Wir leben dort.“

„Es tut mir schrecklich leid, Simon. Wirklich. Aber ich habe in letzter Zeit furchtbar viel nachgedacht und nicht viel getan. Du musst mich damit angesteckt haben.“

Aber ich habe ihr gar nichts zugesteckt. Was meint sie damit?

„Weißt du, ich bin jetzt eine alte Dame, Simon. Und nach allem, was wir durchgemacht haben, nun, ich glaube, es ist an der Zeit, zu neuen Ufern aufzubrechen. Es war so furchtbar zu sehen, was mit all unseren Freunden passiert ist. Und jetzt, wo mein Kapitän weg, der andere Kapitän tot und Kerans da ist, nun, ich weiß einfach nicht, warum ich überhaupt noch dabei bin.“ Sie schlurft ein bisschen weg. Sie sieht sehr traurig aus.

„Aber wir leben doch dort!“, heule ich.

„Nein Simon. *Du* lebst dort. Du hast einen Job zu machen. Alles, was ich jetzt noch mache, ist allen im Weg herum zu liegen und unter dem Tisch zu warten, bis sie etwas Futter herunterwerfen. Ich mache eigentlich gar nichts. Gar nichts mehr.“

„Aber du bist mein Freund.“ Ich stupse sie mit meiner Pfote an der Nase, aber sie legt sich einfach nur hin. „Du bist mein bester Freund. Du machst mich glücklich.“

„Nein, Simon, du machst dich glücklich. Ich bin euch nur ein alter, dummer Klotz am Bein.“

Das kann doch nicht wahr sein. Das kann nicht richtig sein. Nicht Peggy. Peggy, die sich zuerst um mich kümmerte, als George mich an Bord brachte. Peggy, die mich auf dem Schiff herumführte und mich Pauloni vorstellte. Peggy mit ihren Leckereien, mit ihrem Geruch und ihrem Affen. Ihr Affe! Wo ist er? Ich laufe hinaus zu Atkins, sehe zu ihm auf und miaue.

„Hey, hey, was ist los?“ Atkins schaut nach unten. „Wo ist Peggy?“

Wir gehen alle zurück in den Laden.

„Hierher Peggy!“, ruft Atkins ihr zu. „Hierher Mädchen, komm schon!“

Aber sie bewegt sich nicht. Sie liegt einfach nur da. Ich schaue zu Atkins und dann auf ihren Affen. Atkins bemerkt, was er in der Hand hält, bückt sich und legt den Affen zu ihren Füßen. Sie schnuppert daran, sieht zu George und Atkins auf und dann wieder zu mir.

„Ich werde hierbleiben, Simon", sagt sie leise. „Die Chefin ist schon gegangen, um mir einen schönen Napf mit etwas Leckerem zu holen."

„Nein, Peggy! Das kannst du nicht tun! Das darfst du nicht!", winsle ich wieder. Aber ich erkenne an ihrem Blick, dass sie es sich nicht anders überlegen wird. Sie wird nicht mit uns zurückkommen. George und Atkins rufen nach ihr und rufen sie, aber sie steht nicht auf und kommt nicht her. Die Chefin kommt aus dem hinteren Teil des Ladens und stellt eine rote Schüssel voll mit Futter vor Peggy hin. Diese schubst ihren Affen aus dem Weg und macht sich über die Schüssel her.

„Sie ist stur wie ein Maultier", sagt Atkins zu George.

Sie ist kein Maultier, sie ist ein Hund. Ein fetter, dummer, stinkender, liebevoller, lustiger Hund. Mein Hund.

„Sieht so aus, als hätten Sie einen neuen Untermieter", sagt George lächelnd zur Chefin.

„Sie kommt schon seit einiger Zeit hierher", antwortet die Chefin. „Ich sage ihr dann immer, sie kann liebend gerne hierbleiben."

„Vielleicht ist sie jetzt ein bisschen zu alt für das Schiffsleben geworden", sagt Atkins nachdenklich, während er Peggy beim Essen zusieht. Er wendet sich an die Chefin. „Nun, wenn Sie wirklich sicher sind..?"

George sieht nun auch auf Peggy hinunter. „Und es schaut so aus, als ob sie sich bereits entschieden hätte."

Die Chefin lächelt George und Atkins an und sagt: „Sie wird hier mit mir glücklich sein. Ich kümmere mich gut um sie."

George und Atkins werfen sich einen Blick zu, dann bücken sie sich langsam hinunter, um Peggy zum Abschied noch einmal zu streicheln. Ich sehe, dass Georges Augen wieder feucht sind.

„Komm!“, sagt er leise. „Lass uns gehen!“ Sie gehen aus dem Laden, aber ich laufe noch einmal zu Peggy hinüber.

„Du willst also wirklich hierbleiben?“, frage ich sie.

„Hmm, mampf“, schlingt sie. Und dann sieht sie hoch. „Es ist das Beste, Simon, das ist es wirklich. Ihr werdet alle heimfahren und ehrlich gesagt, glaube ich nicht, dass ich das überhaupt schaffen würde. Ich glaube, hier ist ein hervorragender Platz, um meine goldenen Jahre zu verbringen.“

Ich bin traurig, traurig, so traurig. Das ist nicht richtig. Ich versuche es ein letztes Mal. „Aber jetzt ist alles, was wir haben!“ wimmere ich.

„Ja“, antwortet sie langsam. „Und ich habe nicht mehr so viele ‚Jetzt‘. Und alles, was wir bis jetzt hatten, haben wir auch noch. Vergiss das nicht!“

Sie legt ihr Gesicht an meines und reibt ihre Nase an meine.

„Tschüss Simon. Es hat unglaublich viel Spaß gemacht, Zeit mit dir zu verbringen. Aber du weißt ja, wie man so schön sagt – Alles Gute muss einmal zu Ende gehen.“ Sie leckt mich ab.

Warum muss es das?

Ich schmiege mich an sie, ein letztes Mal.

„Ich werde immer bei dir sein, Kleiner“, sagt sie lächelnd. Ein Stück Futter klebt an ihrem Mund.

Ich drehe mich um und verlasse den Laden, um zu George und Atkins zu gehen.

„Simon!“, höre ich Peggy rufen. Ich drehe mich in der Türe um und schaue zu ihr zurück.

„Vergiss nie – du bist magisch!“

George nimmt mich in den Arm. Er muss wissen, dass ich traurig bin, denn er drückt mich extra fest an sich. Langsam gehen wir auf das Schiff zurück. Wir verlaufen uns, wir verlaufen uns nicht, wir sind plötzlich ganz in der Nähe des Platzes, wo ich früher immer gespielt habe. Vor Peggy, vor allem. Erst JoJo und nun sie. Beide sind weg, jeder auf eine andere Art, aber deswegen nicht weniger traurig. Was soll ich ohne Peggy tun? Vielleicht hätte ich bei ihr bleiben sollen? Aber ich habe das Gefühl, dass ich jetzt mehr auf das Schiff gehöre als hierher, wo ich herkomme. Hergekommen bin. Nun muss ich weiter mutig und tapfer sein, aber auf eine andere Art.

George krault meinen Kopf. Ich schaue herum, schaue auf das, was ich kannte und als wir das Schiff erreichen, auf das, was ich jetzt kenne. Wir gehen die Zunge hinauf. Es erinnert mich an Peggy und ihre leckende Zunge. Hinauf, hinauf gehen wir, zurück aufs Deck, zurück an den Ort, wo ich jetzt herkomme. Ich drehe mich nach hinten, um einen letzten Blick auf den Hafen zu werfen. Den Hafen, wo ich immer rannte und spielte, bevor das alles passierte. Während ich so herumschaue, bin ich mir sicher, eine wundschöne weiße Katze zu sehen, die zwischen einigen Körben herumläuft und nun viel viel dicker ist als früher.

23/ Den Anforderungen entsprochen

Es ist grau und kalt und ich weiß nicht genau, wie ich mich fühle. Wir fahren nach Plymouth in England. England ist auch das Zuhause der Matrosen hier. Der Ort, von dem sie herkommen. Ich weiß, es ist nicht mein Zuhause, aber ich nehme an, dass es das jetzt sein wird. George sagt, wir werden nicht mehr mit der Amethyst fahren. Ich bin eigentlich froh darüber. Es war nicht mehr dasselbe, seit wir Peggy zurückgelassen haben. Überhaupt nicht mehr. Sie ist jetzt an dem Ort, von dem ich herkomme und ich werde an dem Platz sein, von dem George herkommt. Ich habe sie so sehr vermisst den ganzen Weg hierher.

Wir machten an vielen Orten Halt. George sagte, dass wir fast so viel Zeit für die Fahrt nach England brauchten, wie wir auf dem Schiff gestrandet waren. Ich weiß nicht, was sich länger angefühlt hat, nicht von der Stelle zu kommen oder zu fahren. Als wir Hongkong verlassen hatten, sind wir zuerst nach Singapur gefahren. Ich bin nach dem, was letztes Mal dort passiert ist, nicht von Bord gegangen. Aber es war schön, am Bug zu stehen und auf all die Menschen hinunterzusehen, die uns zuwinkten. Manche Matrosen gingen auf eine Cocktailparty und tranken Horse's Neck und viele andere Getränke. Dann fuhren wir zu einem Ort namens Penang und dann nach Colombo und dann nach Aden. Danach fuhren wir durch etwas, was man den Suez Kanal nennt, der laut George wichtig ist, ich weiß aber nicht, warum. Er sah aus wie eine sehr enge Straße aus Wasser, ähnlich dem Kanal in Singapur. Wir fuhren eine lange lange Zeit auf ihm, bis wir wieder auf das große, offene Meer gelangten. George sagte, dass er nicht echt sei, sondern von Menschen gebaut wurde, aber für mich schien er sehr echt zu sein.

Wir blieben an einem Ort namens Malta stehen und dann in Gibraltar. Je länger wir fuhren, desto weniger heiß wurde es. Manchmal stieg ich aus und schaute mich mit George um, aber meistens blieb ich an Bord, putzte mich und gab vor, die ganzen seltsamen Menschen, die Hallo zu mir sagen und mich mit ihren sonnenstrahlenden Klicks blind machen wollten, nicht zu bemerken. Es war aber eigentlich egal, wo ich mich aufhielt, denn ich dachte immerzu an Peggy. Und Uboat und Lilette und JoJo natürlich. Ich wollte einfach nur mit meinem Hund, meinen Katzen und meinen Freunden zusammen sein.

Als wir in Gibraltar angelegt hatten, brachte ein Matrose eine Kreatur namens Hugo mit an Bord. Er war ein Hase. Ich hatte noch nie zuvor einen gesehen. Er war recht nett und sah niedlich aus mit seinen großen Schlappohren und dem kleinen weißen Puschel-Schwanz. Sein Schwanz war wirklich lustig, so ganz anders als meiner, aber er war sehr schüchtern und so haben wir nicht viel miteinander geredet. Ich weiß nicht, was mit ihm passiert ist. Er verschwand so um die Zeit, als den Matrosen in der Messe eine Pastete serviert wurde. Sie hauten alle ordentlich rein und gaben mir auch etwas zu kosten. Es schmeckte köstlich.

Aber egal, wo wir auch anlegten, wir wurden überall von jubelnden Mengen und glücklich lachenden Gesichtern empfangen. Es tut immer wieder gut zu sehen, dass nicht alle Menschen andere Menschen tot und weggegangen sehen wollen. Und überall, wo wir hingekommen sind, war ich sofort umzingelt von den Sonnenblitzen, von Menschen, die an Bord kamen und mit den Matrosen redeten und von noch mehr Sonnenblitzen. Ich mochte das nicht. Ich weiß nicht, wie das jemand mögen kann. Aber anscheinend wollten mich alles sehen und alle Leute sagten, ich wäre ein Held, so denke ich, sie mögen mich, obwohl ich ihr Klick, Klick nicht mag.

Und nun ist es kalt und wir werden hier aufhören. Das allerletzte Mal. Naja, nicht richtig aufhören, nur mehr nicht auf dem Schiff sein. George sagt, dass wir Zehntausend Meilen gefahren sind. Das ist die größte Zahl, von der ich je gehört habe. Viel mehr als zwanzig. Mit Volldampf fahren wir nach Plymouth, das Schiffshorn bläst laut, die weiße Flagge weht im Wind. Hier in Plymouth erwarten uns noch mehr Menschen, als sonst irgendwo auf unserer Reise.[93] Manche stehen aufgereiht in einer Linie, einige schauen sehr schick aus, aber alle rufen, schreien, winken. Manche winken mit kleinen Tüchern, die wie eine kleine Ausgabe der Tücher aussehen, in die sich meine Krallen verfangen haben. Es ist sehr, sehr laut, fast so laut wie die chinesischen Böller.

McCunnell und Gurns, French und Hett, Atkins und Sharpe stehen oben am Bug. Alle Matrosen tragen ihre blauen oder weißen Mützen. Es erinnert mich an die Mütze von Kapitän Griffith. Ich miaue, wenn ich an ihn denke und dann gähne ich, wenn ich an seine Mütze denke. Die Matrosen

---

93 Nachdem die HMS Amethyst in Hongkong repariert wurde und im September von dort aufgebrochen war, legte sie am 1. November 1949 in Plymouth an und wurde dort stürmisch begrüßt.

winken, winken hinunter und einige Menschen, die wie alte Mädchen-Brüder aussehen, schreien und winken sogleich zurück. Auch George lächelt.

„Das ist also unser Zuhause“, sagt er zu mir. „Ich hoffe, es gefällt dir.“ Er hebt meine Vorderpfote, um den Menschen zuzuwinken. Ich bin froh, dass wir von Bord gehen, aber ich bin müde, müde, müde. Ich mag keine Sonnenblitze mehr, ich mag keine Menschen mehr, die ich nicht kenne und mir Hallo sagen wollen. Ich will einfach nur mit denen zusammen sein, die .... ich liebe.

Das Schiff legt mit einem letzten Ertönen des Schiffshorns an und ich kann durch das Geschrei der Menge nichts mehr hören. Die große Zunge wird hinuntergelassen. Es dauert nicht mehr lange, dann kann ich von Bord gehen. Ich warte darauf, dass mich George hochnimmt, aber nichts passiert. Stattdessen kommen zwei sehr wichtig aussehende Männer an Bord und schütteln Kerans die Hand.

„Das ist Admiral Lord Fraser und Lord Hall“, höre ich George durch das Gebrüll der Menge sagen.[94] Dann stürmen immer mehr Menschen auf das Schiff. Moment mal, das ist das genaue Gegenteil von dem, was ich will. Frisch und sauber aussehende Mädchen-Brüder und auch nicht so sauber und frisch aussehende umarmen alle meine Freunde. Jeder hat feuchte Augen. Ich bin umgeben von ... Menschen.

Aber niemand umarmt mich.

Und dann .... und dann... kommt ein Mann auf mich zu. Er trägt eine riesige Tasche.

„Vollmatrose Seekater Simon“, sagte er, stellt sich gerade hin, schlägt die Füße zusammen und legt die Steuerbordhand an seinen Kopf. „Für dich.“ Er öffnet die Tasche und holt viele, viele ..... ich weiß nicht, was das ist ... heraus. Papiere mit geschwungenen Linien darauf. Dosen mit ich-

---

[94] Admiral der Flotte, Bruce Austin Fraser, erster Baron Fraser von North Cape (1888 - 1981) war in Gallipoli im Einsatz, beteiligte sich an der Internierung der deutschen Hochseeflotte Ende des Zweiten Weltkriegs, diente im Zweiten Weltkrieg als dritter Seelord und Kontrolleur der Navy, Befehlshaber der Heimatflotte und wirkte an der Gründung der NATO mit. Viscount Hall – der Erste Lord der Admiralität.

weiß-nicht-was. Kleine Stoffkreaturen, die ein bisschen Peggys stinkendem alten Affen ähnlichsehen. Was soll ich mit all dem machen?

„Die ganze Welt liebt dich", sagt er.

Ich glaube, ich sollte schnurren, aber ich tue es nicht. Ich kann nur an die denken, die mich lieben, aber nicht hier sind.

Schließlich stellen sich alle Mädchen-Brüder und meine Freunde in einer Reihe auf, um die große Zunge hinunterzugehen. Arm in Arm, Hand in Hand. Sie gehen alle weg. Ich schaue mich nach George um, kann ihn aber nicht entdecken. Immer mehr Matrosen verlassen das Schiff. Es wird leerer und leerer. Aus dem Nichts reicht mir der Mann, der mir all die Ich-weiß-nicht-was gezeigt hat, eine Schale mir etwas Weißem zu trinken. Ich schlecke daran. Es ist ... ganz gut.

Und dann schaue ich auf und ..... außer mir ist niemand mehr auf dem Schiff. Ich bin froh und traurig zugleich. Wenigstens blendet mich niemand mehr mit diesen Sonnenblitzen, aber es ist auch niemand da, der meinen Kopf krault. Was soll ich jetzt tun? Soll ich Ratten suchen? Gibt es überhaupt noch Ratten zu fangen? Ich strecke mich und lege mich aufs Deck. Autsch! Mein Rücken. Ich vergesse immer wieder, dass er manchmal noch weh tut. Das ist das erste Mal, dass ich alleine bin. Zuerst war JoJo da, dann Peggy, George und die Matrosen. Aber ich weiß, dass sie zurückkommen werden, also fühle ich mich ein bisschen mehr gut als schlecht.

Von dort, wo alle Matrosen und Menschen zusammenstehen, höre ich eine laute, dröhnende Stimme.

„Gut gemacht, Amethyst. Den Anforderungen entsprochen."[95]

Ich laufe wieder zum Bug hoch und schaue zu ihnen hinunter. Sie schauen alle glücklich und froh aus, was bedeutet, dass das hier gut ist. Also sollte ich vielleicht auch einfach glücklich sein und hier auf diesem Schiff warten. Ich freue mich auf Daheim.

---

95 „Well done Amethyst. Up to standard" – Teil der Willkommensrede, die der Erste Lord der Admiralität und Oberbefehlshaber von Plymouth, Admiral Sir Robert Burnett, an die Matrosen der HMS Amethyst bei ihrer Rückkehr nach Plymouth richtete.

Wo auch immer das jetzt ist.

24/ Nicht fliegen, aber bewegen

Nachdem alle Matrosen gegangen waren, freute ich mich darauf, mich genüsslich abzulecken und zu putzen. Ich war gerade dabei, mich niederzulassen, als sich der Mann, der mir die Schale mit dem weißen Etwas gab, heranschlich, mich aufhob und in eine Kiste steckte. Sie ist kleiner als die von Peggy, scheint aus dem gleichen Material gemacht zu sein wie das Schiffsdeck, wo meine Krallen Klack, Klack, Klack machen, und hat Stäbe auf der Vorderseite. Ich kann zwischen den Stäben hindurchsehen und gerade noch eine Pfote hinausstecken, aber ich kann mich nicht viel bewegen. Als der Mann mich in die Kiste gesteckt und mich damit vom Schiff getragen hatte, wirbelte er mich ein bisschen zu schnell herum, sodass mir ganz schwindelig wurde. Es fühlte sich nicht so an, als würde ich fliegen, ich fühlte mich nur, als wäre ich gefangen.

Dann stellte er mich und die Kiste in ein Auto. Das Auto hustete und nun rattern wir dahin – Bum, Bum, Bum. Ich war noch nie zuvor in einem Auto. Es gefällt mir nicht. Überhaupt nicht. Das Auto lässt die Kiste herumrutschen, und jedes Mal, wenn es Bum macht, stoße ich mir den Kopf oben an. Ich weiß gar nicht, was mir weniger gefällt – das Auto oder die Kiste. Ich fühle mich, als wäre meine ganze Welt verschwunden. Zuvor war ich auf einem riesigen, riesigen Schiff und nun bin ich hier in einer winzigen Kiste in einem kleinen Auto.

Ich weiß nicht, wo wir hinfahren. Ich nehme einmal an zu George nach Hause. Ich denke darüber nach, wo er wohl lebt, und wie es dort wohl aussieht und riecht. Hat er wohl auch einen Garten, der so groß ist wie der, in dem Peggy früher herumrannte und spielte? Ich frage mich, was Peggy jetzt wohl macht. Wahrscheinlich isst sie, wedelt mit dem Schwanz und kaut auf ihrem Affen herum. Peggy war *mein* Affe und ich vermisse sie.

Was werden wohl all die Matrosen jetzt tun? Gehen sie mit den Menschen, die auf das Schiff gekommen sind, nach Hause? Obwohl viele von ihnen feuchte Augen hatten, sahen sie doch glücklich aus. Ich frage mich, ob es dort, wo George lebt, auch andere Katzen gibt. Oder Hunde. Ich hoffe, sie sind genauso nett und freundlich zu mir wie Peggy. Ich weiß, dass ich nicht mehr sehr schnell laufen kann. Mein Rücken tut auch sehr weh. Bum! Autsch!

George muss sehr weit weg vom Schiff wohnen. Ich kann nicht aus dem Autofenster hinaussehen, deshalb weiß ich nicht, wie es draußen ausschaut. Es war kälter, als wir angelegt haben, und ich frage mich, welche Kreaturen es hier gibt. Vielleicht leben gar keine Katzen und Hunde hier. Vielleicht wimmelt es von den fiesen Monstern, die es in Singapur gab. Ich spüre, wie ich hart gegen die Kiste gedrückt werde, als das Auto nach Steuerbord abbiegt. Es kann nun nicht mehr weit sein. Es dauert nicht mehr lange, bis ich wieder bei George bin.

Ich fühle mich wie diese Sardine, die ich einmal auf dem Schiff verspeiste. Ich mag nicht mehr in dieser Kiste sein. Wo ist George? Wo wohnt er? Ich habe keine Angst, weil ich weiß, dass es nicht mehr lange dauern wird, aber ich fühle mich gefangen und seltsam. Wie eine Ratte in einer Schachtel. Noch mehr Rumpeln. Ich versuche, meine Augen zu schließen, aber bei dem ganzen Hin und Her wird mir schwindlig. Dann versuche ich, mich hinzulegen, aber ich rutsche immer wieder herum. Ich versuche, mich zu putzen, aber das gelingt mir auch nicht. Ich miaue, aber der Mann sagt nichts. Nicht mehr lange.

Nach einer langen, langen Zeit hält das Auto endlich an. Puh. George wohnt wirklich sehr sehr weit weg von dort, wo das Schiff angelegt hat. Warum hat das Schiff nicht einfach näher an seinem Zuhause festgemacht? Ich bin hungrig. Ich bin nicht hungrig. Die Autotür öffnet sich und ich rutsche nach vorne, dann werde ich angehoben und aus dem Auto getragen. Dreh mich nicht so schnell herum! Ich kann die Schritte des Mannes hören, während wir auf Georges großes, großes Haus zugehen. Es sind viele Lichter an. Er muss viele Menschen eingeladen haben, die mich sehen möchten. Solange sie meine Augen nicht blenden....

Der Mann öffnet eine Türe und wir gehen hinein. Es ist sehr hell hier drinnen. Grell wie Sonnenschein. Es tut mir ein bisschen in den Augen weh. Ich kann einige aufgereihte Stühle sehen und Bilder von Katzen an den Wänden, aber keinen George. Ah ja, er wird wahrscheinlich köstliches Futter für mich vorbereiten. Der Mann hebt mich an und stellt mich auf etwas, das wie ein Tresen aussieht. Es riecht hier alles sehr sauber. Ich sehe ein Mädchen und einen anderen Menschen. Das Mädchen sieht mich an und lächelt. Sie hat schwarzes Haar und rote Lippen. Sie steckt ihre Finger durch die Stäbe.

„Willkommen Simon. Ich habe schon viel von dir gehört und auch viel über dich gelesen.“

George muss ihr von mir erzählt haben. Ich frage mich, ob sie Georges Mädchen-Bruder ist. Ich blicke auf die Katzenbilder an der Wand. Wer sind sie? Warum hat mir George nichts von ihnen erzählt? Dieser Geruch nach Sauberkeit, das helle Licht und all die Katzen, die mich ansehen, machen mich benommen. Dieser neue Ort mit diesen neuen Menschen ist seltsam. Ich fühle mich seltsam. Der Mann hinter dem Tresen dreht sich um. Es ist Pauloni! Ich bin mir sicher, dass er es ist. Was macht er hier? Das muss bedeuten, dass alle hier sind! Ich miaue wieder, weil ich wirklich aus dieser Kiste raus will. George! George! Wo bist du?

„Danke, dass du ihn hergebracht hast", sagt Pauloni. Nur seine Stimme ist anders. Er hat eine ganz andere Stimme als sonst. Warum sagt er nicht Hallo zu mir? Oder gibt mir einen Leckerbissen?

„Wir werden ihn jetzt mal durchchecken." Ich höre ein Klicken und Paulonis Hand kommt auf mich zu, um mich rauszuholen. Seine Hände sind ganz anders, als ich sie in Erinnerung habe. Ich mag diesen Pauloni mit der anderen Stimme nicht. Alles fühlt sich so seltsam an. Mir ist immer noch etwas schwindlig. Ich kratze Pauloni an der Hand. Das wollte ich nicht.

Pauloni nimmt seine Hand aus der Kiste. „Mir kommt vor, wir haben hier einen Kämpfer. Vielleicht erweist du uns die Ehre?"

Und dann kommt das Mädchen heran und greift hinein. Ich kann sie riechen und spüre, wie ihre Hände mich umfassen. Sie sind weich und warm. Ich lasse zu, dass sie mich – Au, vorsichtig mit meinem Rücken! – aus der Kiste nimmt und auf den Tresen stellt. Ich setze mich hin und sehe mich um. Wo ist er?

Das Mädchen lächelt mich an. „Mein Name ist Molly. Wir müssen dich nur durchchecken und dann kannst du dich ausruhen. Du hattest ja eine sehr lange Reise."

Ja. Zehntausend Meilen sagte George. Und dann den ganzen Weg vom Schiff zu Georges Zuhause. Ich bin müde. Aber noch kann ich nicht schlafen, weil Molly und der Pauloni-Mann stupsen mich an, drehen mich um, ziehen an meinen Ohren und heben meinen Schwanz hoch. Sie machen viele krumme Linien auf das Papier, stecken mir etwas in den Hintern und stechen mich in die Seite wie diese kleinen gelbschwarzen summenden Dinger. Wenn das ein Hallo sein sollte, würde ich lieber Tschüss sagen.

Molly bringt mich in einen Raum. Ein Raum, in dem immer noch kein George ist. Sie stellt mir eine Schale mit dem weißen Zeug zu trinken hin und holt eine Dose. Sofort erkenne ich das Bild darauf. Woher weiß sie das? Vielleicht hat George ihr erzählt, wie sehr ich es mag und deshalb hat sie es extra für mich besorgt. Ich mag Molly.

Nachdem ich gegessen habe, nimmt mich Molly hinaus in einen kleinen Garten.

„Gut, hierher kannst du zweimal am Tag kommen und spielen, aber mit den anderen Katzen darfst du noch nicht zusammen sein."

Es gibt also andere Katzen hier? Das ist ja schön. Ich frage mich, wie viele es wohl sind. Das heißt, ich werde viele neue Freunde haben und George. Wie seltsam, dass ich noch nicht mit ihnen spielen darf. Vielleicht haben sie erfahren, was ich mit den Ratten gemacht habe und sie haben Angst vor mir. Im Moment fühlt es sich vielleicht nicht so toll an, aber ich weiß, dass bald alles gut, gut, gut wird. Ich renne herum und schnuppere. Ja, ich kann andere Katzen riechen. Aber George rieche ich nirgends.

Dann hebt mich Molly wieder hoch. Eines meiner Beine baumelt hinunter. Jetzt wird sie mich zu George bringen. Erst hat er mich hochgehoben und aufs Schiff gebracht, und nun bringt mich Molly zu ihm. Wie lustig. Wir gehen vom Garten zurück in Georges Haus, laufen am Tresen vorbei und gehen durch eine andere Türe. Ich schließe meine Augen. Ich will, dass ich nun George sagen höre: „Hallo Simon", bevor ich sie wieder öffne.

Aber er sagt nicht Hallo. Niemand sagt Hallo. Stattdessen höre ich ein Klicken und spüre, wie meine Pfoten auf etwas Hartem landen. Ich öffne meine Augen und drehe mich schnell um. Noch mehr Stäbe und Mollys Gesicht, das mich von der anderen Seite ansieht.

„Das ist ja eine ganz brave Katze."

Die Stäbe klappen zu. Ich bin wieder gefangen und wieder alleine.

25/ Zeit, um heimzugehen

Wann darf ich endlich weg von hier? Wann wird es aufhören, weh zu tun?

„Schau, hier!“, sagt Molly und streichelt mich. „Magst du nicht noch ein bisschen mehr? Nur ein kleines bisschen?“

Aber ich will nicht noch mehr Whisky essen. Das ist nicht daheim. Das ist ein Ort, der Quarantäne heißt und ich will nicht hier sein.[96] George hat mich ein paar Mal besucht. Er sagte, dass er und meine anderen Freunde zu etwas gegangen sind, das Gala Dinner heißt, an einem Ort, der Dorchester Hotel heißt. Das bedeutet, dass sie ganz viel leckere Sachen gegessen haben. Ich wünschte, ich wäre auch dabei gewesen. Und dann sind sie alle irgendwohin gegangen, das Admirality Church in London heißt, wo sie dann den Oberbürgermeister getroffen haben.[97] Ich weiß, wer der Oberbürgermeister ist. Peggy hat mir von ihm erzählt. Der Oberbürgermeister heißt Dick Whittington und er hatte eine Katze, die sehr gut darin war, Ratten zu fangen. So wie ich. So wie ich früher mal.

George sagt, dass ich sechs Monate hierbleiben muss und dann darf ich zu Kerans gehen und bei ihm wohnen. Jedes Mal, wenn er kommt, sagt er: „Nicht mehr lange.“ Ich habe das Gefühl, ich bin schon eine sehr sehr lange Zeit hier, aber Molly meint, es wären noch nicht einmal vier Wochen. Ich weiß nicht, warum ich hier bin. Wenn es das ist, was passiert, wenn man tapfer gewesen ist, dann wünschte ich, ich wäre nicht tapfer gewesen. Ich war glücklicher, als ich die ganze Zeit Angst hatte und George sich um mich kümmerte.

Ich kann es kaum erwarten, wegzugehen und mit Kerans zu leben, obwohl ich schon hoffe, dass ich dann auch noch George sehen werde. Doch

---

[96] Simon wurde nach Surrey in Quarantäne gebracht. Viele Matrosen besuchten ihn dort.

[97] Am 16. November 1949 nahm die Besatzung der Amethyst am Dankgottesdienst der traditionellen „Admirality Church“ in der Kirche St. Martin in the Fields teil, über deren Eingang die Fahne der Lord Commissioners wehte. Der Gottesdienst fand im Anschluss an die Horse Guards Parade statt. Die Straßen waren voll mit Menschen, die den Matrosen die Ehre erweisen wollten. Nach dem Singen der Hymne „Now thank we all our God“ verlas der Reverend L.M. Charles Edwards das Naval Prayer – das Gebet für die Marine. Gefolgt von einer kurzen Hymne und dem Segen. Anschließend marschierte die Besatzung zu einem Mittagessen, das der Oberbürgermeister von London zu ihren Ehren gab.

sechs Monate warten ist eine lange Zeit, denke ich. Ich bin mir nicht sicher, wie oft ich den Mond sehen kann in sechs Monaten. Ich verstehe nicht, warum ich nicht jetzt schon bei George oder Kerans leben kann, so wie ich es früher getan habe. Ich weiß, ich bin gut, ich weiß, dass ich nicht böse war, warum muss ich also hier sein? Vielleicht ist es nur der Teil von mir, der Unglück hat, nachdem ich eine lange Zeit so viel Glück gehabt habe. Und wenn also Glück gut und Unglück böse bedeutet, dann ist vielleicht doch etwas Böses in mir?

Kerans hat mich besucht. Er erzählte mir, dass er mit Admiral Fraser und einigen anderen wichtigen Leuten in einem Ort namens The Duke of Cornwall Hotel war. Er sagte, dass er ihnen von mir erzählt hat und sie hätten alle bestätigt, wie mutig und außergewöhnlich ich sei. Im Moment fühle ich mich gar nicht mutig und außergewöhnlich. Kerans sagt, dass Hett zum Katzenoffizier ernannt wurde, weil so viele Leute von mir wissen.[98] Immer, wenn er mich besuchen kommt, bringt er eine Tasche mit und zeigt mir Geschenke, die mir Menschen aus der ganzen Welt geschickt haben. Noch mehr Papiere mit komischen Zeichen, rote Kreaturen, gelbe Kreaturen, noch mehr Futter. Wenn ich wirklich magisch wäre, würde ich dafür sorgen, dass Peggy aus der Tasche herauskommt. Oder natürlich JoJo. Kerans erzählt mir, wie sehr die Welt mich liebt, aber ich fühle mich überhaupt nicht geliebt. Ich fühle mich einfach allein gelassen und einsam, deshalb stecke ich nicht einmal meine Pfote durch die Stäbe, um zu berühren und zu spüren, was er mir mitgebracht hat.

Aber nicht nur meine Freunde, auch viele Nicht-Freunde haben mich besucht. Sie wollten mir Dinge und Sachen schenken und mich blind machen. Molly sagte, dass sie von vielen verschiedenen Orten gekommen waren, um mich zu sehen. Ich weiß aber nicht, von welchen. Anfangs miaute ich und freute mich darüber, aber je mehr gekommen sind, desto mehr wollte ich nur bei denen sein, die ich liebe. Autsch! Das war schon wieder mein Rücken. Ich fühle mich gar nicht gut. Vielleicht war das das Böse? Alles, was ich tun kann, ist warten, aber ich bin nun des Wartens müde. Ich wartete eine lange Zeit, als wir gestrandet waren und nun warte ich hier schon wieder. Warte darauf, gerettet zu werden. Entkommen zu können.

---

[98] Simon erhielt jeden Tag mehr als 200 Briefe und Pakete mit Karten, Briefen, Gedichten und Fressen.

Aber ich mag Molly. Sie gibt mir Essen, streichelt mich und sie riecht nach draußen. Wir gehen auch raus in den Garten. Dort schnuppere ich herum, aber ich habe ihn schon so oft erkundet. Ich kenne jetzt schon alles, ich weiß, dass es keine Löcher im Zaun gibt, durch die ich mich hindurchquetschen könnte. Es gibt nicht einmal Ratten, die ich fangen könnte. So sitze ich meistens nur herum, schaue hinauf in den grauen Himmel, den ich durch die Bäume über mir sehen kann, und wünsche mir, ich könnte wegfliegen. Ich würde ganz weit weg von all diesem Grau und dieser Kälte, dieser grauenvollen Quarantäne fliegen, bis ich das Meer gefunden hätte. Dann würde ich die Amethyst suchen und auf ihr landen.

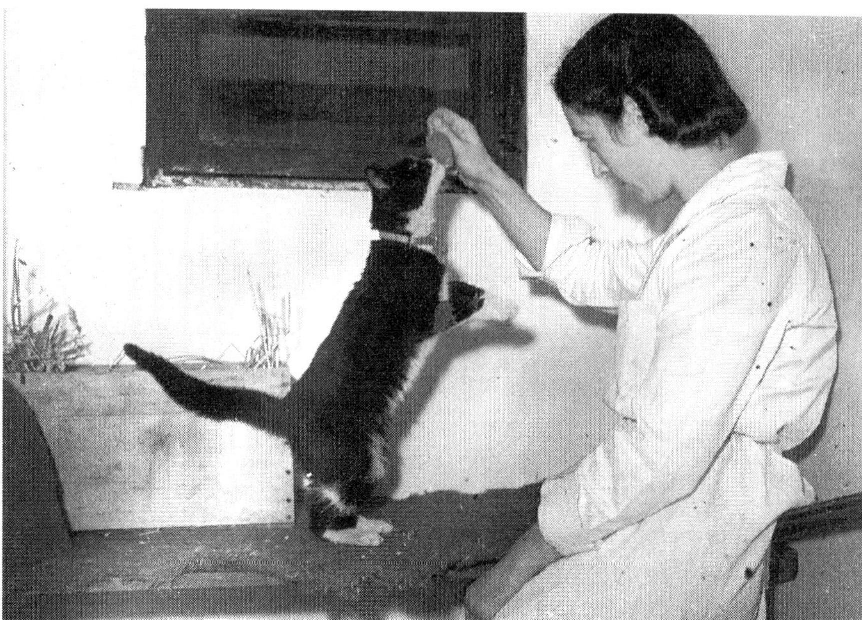

Simon in Quarantäne mit einer der Tierpflegerinnen
Foto mit freundlicher Genehmigung der PDSA

Dort würde ich Peggy mit ihrem Affen in ihrer Schachtel finden und wir würden beide herumrennen, uns verstecken und spielen. Vielleicht hätte ich mit ihr an dem Ort, von dem ich herkomme, bleiben sollen? Ich bin nicht von hier und ich will es auch nicht sein. Es tut wieder weh. Es tut mir weh, wenn ich meine Augen schließe und ich habe angefangen, noch mehr Bilder zu sehen. Es tut mir auch weh, wenn ich versuche, mich zu putzen.

Ich höre das Läuten der Türklingel. Das bedeutet, dass jemand hier ist. Molly steht auf.

„Ich sehe mal nach, wer das ist“, sagt sie und verlässt den kleinen Raum.

„Simon“, ruft sie, als sie wieder hereinkommt. „Besuch für dich.“

Ich schaue auf und sehe George. Ich möchte aufspringen, aber ich kann mich nur langsam aufrichten. Es tut mir sehr weh. Ich schnuppere kurz an Georges Fingern. Er riecht anders.

„Hey Simon!“

Ich schnurre. Molly steht neben George.

„Wie fühlt es sich an, die berühmteste Katze der Welt zu sein?“, fragt George und lächelt mich an.

Es fühlt sich einsam an.

„Wie ist es ihm gegangen?“, wendet sich George an Molly.

„Ich glaube, er fragt sich, warum er nicht mit dir und seinen anderen Freunden weggehen darf“, sagt Molly und sieht mich an. „Armer kleiner Kerl.“

„Nun, ich habe gute Nachrichten für dich“, wendet sich George wieder lächelnd zu mir.

Gute Neuigkeiten! Endlich! Was ist es?

„Sie haben für den 11. Dezember eine Zeremonie für dich angesetzt. Das sind nur noch zwei Wochen bis dorthin. Du bist so berühmt, dass Maria Dickins persönlich dort sein wird und dir die Medaille überreichen wird. *Und* der Oberbürgermeister.“

Der Oberbürgermeister? Wie aufregend! Ich hoffe, er bringt seine Katze mit. Dann hätte ich vielleicht jemanden zum Reden, nicht wie die anderen Katzen hier bei mir.

„Natürlich werden wir auch alle da sein. Wie in alten Zeiten.“

Ich würde gerne wieder mit allen zusammen sein. Ich würde so gern Gurns und all die anderen wiedersehen. Wir wären natürlich nicht auf dem Schiff, aber wir könnten einfach so tun, als ob, zumindest ein kleines bisschen. Molly geht aus dem stickigen Raum hinaus.

„Oh, und ich habe dir auch noch etwas mitgebracht. Ich habe es vor einiger Zeit gefunden." George greift in seine Hosentasche und holt etwas heraus. Es ist der Würfel! Ich schnuppere daran. Ich schnüffle und schnüffle. Ich bin mir sicher, dass ich Peggy riechen kann.

„Weißt du Simon", sagt er nach einer Weile. „Heute ist der 27. November. Das heißt, dass wir vor sieben Monaten in den ganzen Schlamassel geraten sind."

Ich versuche zu verstehen, was er da sagt. Ein Monat ist .... einige Monde. Sieben ist ... warte. Eins, zwei, drei, vier, fünf, sechs ... sieben. Das heißt, dass ich nur noch ein paar von vielen Monden warten muss, bis ich von hier verschwinden kann. Mein Herz schlägt schnell. Es ist also ganze sieben Monate her, dass ich dieses schreckliche grün glänzende Auge gesehen haben? Ich versuche herauszufinden, ob es sich wie eine lange Zeit anfühlt oder nicht. Heißt das, dass ich immer noch eine lange Zeit hier drinnen bleiben muss? Ich weiß es nicht. Wenn ich an die Zeit denke, als George mich gerettet hat, scheint es viele, viele Monde her zu sein. Aber wie er jetzt so vor mir sitzt, fühlt es sich doch überhaupt nicht mehr so an. Mein Kopf tut weh.

Er steht da und blickt mich eine Weile an. Es tut weh, ihm in die Augen zu sehen, deshalb muss ich meine schließen. Eine Minute oder einen Mond später öffne ich sie wieder, aber er ist gegangen. Ich blinzle wieder schnell mit den Augen und George krault meinen Kopf. Mein Rücken tut weh, etwas tut mir weh, alles tut mir weh. George war eine lange Zeit hier, viele Monde. George ist gerade reingekommen. Seine Stimme bringt mich wieder von dort hierher zurück.

„Ich muss jetzt gehen. Aber es sind nur mehr zwei Wochen. Zwei Wochen bis zu deinem großen Tag, Simon! Aber ich werde vorher noch einmal vorbeikommen."

Und dann ist er weg. George ist hier, er ist weg.

Etwas später, nachdem Molly versucht hat, mir noch ein bisschen Whisky zu füttern, bin ich draußen im Garten. Es ist Nacht. Ich schaue hinauf zum Mond. Ich frage mich, ob es wohl derselbe ist, den ich so oft auf dem Schiff gesehen habe. Derselbe Mond, den ich sehen werde und dann wieder nicht sehen werde, bis George oder Kerans mich holen und ich von hier weg darf. Ich freue mich schon darauf. Sehr sogar.

Ich will gerade wieder hineingehen, mit meinem Würfel spielen und ihn nochmal beschnuppern, als ich mich auf einmal wieder so fühle wie damals, als ich dieses schöne Spiel mit Lilette gespielt habe. Nein, es ist eher so wie damals, als ich die ganzen Ratten getötet habe. Ich will .... ich weiß nicht, was ich tun will. Ich will ... dort hinübergehen. Nein, ich will mich da drüben hinlegen. Nein, ich will .... ich weiß es nicht. Ich miaue und miaue. Ich brenne. Es tut immer mehr weh. Es wird immer schlimmer. Es überrollt mich.

„Hey, Simon. Was soll der ganze Wirbel?“

Ich spüre, wie mich weiche Hände aufnehmen.

„Komm schon, kleiner Kerl, bringen wir dich mal hinein.“

Sanfte Hände, es müssen die von Molly sein. Wir gehen offensichtlich hinein, denn die Dunkelheit weicht einem grellen Licht. Ich möchte an diesen Händen knabbern. Ich will von diesen Händen getröstet werden.

„Da wären wir. Jetzt machen wir es dir schön bequem. Meine Güte, deine Nase ist ja brühend heiß.“

Wo sind wir jetzt? Ich kann nicht richtig sehen. Alles ist dunkel geworden, vielleicht sind die Lichter kaputt wie damals auf dem Schiff? Ich bin immer noch bei Molly. Ich spüre ihre sanfte Stimme. Soll ich miauen? Wird es weh tun, wenn ich es tue? Miaute ich gerade? Stehe ich jetzt auf oder liege ich auf meinem Rücken? Ich stehe auf dem Kopf. Ist das Molly?

„Schon gut, Simon, schon gut. Beruhige dich. Versuch einfach, ruhig zu liegen. Ich glaube, ich rufe besser den Tierarzt, damit er nach dir sieht, nicht wahr?“

Nein, nicht Molly, es ist George. George ist hier. Ich bin bei George in seinem Haus. Ich bin noch nie hier gewesen, aber es riecht nach ihm. Es gibt einen Garten, einen viel größeren als den, wo ich jetzt bin, Aber nun ist Molly wieder hier, nicht George. Ja, es ist Molly. Und ich bin wieder in dem kleinen Garten.

„Gut, halte durch Simon, der Tierarzt ist auf dem Weg. Halt einfach durch, du bist ein kleiner tapferer Kerl.“

Tierarzt? Hett? Ich drehe mich herum und herum, runter und rüber. Und dorthin. Der Garten wird größer, während ich renne und mich drehe und springe.... PENG! Ich krache gegen eine Seite meines Käfigs. Was macht mein Käfig hier im Garten? Plötzlich geht das Gartenlicht an, es ist hell, hell, hell.

„Nun Simon, wie geht es der mutigsten Katze in Quarantäne? Oje, du siehst ja ganz und gar nicht aus wie sonst. Mal sehen, was wir für dich tun können, ja?“

Ich bin wieder in meiner Kiste. Peggy hatte eine Schachtel. Wo ist Peggy?

„Seine Temperatur ist gestiegen und seine Herzfrequenz ist sehr niedrig.“

Mein Rücken ist ... etwas ist auf meinem Rücken. Ist es Chairman? Ich kann gehen ... nein, ich kann nicht gehen ... da drüben ... mein Rücken ... ich sehe Monster ... ich habe Angst. Ich brenne.

„Halte einfach still für mich, Simon. Du wirst nur einen kleinen Piecks spüren.“

Ich spüre einen scharfen, stechenden Schmerz und mein Inneres wird ganz kalt. Molly ist wieder da. Sie streichelt meine Ohren.

„Psst, psst. Guter Junge, Simon. Tapferer Junge.“

Mir ist heiß und kalt. Ich bin glücklich und traurig. Ich bin wach. Ich schlafe. Ich habe Angst. Ich bin tapfer. Ich bin allein.

„Gut Simon. Ich werde jetzt gehen und Molly wird eine Weile auf dich aufpassen. Ruh dich gut aus, alter Junge und zeige uns allen, warum sie dir diese Medaille geben, ja?“

Die hellen Lichter werden plötzlich schwächer, sodass ich meine Augen ein bisschen öffnen kann. Ich schaue mich um und vergesse, wo ich bin oder wo ich sein will. Das Gefühl, alles schnell schnell machen zu müssen, ist vorbei. Es tut nicht mehr weh. Ich spüre Mollys Hände um mich herum.

„Für einen Moment dachte ich schon, wir hätten dich verloren."

Ich bin nicht verloren gegangen. Ich weiß, wo ich bin. Irgendwo, wo ich nicht sein will. Ich spüre, wie Wasser auf meinen Rücken tropft. Ich wusste gar nicht, dass es drinnen auch regnen kann. Aber ich bin nicht drinnen. Ich bin im Garten. Das warme Sonnenlicht lindert den Schmerz ein wenig und ich merke, dass ich langsam aufstehen kann. Langsam gehe ich dorthin, wo ich sein möchte. Wo ich glaube, dass ich sein möchte. Ich schaue hinauf und sehe Mollys Gesicht. Ihre Augen sind ganz nass, genau wie die von George.

„Simon? Simon? Wohin gehst du? Nein, tu das nicht. Beruhige dich. Dir wird es bald wieder gut gehen."

Aber ich fühle mich gar nicht gut. Ich fühle das ... Getenteil von gut.

„Bitte. Bleib wach, Simon. Oh, bitte...!"

Ich bin umgeben von Schatten, dunklen Gesichtern und Fingern, die nach mir greifen und mich packen wollen. Finger, die durch dichten, schwarzen Rauch greifen. Finger, die sich in Hände verwandeln. Hände, die Molly gehören. Sie hält mich, drückt mich fest an sich. Und ich falle, falle immer tiefer. Ich höre sie weinen, noch mehr Wasser fällt auf meinen Kopf – tropf, tropf, tropf – und auf meine Nase. Ich schmecke Salz, blinzle und sehe mich um. Ich bin wieder auf dem Schiff. Ich bin auf dem Schiff mit George und Gurns, Ginger und Atkins. Wo ist Molly? Georges Augen sind nass. Sie sind immer nass, aber er lächelt, lächelt auf mich herab.

„Du bist so ein tapferer Kater ...."

Ich kann meinen Kopf nicht heben. Es ist zu schwer. Ich sehe, wie George und die anderen weggehen. Bitte geht nicht! Bitte verlasst mich nicht! Es tut mir so leid. Es tut mir leid, dass ich tapfer war. Meine Pfoten sind zu schwer, um sie zu bewegen. Ich versuche, George nachzulaufen, aber er wird immer kleiner, immer kleiner. Ich fühle mich schwer. Ich habe Angst. Ich bin allein.

„Wie wär's mit etwas Wasser, Simon? Komm schon, nur ein kleines bisschen. Du bist so furchtbar heiß."

Heiß, heiß. Hell und heiß. Die Vögel kreischen. Es muss zu heiß für sie sein. Alles ist heiß. Uboat muss auch zu heiß haben, denn er steht im Schatten. Uboat!

„Komm schon!", sagt er. Ich kann ihn hören.

„Komm und spiel mit mir! Wir können noch so viele Abenteuer erleben." Oh, ich freue mich so, ihn zu sehen. Wir rennen, laufen weg von der Hitze und der großen, kühlen, blauen See entgegen.

„So viele Dinge, so viele Dinge", sagt er und wir rennen schnell nebeneinanderher, und jetzt schwimmen wir. Überall um uns herum sind Wale, das kalte Wasser, das heiße Fell von Uboat. Wo ist er? Wo ist er hin? Da ist er. Ich hüpfe auf seinen Rücken, aber er schlüpft durch meine Pfoten hindurch.

„Ich hab's dir gesagt", meint er. „Ich hab's dir gesagt." Und er rennt durch das Wasser, läuft und rennt und geht und läuft ....

„Komm schon, Simon! Es ist gut. Alles wird wieder gut."

Ja, alles wird wieder gut. Es tut weh. Es tut nicht weh. Und nun ist Lilette hier. Lilette ist hier! Sie sagt mir, dass alles wieder gut wird. In einem Garten, in einem schönen grünen Garten, der aussieht wie das Meer. Voller Fliegen, die herumtanzen und Lilette, die ihren Kopf an meinen reibt. Ich kann sie riechen, ihr Geruch ist überall um mich herum, alles wird wieder gut. Alles, was ich sehe, ist weiß, das Weiß von Lilettes Fell.

„Ich bin froh, dass du Hallo gesagt hast", sagt sie und leckt mich ab. „Hallo, Hallo, Hallo!"

Der stechende Schmerz hat aufgehört, denn Lilette ist hier. Ich versuche, zu ihr zu laufen, aber meine Pfoten tun nicht, was ich ihnen sage, aber das macht nichts, denn ich bin hier bei Lilette.

„Lass mich dich bürsten", sagt sie. Sie lächelt und ich werde gestreichelt und gebürstet. Das ist schön, ich fühle mich sicher, mein Rücken wird gestreichelt, gestreichelt von Lilette...

„Psst, psst, Simon. Alles ist in Ordnung, mach dir keine Sorgen. Halt durch mein Junge!“

Dieser Garten, dieser schöne, friedliche Garten. Aber wenn ich in einem Garten bin, dann sollte auch noch jemand anderes hier sein. Ich schaue mich um und da ist sie. Oh, warum habe ich sie nicht schon früher gesehen? Ich Dummerchen, ich sollte doch diese liebenswerte, schwabbelige Gestalt überall erkennen. Ich bin überrascht, dass ich sie nicht gerochen habe. Die liebe, süße Peggy tritt aus dem Schatten heraus. Sie ist nicht im Laden, sie ist hier bei mir, dort wo sie sein sollte, im Garten.

„Nun komm schon! Du schaffst das, Simon. Mach weiter, Junge!“

Jetzt ist alles, was wir haben, jetzt ist alles, was ich bin. „Alles ist alles, was du bist.“ Peggy leckt mich ab, wir sind in ihrer Schachtel im Garten.

„Keine Ratten mehr“, sagt sie. „Wir sind sie alle losgeworden und nun können wir ganz viel leckeres Essen haben.“

Ja, leckeres Essen. Peggy und ich können essen und dann rennen und spielen, wir rennen in diesem Garten herum. Ich jage ihr hinterher.

„Du bist ein Hund“, rufe ich ihr hinterher.

„Und du bist ein wundervoller, tapferer Kater.“

Wundervoll tapfer, voller Wunder. Ich bin wieder zurück, zurück bei Peggy, bei Peggy in einem Garten auf dem Schiff. Wenn sie läuft, werde ich ihr folgen. Ich will nicht, dass sie mich noch einmal verlässt.

„Komm, gehen wir zum Raffles Hotel!“, sagt sie und wir rennen durch den Garten. Peggy vor mir. Die gute alte Peggy, wegen der ich immer langsamer laufen musste, weil sie so schwabbelig war, ist hier und ich muss rennen, rennen, rennen, um mit ihr Schritt halten zu können. Ich laufe über das Deck und hinauf zum Bug und in ihre Schachtel und ... sie ist nicht hier, Nein! Komm zurück Peggy, bitte!

Wo ist Peggy? Wo ist Lilette? Wohin ist Uboat verschwunden? Sie sind nicht in der Schachtel, wo sie sein müssten. Irgendwo müssen sie ja sein. Sie müssen! Ich habe sie gesehen. Ich weiß, was nur Schein ist, und was wirklich ist. Und das ist wirklich. Ist es!

„Komm schon, Simon, was soll die Mannschaft ohne dich machen, hä? Denk einfach an sie! Denke an diese Medaille! Zwei Wochen, Simon, komm schon, nur mehr zwei Wochen!“

Ich schaue mich nach ihnen allen um. Sie müssen hier irgendwo sein. Wo verstecken sie sich? Welches Spiel spielen sie? Sind sie dort drüben? Ich gehe, ich glaube, dass ich gehe – hinüber zur Ecke des Gartens. Nein, nicht hier, aber ich weiß, sie sind irgendwo. Sie müssen ganz einfach. Ich habe Lilette gesehen, habe Uboat und Peggy gesehen. Die ganze Besatzung muss hier sein. George muss hier sein. Er ist sicher gekommen, um mich mitzunehmen.

„Sein Herzschlag wird immer schwächer und das Zittern wird schlimmer. Ich kann seine Temperatur nicht mehr kontrollieren. Ich weiß nicht mehr, was ich noch tun kann.“

Ich schaue in die Schachtel. Sehe rund um die Schachtel herum nach. Wo sind sie? Vielleicht werden sie auftauchen, wenn ich mich nur hier neben die Schachtel lege. Ich weiß nicht, wo ich sonst hingehen soll. Sie können kommen und mich hier finden, wenn ich mich einfach hinter die Schachtel lege und warte. Ich weiß nicht, was ich sonst tun soll oder wohin ich gehen soll. Ich bin allein.

„Titch?“

Nein! Das kann nicht sein, oder? Doch, doch, das ist er! Es ist JoJo! Er kommt auf mich zu. Er hat nicht aufgehört! Er bewegt sich, bewegt sich auf mich zu. Er ist hier.

„Oh JoJo! JoJo! Ich habe dich so vermisst. Ich habe so viele Geschichten....“

„Ich weiß. Du bist so ein wundervoller kleiner Bruder. Du hast so viele Dinge getan...“

Er sieht gleich aus, er riecht gleich, er *ist* es. Wo ist er gewesen? Es ist so schön, ihn wiederzuhaben. Jetzt kann ich ihm das Schiff zeigen und er kann George kennenlernen. Wir können zusammen am Schiff herumlaufen, auf dem Seifenwasser herumschlittern und mit dem Würfel spielen. Ich möchte ihm die Dinge zeigen, die ich zwar berühren, aber nicht sehen kann. Ich möchte ihm von diesem dummen Mann Henri erzählen und von seinem klickenden Ding, das mir ständig auf die Nase schlug.

„Oh JoJo, ich hatte solche Angst, als diese Knallerei auf dem Schiff losging."

„Ja, aber hab' jetzt keine Angst mehr! Es gibt nichts, wovor du dich fürchten musst. Du bist so tapfer."

JoJo steht im Schatten. Was sagte Peggy über Schatten? Dass sie manchmal gut sind und manchmal böse. Nun, dieser ist gut, gut, so gut. Er macht mir keine Angst. Hier sind keine Monster. Hier sind nur alle, die ich liebe, hier an dem Ort, von dem ich nicht herkomme und an dem ich auch nicht lange bleiben werde.

JoJo? JoJo? Wo ist er hingegangen? Ich schaue mich um, aber ich kann ihn nicht entdecken. Nein! Nein! Nein!

„Kämpfe weiter, Simon! Zeig uns deinen Mut, von dem alle sprechen!"

Molly hört auf zu sprechen. Ich höre sie weinen. Es macht mich traurig. Bitte weine nicht, Molly!

Ich habe wieder Angst. Ich fürchte mich und bin allein. Wo sind sie? Wohin sind sie gegangen? Ich will nicht allein sein. Bitte lasst mich nicht ganz allein hier. Ich weiß nicht einmal mehr, wo hier ist. Ich bin nicht auf dem Schiff, ich bin nicht im Garten, nicht in der Schachtel. Ich falle, ich bin hier, ich werde kleiner und kleiner. Ich fürchte mich.

Ich bin ganz allein.

Ich habe das Gefühl, es regnet noch stärker auf meinen Kopf. Ich wimmere und höre ein Schluchzen und weiche Hände gleiten von mir weg.

„Ich glaube, das war's. Er ist erlöst. Wir haben alles getan, was wir konnten."

Und dann. Und dann .... Eine Gestalt. Wer ist das? Was ist das? Ich mag nicht hier sein. Die Gestalt kommt näher und näher. Sie ist schwarz und sie ist weiß. Dann erkenne ich, wer es ist. Ich weiß wer das ist. Ja, ich bin lieber hier. Ich habe keine Angst. Ich bin nicht allein. Es ist Mutter! Meine Mutter!

„Alles ist gut, mein tapferer Junge. Ruh' dich jetzt aus!"

Meine Mutter leckt mich liebevoll ab und kuschelt sich ganz fest an mich. Sie ist so lieb und warm und weich.

„Komm nun!" Es hört sich nun an, als wäre sie sehr weit weg. „Ich bin da. Jetzt kann dir nichts mehr passieren."

„Oh Mutter, Mutter. Ich wünschte, du hättest mich nie verlassen."

„Ich habe dich nie verlassen, du dummer Junge."

„Das hast du doch! Du hast mich verlassen. Dann hat JoJo mich verlassen. Ich habe mich versteckt, ich hatte solche Angst. Ich zitterte."

„Nicht alles an dir zitterte. Dein Schwanz..."

„Du meinst....?"

„Ja!" Sie küsst mich. „Ich war immer hier und habe dir geholfen."

Sie kuschelt sich an mich. Es ist warm. Ich bin sicher.

Ein kalter Windhauch fährt in mein Fell. Der Garten verschwindet. Ich kann Molly nicht mehr hören.

„Wird es....? Wird alles .....? Wird alles gut werden, Mutter?"

„Ja! Ja, du bist nun hier bei mir. Komm, lege dich an mich, spüre mein Fell an deinem."

Ich schnurre jetzt. So glücklich. Ich fühle keinen Schmerz mehr. Nur das sanfte Heben und Senken meiner Mutter neben mir, ihren warmen Körper, der sich an mich schmiegt, ihren Schwanz, der sich um mich schlingt. Ich höre nichts, als ihre sanfte Stimme.

„Wir müssen nun gehen!" Sie umarmt mich. Ich bin beschützt. Ich weiß, wo ich herkomme und wo ich nicht herkomme. Ich weiß, dass ich weggehen muss. Meine Mutter tröstet mich, beruhigt mich. Ich höre sie, weit weg, und doch ganz nah, nah, nah.

„Es ist Zeit.“

Meine Augen sind offen. Der Himmel strahlt. Ich wünschte, ich könnte wegfliegen. Ich schließe meine Augen. Ich kann sie riechen, fühlen, hören. Ich bin nicht mehr in Quarantäne. Ich bin hier, hier wo ich hingehöre. Ich bin umgeben von meiner Mutter, von ihrer Wärme, von ihrem Atem. Ich glaube, ich weiß nun, was Liebe ist.

Das Gesicht meiner Mutter ganz nah, ganz nah an meinem. Ich blicke in ihre sanften, runden Augen und ihre Schnurrhaare berühren meine.

„Komm jetzt mein hübscher Junge“, sagt sie lächelnd. Zum letzten Mal. Zum ersten Mal.

„Lass uns nach Hause gehen!“

Epilog

Simon starb am 28. November 1949. George war der Letzte von uns, der ihn gesehen hat. Er besuchte ihn am Abend zuvor, um ihm die Neuigkeiten über die Preisverleihung zu überbringen. In dieser Nacht wurde ein Tierarzt gerufen, da der arme Kerl eine akute Darmentzündung und hohes Fieber hatte. Der Arzt gab ihm eine Spritze und einige Tabletten, aber leider hat er es nicht überlebt. Er war erst um die drei Jahre alt, aber um die Wahrheit zu sagen, ich glaube nicht, dass er sich jemals ganz von den Verletzungen, die er bei dem Angriff erlitten hatte, erholt hat.

Simon war so ein herausragend tapferer Kater, dass er nicht nur mit der Dickin Medaille der PDSA ausgezeichnet wurde, sondern auch mit der Medaille des Blue Cross und dem Amethyst Campaign Ribbon.[99]

Ich bin so froh, dass George Simon – Entschuldigung, Vollmatrosen Seekater Simon – damals auf Stonecutters Island gefunden hat. Ich weiß, ich mochte ihn nicht besonders, als er das erste Mal auftauchte, aber er hat dann mich und die anderen immer aufgeheitert, vor allem, als wir diese ganze Zeit gestrandet waren. Und erst das, was er mit den Ratten gemacht hat! Ich weiß wirklich nicht, was wir ohne Simon getan hätten, vor allem als er diesen verflixten Mistkerl Mao Tse Tung getötet hat. Das war ein richtiger Mistkerl. Wir alle haben versucht, ihn zu fangen, aber Simon hat es schlussendlich geschafft.

Wir waren alle sehr erschüttert, als George uns die Nachricht vom Tod Simons überbrachte. Er war solch ein Trost für uns Männer an Bord. Und all diese Karten, Briefe und Blumen, die die Quarantänestation nach seinem Tod erhalten hat! Sogar noch mehr, als er noch lebte. Der alte Hett wurde schließlich zum Katzenbeauftragten ernannt, um sich um all die Sachen zu kümmern. Simon erhielt sogar einen Nachruf im Time Magazin. Das kann man nicht von vielen Katzen sagen, oder? Ich weiß gar nicht, ob man das von auch nur einer einzigen anderen Katze sagen kann.

---

[99] Das Blue Cross wurde 1897 in London gegründet. Medaillen werden an Tiere verliehen, die Tapferkeit oder großes Heldentum bewiesen haben.

Wie auch immer, als der traurige Tag von Simons Beerdigung kam, wurde sein Körper in Watte gepackt und in einen speziell angefertigten Sarg gelegt, der dann mit der Unionsflagge bedeckt wurde. Es gab eine kurze Zeremonie, die von Father Henry Ross, dem Rektor der St. Augustine Kirche gehalten wurde. Dann wurde Simon auf dem Tierfriedhof der PDSA in Ilford, East London mit allen Ehren der Marine beigesetzt. Kerans und seine Frau nahmen Simons Dickin Medaille posthum entgegen. Es ist einmalig, dass ein Kapitän und seine Frau das für eine Katze getan haben. Es ist so schade, dass Simon die Medaille nicht mehr selbst in Empfang nehmen konnte.

Es gibt dort nun ein Denkmal für ihn.[100] Die Inschrift lautet:

IN
ERINNERUNG AN
"SIMON"
GEDIENT AUF DER
H.M.S. AMETHYST
MAI 1948 - NOVEMBER 1949
AUSGEZEICHNET MIT DER DICKIN MEDALLE
AUGUST 1949
STARB AM 28TH NOVEMBER 1949.
WÄHREND DES JANGTSE-ZWISCHENFALLS
WAR SEIN VERHALTEN VORBILDLICHST

Natürlich waren wir alle da an diesem Tag – Kerans, ich, wir alle. Und wir spürten, dass auch Simon da gewesen ist. Damals an Bord war er eine wunderbare Erinnerung an unsere Freunde und Lieben zu Hause und an seiner Gedenkfeier haben wir uns wieder daran erinnert, wieviel Kraft er uns gegeben hat. Und das ist uns allen in Erinnerung geblieben, glaube ich.

Inmitten all des Grauens, das uns manchmal umgab, war er eine großartige Erinnerung daran, dass es auch viel Gutes in der Welt gibt, egal, wo man es findet oder wie klein und pelzig es auch ist.

Wir werden Simon nie vergessen und ich hoffe, Sie werden seine Geschichte auch nie vergessen.

---

100 Eine von Elizabeth Muntz geschaffene Gedenktafel wurde außerdem am 13. April 1950 von Leutnant Geoffrey L. Weston im PDSA Krankenhaus in Plymouth enthüllt.

Auf dass wir niemals vergessen mögen!

Vollmatrose McCunnell

Der ursprüngliche Grabstein aus Holz
Foto mit freundlicher Unterstützung der PDSA

Nachricht von Jacky Donovan

Wenn Ihnen die Lektüre von *Simon auf großer Fahrt: Wie ein tapferer, streunender Kater ein weltberühmter Held wurde* gefallen hat, wäre ich Ihnen sehr dankbar, wenn Sie eine Rezension hinterlassen könnten.

Kinder werden ihre eigene gekürzte Version von Simons Geschichte lieben, die in englischer Sprache als *Seacat Simon: The Little Cat Who Became a Big Hero (Children's Version for Age 8 to 11)* erschienen ist. Für Kleinkinder gibt es die kurze Bilderbuchversion *Seacat Simon: The Little Cat Who Became a Big Hero (Children's Version for Age 3 to 7).*

Ich hoffe, dass Ihnen auch das Sequel *Smoky: How a Tiny Yorkshire Terrier Became a World War II American Army Hero and Hollywood Star* gefallen wird, das auf Englisch erhältlich ist.

Ich freue mich auch über Ihre Anmerkungen und beantworte gerne alle Ihre Fragen. Sie können mich folgendermaßen kontaktieren:

- Senden Sie mir eine E-Mail über meine Website www.SimonShipsOut.com

- Folgen Sie Simon auf Twitter @HeroicAnimals

Wenn Sie gerne Biographien lesen, empfehle ich Ihnen, bei der Facebook Gruppe „We Love Memoirs“ vorbeizuschauen, um sich mit mir und anderen Autorinnen und Autoren von Memoiren auszutauschen.

Ich freue mich darauf, von Ihnen zu hören.

Jacky Donovan

Danksagungen von Jacky Donovan

Mein Dank gilt in erster Linie Patrick Roberts, dessen Website www.purr-n-fur.org.uk mein Interesse an Simons einzigartiger Geschichte geweckt hat. Er stellte freundlicherweise den Kontakt zu Lieutenant Commander K. Stewart Hett, M.B.E., R.N., Ret., her, einem der wenigen Besatzungsmitglieder der HMS Amethyst, die noch lebten, als ich das Buch veröffentlichte. Er starb am 9. Oktober 2019 friedlich im Alter von 93 Jahren zu Hause im Kreis seiner Familie.

Ich bin Stewart zu großem Dank verpflichtet. Er war überaus hilfsbereit und beantwortete unermüdlich meine vielen unterschiedlichsten Fragen, während ich dieses Buch schrieb. Es war eine große Freude, ihn zu treffen und Zugang zu seinem umfangreichen Archiv zu bekommen. Ich bin ihm überaus dankbar für viele der in diesem Buch erschienenen Fotos. Wie auch immer entschuldige ich mich hiermit im Namen von Seekater Simon, der seine Geschichte manchmal mit viel künstlerischer Freiheit erzählt, bei Stewart für etwaige unkorrekte Stellen.

Danke an Rebecca Stone, Enkelin des Funkers „Bob“ Stone, der in der fraglichen Zeit auf der HMS Amethyst diente und leider im März 2014 verstarb. Ihre Recherchen und ihr Entwurf für eine informative Ausstellung und ein Denkmal zum Gedenken an die HMS Amethyst im Rahmen ihres BA(Hons) Studiums für Innenarchitektur und Design lieferten mir weiteres nützliches Material. Ich hoffe, dass sie eines Tages ihren Entwurf in die Realität umsetzen kann.

Vielen Dank an die PDSA für die Bereitschaft, einen Blick auf relevante Abschnitte meines Manuskripts zu werfen und für die Erlaubnis, ihre Archivfotos von Simons Geschichte verwenden zu dürfen. Dank auch an Paul McCunnell, dessen nautische Hinweise extrem hilfreich waren. Danke an Dana Rizki Nur Adnan für das Design des Covers und an Lika Kvirikahvili für die Illustrationen.

Ich bin den wunderbaren Lesern und Autoren der Facebook-Gruppe „We love Memoires“ sehr dankbar für ihr Feedback und ihre engagierte Teilnahme, wenn ich Ideen austauschen wollte oder einfach meine Batterien aufladen musste. Ich empfehle Ihnen, dieser Gruppe beizutreten, um sich regelmäßig über Biographien und das Leben im Allgemeinen freundschaftlich auszutauschen.

www.facebook.com/groups/welovememoirs

Zu guter Letzt möchte ich mich noch bei allen bedanken, die mir geholfen haben, Simons Geschichte in Worte zu bringen und es mir ermöglicht haben, das Leben an Bord der HMS Amethyst aus der Katerperspektive zu schildern. Eure Vorschläge waren von unschätzbarem Wert, um das Buch in seine endgültige Form zu bringen, vielen Dank!

Weitere Fotos

Der neue Grabstein am Friedhof in Ilford
Foto mit freundlicher Genehmigung der PDSA

Der neue Grabstein am Friedhof in Ilford
Foto mit freundlicher Genehmigung der PDSA

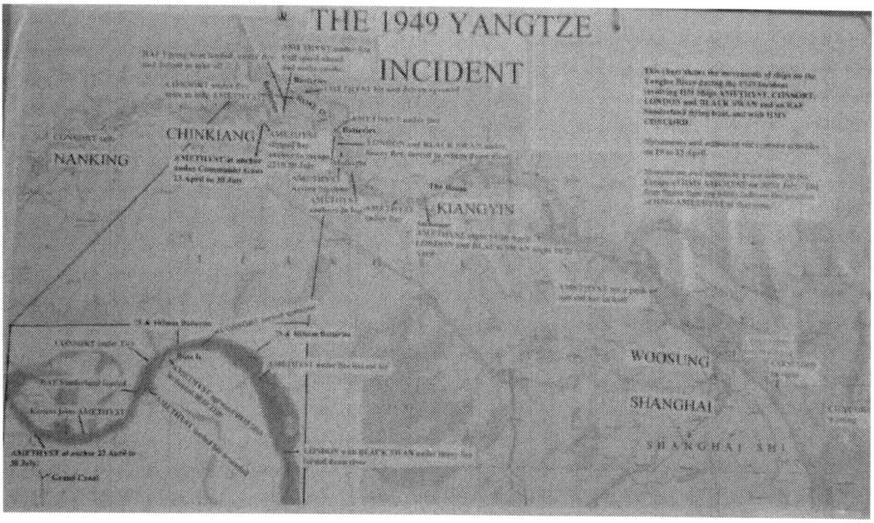

Karte, die den Jangtse-Zwischenfall dokumentiert.
Mit freundlicher Genehmigung von Oberleutnant Stewart Hett

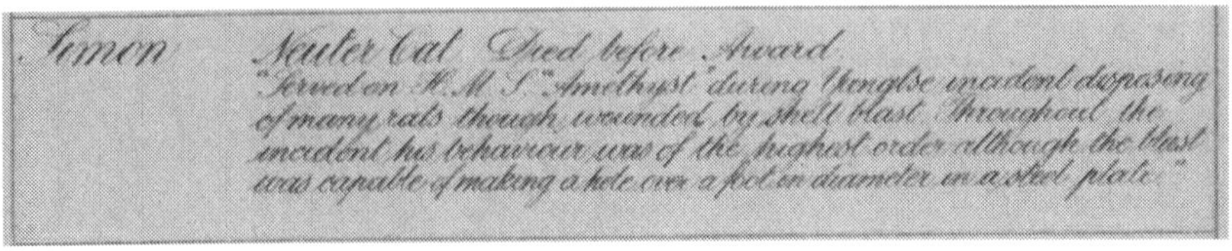
Simon Neuter Cat Died before Award
"Served on H.M.S. "Amethyst" during Yangtse incident disposing of many rats though wounded by shell blast. Throughout the incident his behaviour was of the highest order although the blast was capable of making a hole over a foot in diameter in a steel plate."

Simons Erwähnung bei der PDSA Dickin Medaille
Foto mit freundlicher Genehmigung der PDSA

Vorderseite von Simons PDSA Dickin Medaille.
Foto mit freundlicher Genehmigung der Eaton Film Company, die sie 1993 erworben hat.
Die Medaille wird von Zeit zu Zeit für Ausstellungen verliehen.

Rückseite von Simons PDSA Dickin Medaille.
Foto mit freundlicher Genehmigung der Eaton Film Company, die sie 1993 erworben hat.
Die Medaille wird von Zeit zu Zeit für Ausstellungen verliehen.

Die Kompanie der HMS Amethyst marschiert durch Plymouth – November 1949
Mit freundlicher Genehmigung von Oberleutnant Stewart Hett

Die Kompanie der HMS Amethyst marschiert durch Plymouth – November 1949
Mit freundlicher Genehmigung von Oberleutnant Stewart Hett

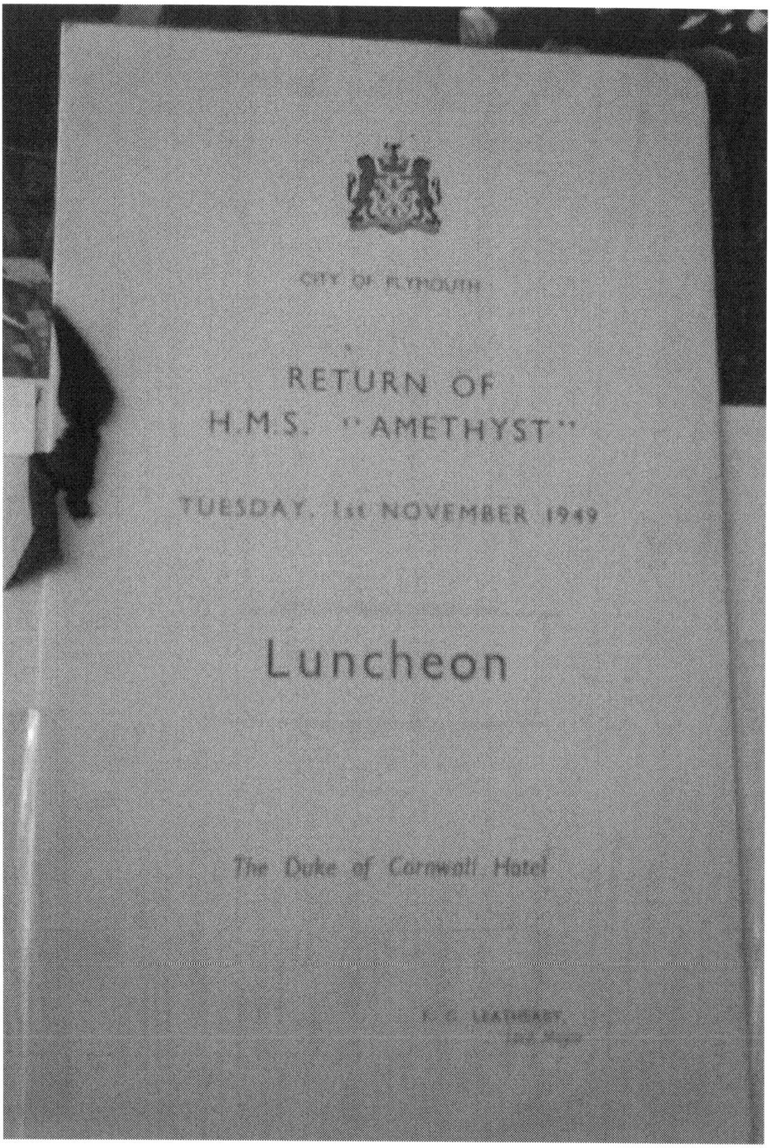

Mittagessen im Duke of Cornwall Hotel
Mit freundlicher Genehmigung von Oberleutnant Stewart Hett

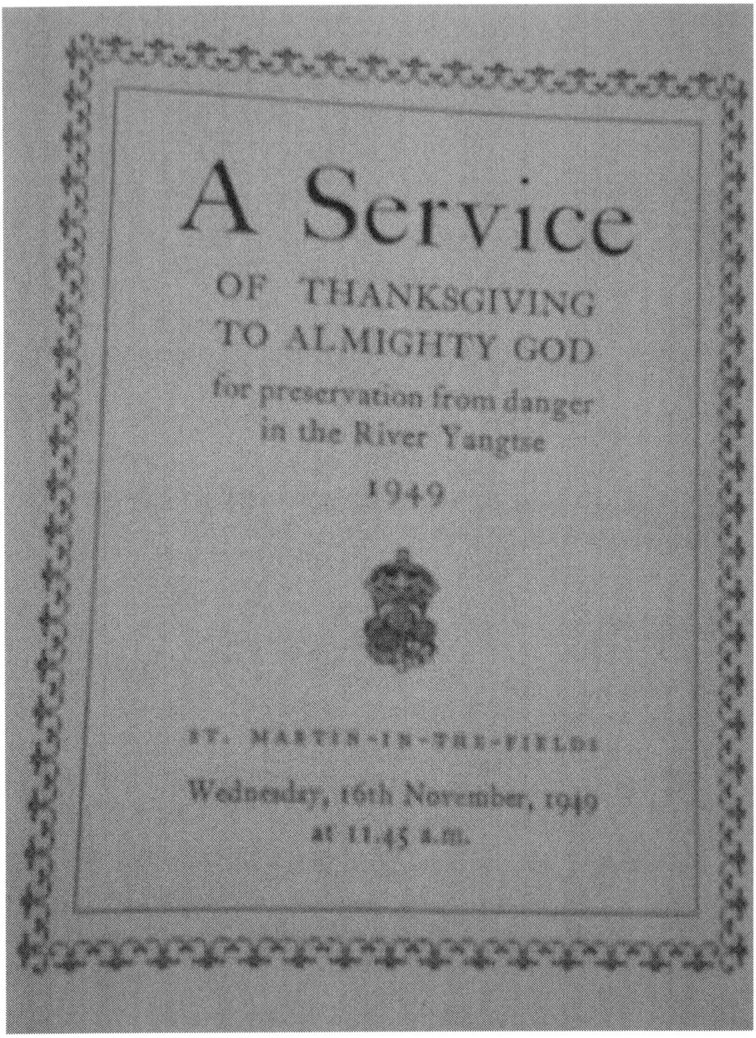

A Service
OF THANKSGIVING
TO ALMIGHTY GOD
for preservation from danger
in the River Yangtse
1949

ST. MARTIN-IN-THE-FIELDS
Wednesday, 16th November, 1949
at 11.45 a.m.

Thanksgiving Messe in der Kirche St. Martin-in-the-Fields – November 1949
Mit freundlicher Genehmigung von Oberleutnant Stewart Hett

THIS CARD WILL NOT ADMIT

THE CORPORATION OF LONDON

requests the honour of the Company of

Lieutenant K. S. Hett, R.N.

at

LUNCHEON at GUILDHALL on WEDNESDAY the [illegible] NOVEMBER, [illegible]

[illegible]

To welcome the Officers and Men of

H.M.S. AMETHYST

and contingents from H.M. Ships London, Consort and Black Swan,

and the Crew of the Royal Air Force Sunderland Aircraft

engaged in the river Yangtse 1949

[illegible]

MORNING DRESS OR UNIFORM

Einladung zum Mittagessen in der Guildhall
Mit freundlicher Genehmigung von Oberleutnant Stewart Hett

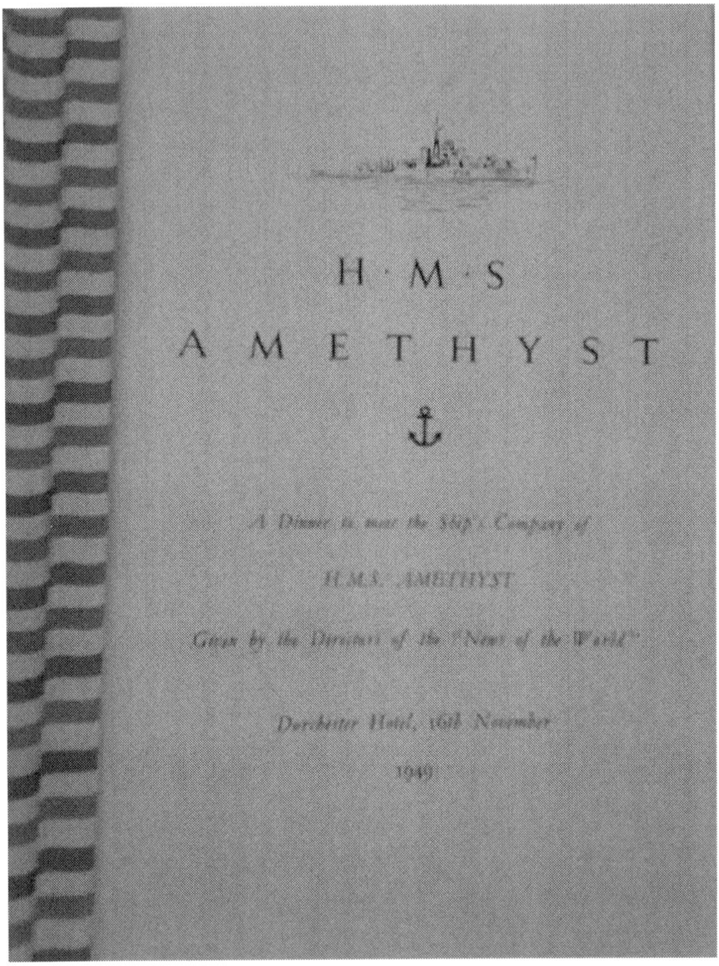

Einladung zum Abendessen im Dorchester Hotel
Mit freundlicher Genehmigung von Oberleutnant Stewart Hett

Teil der Präsentation von Rebecca Stone für eine Ausstellung und ein Denkmal zum Gedenken an die HMS Amethyst.
Foto mit freundlicher Genehmigung von Rebecca Stone

„Where's Simon?" ist ein familienfreundliches und kindergerechtes Spiel, das in der Ausstellung von Rebecca Stone eingebunden ist. Besucher müssen die Silhouette der Katze finden und ihr durch die Ausstellung folgen, bis sie zu einem bestimmten Bereich kommen, wo Simons Heldengeschichte offenbart wird.
Foto mit freundlicher Genehmigung von Rebecca Stone

27. April 2014: Überlebende und Angehörige versammeln sich für die Gedenkfeier zum 65. Jahrestag des Jangtse-Zwischenfalls beim National Memorial Arboretum, Alrewas, Staffordshire. Während der Zeremonie wurden die Namen aller Gefallenen von Stewart Hett, dem ältesten noch lebenden Offizier der HMS Amethyst verlesen. Stewart ist links mit der Liste in der Hand zu sehen.
Mit freundlicher Genehmigung von Oberleutnant Stewart Hett

27. April 2014: Gedenkstein im National Memorial Arboretum, Alrewas, Staffordshire.
Mit freundlicher Genehmigung von Oberleutnant Stewart Hett

Printed in Poland
by Amazon Fulfillment
Poland Sp. z o.o., Wrocław

47820723R00165